*Les Trois Grâces*

Abraham Cruzvillegas
James Ensor
Thomas Hirschhorn
Jean-Luc Moulène
Elizabeth Peyton
Francis Picabia
Danh Vo
Rudolf von Laban
Heimo Zobernig

4 mai - 15 juin 2013

Galerie
Chantal Crousel

D1666736

Jean-Luc Moulène, *Les Trois Grâces*, 2013

10 rue Charlot 75003 Paris    galerie@crousel.com    www.crousel.com

# WAR PICKLES

**Bill Hayden**

**Mathieu Malouf**

**Sam Pulitzer**

**Antek Walczak**

may 19 – june 26, 2013    house of gaga

# Sommaire / Summary

# CAC BRETIGNY

## Terre Thaemlitz

Exposition

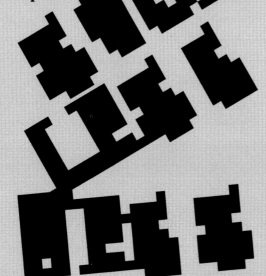

**SOUL LIFE**

## CANTOS I–V

**5. 10.**
— extending to
**26. 1. 13**

VIER5

Album available on
WWW.COMATONSE.COM

+32HRS. 320KB/S MP3 AUDIO | 80MIN.
MP4 VIDEO | +150PP. PDF TEXT & IMAGES
LANGUAGES: BG, DE, EN, ES, FR, IT, JP,
PL, PT, RU | WITH REMIXES BY DJ
SPRINKLES & K-S.H.E

FORMAT: 16GB CLASS 4 MICROSDHC CARD |
RELEASE DATE: MAY 31, 2012
DISTRIBUTION: COMATONSE RECORDINGS |
CATALOG NO. C.020 | INFO@COMATONSE.COM

### Beatrice Gibson
### The Tiger's Mind

**Film premiere**
Beatrice Gibson, Will Holder, Celine Condorelli,
Jesse Ash, Alex Watermann
Saturday january 19th 2013
Festival Hors Pistes, Pompidou Center, Paris

**Films**
**March 2013**
Presentation of the Tiger's Mind project and
complete filmography
Cac Bretigny

The Tiger's Mind was co-commissioned by The Showroom
and CAC Brétigny, produced in partnership with Index -
The Swedish Contemporary Art Foundation, Stockholm and
Somesuch & Co, has been supported by Pavilion,
Kunstverein, Amsterdam (with support from Straat
van Sculpturen) and Künstlerhaus Stuttgart.
The film is supported by Fluxus, a Franco-British Fund for
Contemporary Art.

### Will Holder & Alex Waterman
### Robert Ashley

Yes But Is It Edible?
**Lecture and presentation**
**March 2013**
Scored biography of American composer
Robert Ashley for two or more voices
Edited by Will Holder and Alex Waterman
Cac Bretigny

The Art Centre is open from Tuesday to Saturday from
2 to 6pm and evenings before shows at the Théâtre
Brétigny. Closed Sundays, Mondays and bank holidays.
Free entrance

Centre d'art contemporain de Brétigny
Espace Jules Verne, rue Henri Douard
91220 Brétigny-sur-Orge
Tel 0033 (0)1 60 85 20 76
info@cacbretigny.com
www.cacbretigny.com

DAVID HOMINAL
23.03-25.05 2013
OPENING 22.03 6 PM

MALEREI

Karma International
Hönggerstrasse 40
CH - 8037 Zürich
Switzerland

## Adriana Lara
S.S.O.R.                                      23.09.-11.11.2012

## Pamela Rosenkranz
Feeding, Fleeing, Fighting, Reproduction      23.09.-11.11.2012

## Regionale 13                               25.11.2012-06.01.2013

## Vanessa Safavi
After the Monument Comes the People           10.06.2012-30.04.2013
                                              (Back wall of Kunsthalle Basel)

## KUNSTHALLE ✛ BASEL

STEINENBERG 7 CH-4051 BASEL · T: +41 61 206 99 00 · F: +41 61 206 99 19 · info@kunsthallebasel.ch · www.kunsthallebasel.ch
Tue/Wed/Fri 11am-6pm · Thu 11am-8.30pm · Sat/Sun 11am-5pm

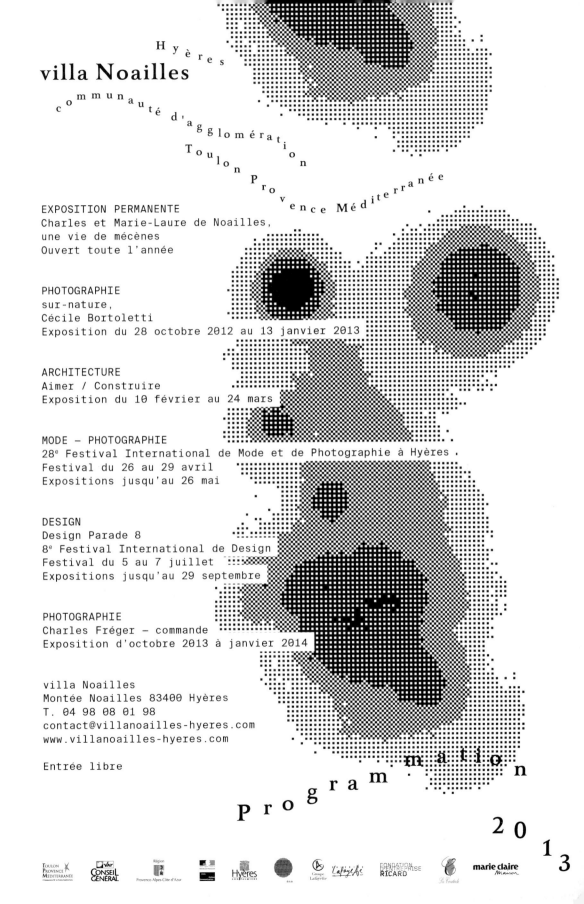

Hyères
# villa Noailles
communauté d'agglomération
Toulon Provence Méditerranée

EXPOSITION PERMANENTE
Charles et Marie-Laure de Noailles,
une vie de mécènes
Ouvert toute l'année

PHOTOGRAPHIE
sur-nature,
Cécile Bortoletti
Exposition du 28 octobre 2012 au 13 janvier 2013

ARCHITECTURE
Aimer / Construire
Exposition du 10 février au 24 mars

MODE — PHOTOGRAPHIE
28e Festival International de Mode et de Photographie à Hyères
Festival du 26 au 29 avril
Expositions jusqu'au 26 mai

DESIGN
Design Parade 8
8e Festival International de Design
Festival du 5 au 7 juillet
Expositions jusqu'au 29 septembre

PHOTOGRAPHIE
Charles Fréger — commande
Exposition d'octobre 2013 à janvier 2014

villa Noailles
Montée Noailles 83400 Hyères
T. 04 98 08 01 98
contact@villanoailles-hyeres.com
www.villanoailles-hyeres.com

Entrée libre

Programmation

2013

# L'appartement 22

## Lieu indépendant pour l'art

conçu par
**Abdellah Karroum**

propose

# JF_ JH Libertés

avec les artistes et la Délégation Curatoriale (CD)
**Adel Abdessemed, Mustapha Akrim, Ismaïl Bahri, Gabriella Ciancimino,
Badr El Hammami, Mohssin Harraki, Fadma Kaddouri, Bernard Plossu,
Catherine Poncin, Karim Rafi, Younès Rahmoun**

L'appartement 22, 279, avenue Mohamed V, Rabat - Maroc

# www.appartement22.com

Avec le soutien: **Fondation Almayuda, Fondation Fourtou, Editions Hors'Champs**
R22-radio www.radioapartment22.com

John Knight

Portikus
May 4 – June 30

Opening May 3, 8pm

Portikus
Alte Brücke 2 / Maininsel
60594 Frankfurt am Main
www.portikus.de

Mit Unterstützung der

# SORCIÈRES
## POURCHASSÉES, ASSUMÉES PUISSANTES, QUEER

*Sorcières: pourchassées, assumées, puissantes, queer* mêle récits historiques, littérature de fiction, expériences militantes, propositions théoriques et considérations artistiques pour constituer un ouvrage pluridisciplinaire sur le genre, le mythe et l'altérité. Soit quarante ans après l'émergence de la sorcière comme symbole radical dans l'imaginaire militant et à l'heure où de supposées sorcières continuent d'être persécutées dans certaines parties du monde.

# WITCHES
## HUNTED, APPROPRIATED EMPOWERED, QUEERED

*Witches: hunted, appropriated, empowered, queered* combines historical accounts, fictional literature, activist experiences, theoretical propositions and artistic reflections to form a multidisciplinary book on gender, myth and alterity—forty years after the witch returned in a new radical guise in the activist imagination, and at a time when alleged witches are still persecuted in certain parts of the world.

B 42 — 150 x 220 mm — ISBN 978-2-917855-30-2 — 15€ France — FR/EN — 168 p. — MAISON POPULAIRE

jens haaning
march – april, 2013

david pestorius projects
www.davidpestorius.com

AU

ONE SIXTH OF THE EARTH

ECOLOGIES OF IMAGE

03.11.2012 – 01.04.2013

A show produced by MUSAC, Museo de Arte Contemporáneo de Castilla y León (León, Spain) in collaboration with ZKM | Karlsruhe

MUSAC
Museo de Arte Contemporáneo de Castilla y León

Ghenadie Popescu, "Newspaper Bio", 2008, Singel channel video, © Ghenadie Popescu

//////ZKMIII Center for Art and Media Karlsruhe /

www.zkm.de

**JOHN KNIGHT**
*Quiet Quality* 1974

CABINET 2012

CABINET
20a Northburgh Street, London, EC1V 0EA
art@cabinetltd.demon.co.uk
www.cabinet.uk.com

www.the-block.org

*- An artist, a gallerist, a curator, a museum director, and a collector walk into a bar..*

*- Oh yes! I've heard this one before.*

DIRECTIONS 2013
THEORY, CRITICISM
FILM, ARCHITECTURE
CURATORIAL PROJECTS
INTERNSHIPS

!
*Shanaynay*
*78 rue des amandiers*
*75020 Paris*
*+33 (0)9 81883817*
*www.shanaynay.fr*

www.moulinspaillard.com

les moulins de paillard
poncé sur le loir 72
EXPOSITIONS, THEATRE, DANCE, CONCERTS,
RESIDENCY PROGRAMS, PRODUCTION GRANTS
02 43 44 52 65 / 06 42 63 02 70 vendredi, samedi et dimanche: 15:00 - 19:00 mars à octobre
visites sur rendez-vous toute l'année

AP News

Zentrum Wipkingen, First Floor
Röschibachstrasse 24
CH-8037 Zürich
http://apnews.ch

Une soirée
sous l'eau
le
16 mai 2013
à partir de 19h
au Baron Samedi
12 rue des Goncourt
75011 PARIS

**Femme Pratique n°146**, oct. 1975, p. 96

**Marcelle Alix**　　*galerie*　　**4 rue Jouye-Rouve**
**75020 Paris**
**France**
**marcellealix.com**

# Préface

Second de la série sur les années 1990 en France, ce numéro de *May* avait pour ambitions initiales d'évoquer les débats en histoire et en théorie de l'art qui se seraient déroulés aux débuts des années 1990, pour en dégager un point de vue sur le contexte théorique de la production artistique d'alors. Il ne s'agissait pas de se lancer dans un bilan exhaustif mais plutôt, au risque d'en devenir aussi systématique, d'approcher ces questions en réserve et *a minima*.

C'est ainsi que ce numéro s'est d'abord construit autour d'un long entretien avec Jean-François Chevrier, historien de l'art spécialisé dans l'histoire de la photographie et professeur à l'École des beaux-arts de Paris. Dans le long texte de Paul Sztulman qui relate cette rencontre, on prend conscience de la manière insulaire avec laquelle il a construit son système de pensée, inspiré d'une approche structuraliste appliquée à l'histoire de l'art et centrée sur la notion d'expérience individuelle plutôt que sur celle d'analyse de l'œuvre. Jusqu'à la parution récente de ses écrits aux éditions de l'Arachnéen ces travaux sont restés relativement confidentiels et à l'écart des grands débats internationaux en histoire de l'art, des revues comme *October* ou *Artforum*, quand bien même il reposait les termes d'une pensée sur l'art à partir de concepts de la modernité où les régimes du politique et de l'artistique ne sont pas différenciés.

Le texte de Stefan Germer, publié en 1993, permet de changer de perspectives adoptant celle d'un historien de l'art allemand, cofondateur de la revue *Texte zur Kunst*, qui tente d'expliquer l'absence de dimension historiographique dans la théorie et la critique d'art d'un groupe de théoriciens de l'art de l'EHESS. Enfin, deux textes, le premier de John Rajchman sur l'histoire de la French Theory entre 1975-1976 et 1988, à New York, et le second de François Cusset, sur les nouveaux usages de la théorie critique depuis les années 1990, donnent la mesure de ce qui s'est passé en France à cette époque, et de ce qui a manqué en terme de théorie critique dans le champ de l'art. Pour mieux comprendre ces phénomènes d'import-export de théories, John Rachjman en appelle à une « pédagogie du contexte ».

Globalement, les années 1990 seront restées en France extrêmement peu réceptives aux débats théoriques des milieux artistiques outre-atlantiques et des pays germanophones. Et il semble que les principales influences théoriques de l'art contemporain proviennent alors du groupe de théoriciens de l'art de l'EHESS ou des nouvelles revues comme *Documents sur l'art*, *Bloc notes* et *Purple*, produisant des formes singulières d'écriture, résolument non académiques, en évoquant les nouveaux mouvements sub-culturels de la scène parisienne en musique, mode, design, ou architecture.

Cette période a aussi favorisé le développement d'un nouveau jargon, qu'il faudrait à présent dépasser en cherchant de nouveaux usages opératoires de la théorie (François Cusset).

# Preface

Second in a series focused on the 90s in France, our initial ambitions for this issue of *May* was to discuss the interests of art theory and art history that allegedly took place in the early 90s to generate a view on the theoretical context for artistic production then. It was not to engage in a comprehensive review, but approach the subject by working in the inverse to emphasize the background and proceed with minimal means.

Thus, this issue was first built around an extensive interview with Jean-François Chevrier, art historian specializing in the history of photography and professor at the *École* des beaux arts in Paris. Paul Sztulman's lengthy essay recounts this meeting, in which one becomes aware of the insular way Chevrier has built his system of thought based on a structuralist historical method centred around individual experience rather than an analysis of artworks. Indeed, until the recent publishing of his writings by the publishing house L'Arachnéen, his theories remained relatively confidential, and kept away from major international debates and magazines such as *Artforum* and *October*, even though he importantly constructed an art history based on concepts of modernity in which the spheres of politics and the spaces of art are undifferentiated.

The text of Stefan Germer on French theorists, published in 1993, offers another perspective, that of the German art historian and co-founder of the journal *Texte zur Kunst*, who attempts to explain the absence of a historiographical dimension to the theory and criticism of art at the *École des hautes études en sciences sociales*. Finally, two texts, the first by John Rajchman on the emergence of French Theory in New York between 1975-76 and up until 1988, and secondly, François Cusset on the use of critical theory since the 90s gives measure to what happened in France at that time and what was missing in terms of critical theory in the field of art. In line with the frame of this issue, Rajchman also calls for a "pedagogy of context" for understanding the phenomena of import-export theories.

Moreover, it could be said that throughout the 90s, France remained extremely unreceptive to theoretical debates occuring in artistic circles across the Atlantic and in German speaking countries. And it seems that the main theoretical influences in contemporary art came from a group of art theorists based at the EHESS or from new art journals such as *Documents sur l'art*, *Bloc Notes* and *Purple*; producing singular forms of writing that were definitely non academic in evoking the remarkable sub-cultural development of the Parisian scene involving music, fashion, design, architecture. This period gave also rise to a new jargon which one should now overtake to experiment "new operating practices" of the theory, according to Cusset.

Cover of
*Le Nouvel
Observateur,*
no. 1025,
June 29 – July 5,
1984

CALIFORNIE: LE PAYS DES VAINQUEURS

LE NOUVEL

observateur

LA PASSION
DE
MICHEL FOUCAULT

# How to Do the History of French Theory in the Visual Arts: A New York Story

*John Rajchman*

This essay is a revised lecture, first given at a symposium at the Wiels Contemporary Art Centre in Brussels, May 11–14, 2011. It engaged the question of what role "French theory" has played in the visual arts. The publication including this contribution will appear in the spring of 2013.[1]

In response to the question, I wanted to look back at a particular moment of intersection in New York in 1976, which was also part of my own history, my own entrance into such inquiries. The aim in going back was neither to forget nor to remember in a nostalgic mood, a mood unhappy with everything in the present, everything contemporary. Indeed, today the field in which such exchanges between theory and the visual arts take place has changed considerably, and the 1990s contributed in many ways to the start of a broader and globalizing transformation, effecting art history in France in particular. In this essay, I will touch on this shift by looking at two rather different diagnoses made in Paris in 1988. The first starts from Gilles Deleuze's *Abécédaire*, a series of interviews quietly conducted that year, but revealing an explicit posthumous address, as if reaching out to those elsewhere, who, in a freer moment, might pick up the arrow to relaunch it.[2] The second diagnosis is a catalogue essay on Conceptual art by Benjamin Buchloh.[3] This piece looks back on the emancipatory potential of Conceptual art and its turn to institutional critique at the moment of art's total defeat at the hands of the culture industry and the spectacle, as announced by Marcel Broodthaers. Deleuze's central idea was that we were living through a poor period for thinking following the rich one of his own generation (which invented "French theory"), increasingly populated by arrogant and self-satisfied figures, cheerfully postcritical in orientation. The new players and debates entering the stage in Paris at this juncture—after the end of the Cold War, after the rise of the Internet, a period with new forms of work and knowledge, with new audiences—came at a kind of turning point, in which the very idea of contemporary art and the larger field in which it operated were posed anew. Today, the question of a reinvention of critical thinking and art—and of the intertwining of the two—requires an analysis of that transformation in the world of art taking shape in the 1990s, which is now globalized to such an extent that no one city can play the role of the New York art world or the Paris theory world and the way they collided in that single moment in 1976. To remember this event is

1. Anaël Lejeune, Olivier Mignon, and Raphaël Pirenne (eds.), *French Theory and American Art* (Berlin; Bruxelles: SIC and Sternberg Press, 2013).
2. *Gilles Deleuze from A to Z*, Interview of Gilles Deleuze by Claire Parnet, directed by Pierre-André Boutang (Los Angeles: Semiotext(e), 2011), DVD.
3. Benjamin Buchloh, "Conceptual Art 1962–1969: From the Aesthetic of Administration to the Critique of Institutions," *October*, no. 55 (Winter 1990), 105–43.

the task of this essay. I'd like to zero in on one moment—a singular moment—in the larger complex of exchanges, encounters, translations, travels, and misunderstandings that was the topic of the conference in Brussels. It takes place in New York, in the 1970s. What does this particular moment look like now, many years later, back in Europe? How does it figure in the larger history of French theory in the visual arts? What kind of story—or stories—does it seem to tell us? A grand Franco-American romance? An American neutralization of radical French or European thought? A time of lost "criticality," in which theory still exerted a key role, which it has long since lost?

Before looking back, I will start with a few opening remarks about such preliminary questions. I don't think what is called "French theory" is a monolithic thing falling from Parisian skies. It emerges out of many moments and processes which in turn go off in many directions, spreading out particular debates, encounters, and circumstances. Today it has become an enormous sprawling formation, found in many places, languages, institutions, and disciplines. It is something increasingly practiced outside the French language or territories. Indeed, English is now easily as important a language for this "global" phenomenon as French. In effect, what is now called "French theory" in France is just a belated recognition of this fact. It is a rich, entangled inheritance.

During the moment foregrounded here—1975-76—this was much less the case. "French theory" was still mainly practiced by a specific group, a particular generation in France schooled in philosophy, and often concerned with "untranslatable" idioms and the nature of the French language itself. But even in this earlier French language phase, we can distinguish a number of different moments. One premise of the anthology of French philosophy of the post-war period I edited with Étienne Balibar must be underscored: not only does theory unfold in different "moments"—we had six of them—but it also invents a picture of philosophy in which moments matter to the very idea of thinking itself.[4] It broaches the ways it unfolds, the struggles in which it participates, how it is contested or negotiated, and the communities it helps mobilize. For this post-war French generation, to think was in some sense always to think in a singular moment, an untimely or "contemporary" moment, giving rise to new lines of divergence, shifting constellations, which were then superimposed on earlier ones. Moments, in short, are vital to thought, in a different way than they were for Hegel for example.

It might be interesting to extend this idea "geo-philosophically" and consider the ways it moved and was taken up in other places, often intersecting with the (visual) arts—the "travel" of French theory, to New York in particular. One may think for instance of the early trip of Claude Lévi-Strauss, out of which the idea of structuralism was born. His work was not only concerned with *émigré* French arts, but also with changes in art history, and in the developing role of ethnographic as well as modern museums in New York.[5] Gordon Matta-Clark

4. Étienne Balibar and John Rajchman, (eds.), *French Philosophy Since 1945: Problems, Concepts, Inventions* (New York: The New Press, 2011).
5. See Claude Imbert, *Lévi-Strauss, Le passage du Nord-Ouest* (Paris: L'Herne, 2008).

for example, who was an important figure during my moment, kept a highly annotated copy of Lévi-Strauss' *The Raw and the Cooked*. The visual arts were already important during this earlier moment, and in this respect it is rather different from the later moment after the conference in Baltimore at Johns Hopkins in 1966, where Jacques Derrida and Jacques Lacan would descend for a key academic conference about the humanities, where the concepts of "French theory" were introduced to American universities, a movement later to be baptized as poststructuralism in those same universities. By contrast, the visual arts and artists in New York made quite different connections with "French theory."

1976, the year I am focusing on, might thus be thought of as a fresh intersection in a series going back to earlier ones, recalling the structuralism of the 1940s. At the time in France, the idea of "theory" had shifted in turn from the great structuralist moment in the 1960s and taken off on new paths after 1968. Issues pertaining to the visual arts would be posed in different ways, framed as if part of a larger rethinking of aesthetics itself, concerned as it was with new questions of image and space prior to the Symbolic Law, the source of artistic intuition, movement, and experimentation. Incidentally, 1976 was also the year of Deleuze's essay on Jean-Luc Godard's television series *Six fois deux*, which signaled the start of Deleuze's wider study of cinema of the 1980s. In the latter, theory would find a new role, a role very different from that of "applied theory" based on linguistics of an earlier structuralist—narratological or psychoanalytic—film theory.[6] The very idea of the image—as distinct from picture or tableau—was central to the shift in the way theory was to be practiced, including its ongoing relation with the "media"—television in particular. But the concept of the "cinematographic image" which Deleuze would elaborate in post-war European cinema and its "functions" and relations to politics and technology, would not be so different from what Gordon Matta-Clark advanced in New York at the time: "opening up to view the un-visible,"[7] around which experimental uses of film by artists would turn.

What then was the nature of this heady moment of encounter between "French theory" and the visual arts in New York in 1975–76? What new lines, what new points of divergence did it launch? And how should we think about it now, in Brussels, in English? Indeed, it does seem to me that things have changed. The "conditions of creation" that mattered in New York or Paris at the time and the relations between the two are no longer the same. I think the very framework of a "Tale of Two Cities"[8] may be a bit misleading now, as it might no longer

6. Gilles Deleuze, "Three Questions on *Six Times Two*," in *Negotiations* (New York: Columbia University Press, 1995), 37-45.

7. Michael Kimmelman, in *The New York Times*, discussed this notion of "opening on the invisible": "Opening up view to the un-visible," is how he [Gordon Matta-Clark] once put it. Translated, that meant restoration and renewal: ours and New York's." Michael Kimmelman, "When Art and Energy Were SoHo Neighbors," *The New York Times,* April 28, 2011. See also the essay of Thomas Crow in *Gordon Matta-Clark* (London: Phaidon Press, 2003), 7-132.

8. *A Tale of Two Cities* (1859) is a novel by Charles Dickens, set in London and Paris before and during the French Revolution.

dominate or control the ways in which "theory in the visual arts" can be taken up elsewhere. On an unprecedented scale today, what is still called "contemporary visual art" is churned out in many places on the globe and in relation to unprecedented kinds of institutions, tied to new geographies of wealth, novel technical means, all calling for new kinds of relations with theory. The great post-war stories of New York and Paris, centered on some "neo-" or "post-" version of the earlier nineteenth century European avant-gardes (of which, in the 1930s, Walter Benjamin considered Paris to be the capital) have, over the last twenty years, seemed increasingly limited, almost provincial, all-too "Euro-American." Accordingly, it might prove more useful in the twenty-first century to imagine other paths, other ways of doing "French theory," elsewhere and in other circumstances. How, for example, might my moment in New York in 1976-77 look in the present through the eyes of young artists or thinkers in China or Brazil, or within Europe, in Slovenia or Norway or Spain (and should we not count Istanbul?). How does it look now in the grand old metropolises of New York and Paris?

## Context

The moment in New York transpired over a relatively short time-span, 1975-76. I should probably add that it was a moment, as a young philosopher at Columbia, I was plunged into. Looking back, I'm not sure I understood what it was—I certainly had no clue what it would become. I was directly involved with two journals, *October* and *Semiotext(e)*, as well as related initiatives. For me, as for many others, it was a "moment of invention," the start of something new.

At the time, New York City was on the verge of bankruptcy, exploding at the seams, filled with crime and graffiti—the New York of Scorsese's *Taxi Driver*. Rent was relatively cheap and coming to "the Big City," groups of artists would invent ways to make this urban explosion "creative," to make it "visible." These artists were involved in experimental film, performance, dance, and an "expanding" sculpture, moving off the "pedestal" into "sites," confronting questions of architecture, or "an-architecture." It was a time when everyone could be "Just Kids," to recall the story of Robert Mapplethorpe's life as recently recounted by Patti Smith.[9] It was a moment when the Portapak and Super-8 offered new technical possibilities, a new sense of the "moving image." It was also the time of the loft—the converted industrial space—where Michael Snow would unfold the "wave" of his zoom and Richard Foreman present his "hysterical theatre." In it, Rem Koolhaas would find his "retrospective manifesto" for European architecture and his *Delirious New York* of 1978.[10] It was into this 1970s New York that "French theory" would enter and start to take form—the Institute where Koolhaas did his research and housed the new journal *October*.

9. Patti Smith, *Just Kids* (New York: Harper Collins, 2010).
10. Rem Koolhaas, *Delirious New York: A Retroactive Manifesto for Manhattan* (New York: Oxford University Press, 1978).

Michel Foucault
in his library

Of course, things look quite different today in New York. Soho, the old Loft District, has become a kind of high rent shopping mall—even the exhibition venues have mostly moved elsewhere, i.e., to the East Village, Brooklyn, and Chelsea. For some time now we have grown accustomed to the glitter of a Goldman Sachs Manhattan with its great museum collections and global galleries, where art is now increasingly first an asset circulating in a kind of shadow stock market following the shift of wealth to Asia and elsewhere—the kind of "art world" that was momentarily interrupted by Occupy Wall Street, thus exposing a larger and unresolved sense of crisis in the "neoliberal" order. Accordingly, it is easy to cast this New York moment in a nostalgic light, showing an earlier time marked by invention and collective spirit. In fact, as a moment in the life of the City, it has recently been celebrated in two European exhibitions,[11] one by Douglas Crimp, veteran of the "October moment" at the Reina Sofía in Madrid, another at the Barbican in London, reviewed by our local *The New York Times* critic, Michael Kimmelman in the article "The Last of the Bohemians."[12] It is not the case that for Kimmelman the "Bohemian" contingent has meanwhile moved on to Berlin. Rather, he thinks that the very nature of art and "Bohemia" has changed into what, in French, is now called *bo-bo* (bohemian-bourgeois). But in neither of these two shows was there much explicit mention of the introduction of French or indeed any kind of critical theory at the time, which is my focus here—what my little New York "archive" is designed to evoke.

11. Lynne Cook and Douglas Crimp, "Mixed Use, Manhattan: Photography and Related Practices, 1970s to the Present," Museo National Centro de Arte Reina Sofía, Madrid, June 10 – September 27, 2010. "Laurie Anderson, Trisha Brown, Gordon Matta-Clark: Pioneers of the Downtown Scene, New York 1970s," Barbican Centre, London, March 3 – May 22, 2011.
12. Michael Kimmelman, "When Art and Energy Were SoHo Neighbors," *The New York Times*, April 28. 2011: http://www.nytimes.com/2011/05/01/arts/design/laurie-anderson-trisha-brown-gordon-matta-clark-stars-of-70s-soho.html?pagewanted=all

My story will be framed by three pictures: images of a conference, a new journal, and an act all taking place in New York within the 1975–76 time-span.

The first is a poster for the "Schizo-Culture" conference—Sylvère Lotringer pointed me to the image, working as he is on an in-depth history of the conference.[13] There were many odd, sometimes ill-fated "Franco-American" pairings: Michel Foucault with William S. Burroughs, Deleuze with John Cage. Foucault arrived from Brazil (the atmosphere of SM clubs would later be evoked by Thomas Hirschhorn in his posthumous *Foucault Monument* in Paris);[14] it was Deleuze's only time in New York. There was a sense things were a little out of control, even for the organizers, Sylvère and myself; and on the radio, Jean-Jacques Lebel urged everyone to come to Columbia. In many ways it seemed closer to the "collective meetings" of the day than to a simple academic conference and yet it was that too. For some, like Stanley Aronowitz, it was his first encounter with such French masters of theory such as Foucault.

The second is the cover of the first issue of a new journal *October*, launched a bit later. Designed by Massimo Vignelli and somewhat resembling *Tel Quel*, it was a new "avant-garde" journal focused on film and the visual arts, breaking away from the limits of *Artforum* journalism and the old literary preoccupations of the *Partisan Review*. A key notion of the inaugural statement was the notion of "moment"—of *October* moments taken up anew in New York by looking back at the Soviet avant-garde:

> We have named this journal in celebration of that moment in our century when revolutionary practice, theoretical inquiry and artistic innovation were joined in a manner exemplary and unique. For the artists of that time and place, literature, painting, architecture, film required and generated their own *Octobers*, radical departures articulating the historical moment which enclosed them, sustaining it through civil war, factional dissension and economic crisis [. . .]. Our aim is not to perpetuate the mythology and hagiography of Revolution. It is rather to reopen the inquiry into the relationships between the several arts which flourish in our culture at this time [. . .].[15]

The third is a photograph by Gordon Matta-Clark, now (at least sold as) a work in its own right. It records (and was part of) a performance act that consisted in shooting at the windows of the Institute of Architecture and Urban Affairs—the very institution that had first housed *October*, and where Rem Koolhaas would write his *Delirious New York*, which Thomas Crowe would

13. *Schizo-Culture* conference, New York, 1975. Sylvère Lotringer is currently editing an extended documentary history of the symposium to be published by *Semiotext(e)*.
14. Thomas Hirschhorn, "24H Foucault," Palais de Tokyo, Paris, October 2–3, 2004.
15. "About October," *October*, no. 1 (Spring, 1976), 3.

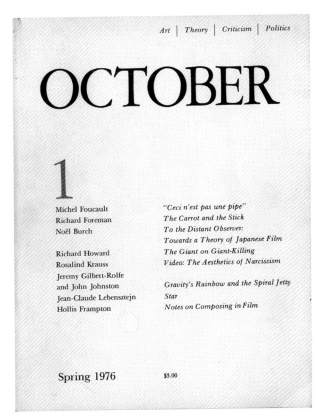

Art | Theory | Criticism | Politics

# OCTOBER

## 1

Michel Foucault
Richard Foreman
Noël Burch

Richard Howard
Rosalind Krauss
Jeremy Gilbert-Rolfe
and John Johnston
Jean-Claude Lebensztejn
Hollis Frampton

*"Ceci n'est pas une pipe"*
*The Carrot and the Stick*
*To the Distant Observer:*
*Towards a Theory of Japanese Film*
*The Giant on Giant-Killing*
*Video: The Aesthetics of Narcissism*

*Gravity's Rainbow and the Spiral Jetty*
*Star*
*Notes on Composing in Film*

Spring 1976    $3.00

dub a "glamorous architecture think tank."[16] Coming back from a party at Holly Solomon's, where he had had quite a few drinks, Matta-Clark, with an air rifle borrowed from his mentor Dennis Oppenheim, shot holes in each and every window of the Institute in midtown Manhattan. Peter Eisenman was not amused; outraged, he compared it to Kristallnacht and quickly moved to repair the damage. For Crowe, the act (and related picture) was an attempt to imitate the "despairing delinquency" or "endemic vandalism" of the Lower East Side and the Bronx. The subject of the piece was the Institute itself, thus "maneuvered into acting out the message"[17] of why such actions were tolerable in those other neighborhoods. But the "French theoretical" implications of Gordon Matta-Clark's "an-architectural" practice would have a long entangled history. The editors of *October* would eventually take it up in *Formless: A User's Guide*, which reinserted the moment in question into a much larger constellation or archive, making the question of "undoing structure" key. Taking Matta-Clark's *Threshold of Poetic Experience* as exposing a kind of an-organic body in the city, Rosalind Krauss would later contrast it with the

---

16. Thomas Crow, "Gordon Matta-Clark," op. cit., 102.
17. Ibid., 105.

Page 37 of
*Les Inrockuptibles*,
no. 445, June 15,
2004, featuring
Michel Foucault
in the Sorbonne's
great amphitheater

very idea of deconstruction in the "Deconstructivist Architecture" show that Peter Eisenman helped to set up at the MoMA in 1988.[18]

A conference, a journal, an act: in each case, we find new relations, new connections between art and theory, glimpses of the puzzle of a larger New York encounter with "French theory" that would set the framework for its ongoing development. What stories does it tell? There is of course an institutional story. Although the Institute of Architecture and Urban Affairs no longer exists (now it is celebrated as a great "neo-avant-garde" moment in post-war architecture), *October* and *Semiotext(e)* have each become institutions in their own right, albeit of different kinds, each a purveyor of a larger series of interconnections between "French theory" and the visual arts. Through the Whitney Independent Program as well as the art history departments in elite American universities, several generations would get their English-language "French theory" in its English-language *October* version, still very much disseminated through both institutions which now form part of a larger international field. It as though, in the words of Andrea Fraser, we, who were once "institutional critics," once "the outside," had now become the insiders, the institution itself.[19] But does this particular institutionalization of "French theory in the visual arts" mean it should forever prescribe how we see and talk about not only the work of contemporary artists, but also topical ideas, debates, and questions? What indeed is this institution of theory or its function today? No doubt *Semiotext(e)*, not tied to art history, much less institutionally inclined, would move in other directions

18. Cf. Rosalind Krauss' contribution to a MoMA round table convened in late June 1988 to discuss the exhibition curated by Philip Johnson and Mark Wigley, "Deconstructivism and Architecture: Deconstructivism and Architecture," MoMA, New York, June-August 1988. See also the catalogue: Yve-Alain Bois and Rosalind Krauss (eds.), *Formless: A User's Guide* (Cambridge Massachusetts: Zone Books, 1997).
19. Andrea Fraser, "From the Critique of Institutions to an Institution of Critique," *Artforum*, no. 44 (September 2005), 278–83.

to try and advance other roles—but I'll leave that part of the story to Sylvère Lotringer. We now arrive at a final question: how should we see Gordon Matta-Clark's "act" which was initially directed against a great "institution of theory" only to be absorbed into the lore of the era and the city?

Ideas

Despite the powerful institutional overlay of these two great journals, there still remain the ideas, the concepts, the debates, and the questions of the day. Can we perhaps look back at *them* from a fresh angle, extracting from the moment something closer to a contemporary spirit of critical "reinvention"? For is it not true that vital ideas always survive their contexts to be taken up elsewhere, like an arrow launched anew?

Let's take the case of Foucault. In many ways, he is a "cross-over" figure in the three pictures, appearing at the conference, published in the journal, and preoccupied with the nature of the "act"—he would take up the whole question of critical acts and attitudes in a striking lecture given to French philosophers back in Paris in 1978.[20] And yet, does he "remain the same" in the three pictures? In its inaugural issue, *October* published his essay "This is Not a Pipe" for the first time, now a staple of "French theory in the visual arts" engaging in a correspondence or "encounter" with René Magritte concerning the very idea of "visual thought" as the principle informing the exchange.[21] Today, an enormous literature has amassed in response, in line with the Belgian connection—a testament to this is Marcel Broodthaers' long and evolving interest in Foucault up to his death in 1976.[22] One cannot say the same thing about "We are not Repressed," the lecture Foucault gave at the "Schizo-Culture" conference. It cannot even be found in *Dits et Écrits*, even though its basic concept, the "repressive hypothesis," was to appear shortly thereafter in *The Will to Knowledge*.[23] The latter was the first volume of a work announcing a monumental history of sexuality, which Foucault would in fact abandon rather abruptly—at least in the form initially proposed.[24] And yet, this lecture came at a moment when Edward Said recognized Foucault as the key political intellectual of the day, restoring against the tide of textual theories a sense of the world in which texts moved and functioned.[25] What then was "theory" for Foucault at this time; what relation did it have to "practice"?

20. Michel Foucault, "Qu'est-ce que la Critique?," lecture given on May 27, 1978 and published in *Bulletin de la société française de philosophie*, t. LXXXIV (1990), 35-63.
21. Michel Foucault, *This is Not a Pipe* (Berkeley: University of California Press, 1983).
22. See Rachel Haidu, *The Absence of Work: Marcel Broodthaers, 1964-1976* (New York: MIT Press, 2010).
23. Michel Foucault, "The Repressive Hypothesis," in *The Will to Knowledge* (London: Penguin Books, 1978).
24. *The Will to Knowledge* is the first volume of *The History of Sexuality*, published in 1978 by Penguin Books.
25. On the interest Edward W. Said had for Foucault, see his *Representations of the Intellectual: The 1993 Reith Lectures* (New York: Pantheon Books, 1994).

We know that precisely this question would become the central focus of Deleuze's book *Foucault*, published shortly after the latter's death, but which actually reiterated a longstanding concern. Earlier, in 1972, *L'Arc* had published a conversation between the two that had taken place in Deleuze's kitchen, devoted precisely to the new relations between theory and practice—theory as toolbox, the indignity of speaking for others, the turn from the whole idea of "representation" to more "transversal" collectives.[26] The Group for Information on Prisons (GIP) was no doubt one model. The questions would also enable Deleuze to focus on his subsequent study of cinema and the issues of image, media, and technology, thus broaching the subject of "control" over what is seen and said. Furthermore, at the "Schizo-Culture" conference, Deleuze gave the first public presentation of his idea of "rhizome," later used to introduce *A Thousand Plateaus*, and which has now become the name of a dot-com in the art world.[27] What was at stake was the attempt to capture the changes in the "image of thought" at work at the time, in both art and thinking. What then is the relation between the critical "function of thought" Foucault was after in "We are not Repressed" and the "image of thought" Deleuze envisaged in "Rhizome," the two lectures presented at "Schizo-Culture"? Looking back, we find that 1976 was a key moment in more ways than one—one year later Deleuze would send a private letter to Foucault spelling out the differences between the two.[28]

We should not see the "French theory" coming to New York at the time as a seamless block even if, taken together, we find in the arrival of this French group something rather different, at least in style, than those schooled in the Frankfurt School of critical theory, or academic analytic philosophy, two strands of thought also taking part in the conference. Indeed, there was a certain "inter-French" tension in the air, which I would only understand much later. Afterwards, *October* would make a point of underscoring that Deleuze had had a very different (and more fertile or congenial) idea of the "simulacrum" than the conception Jean Baudrillard would popularize in the art world—closer, in fact, to the allusions to "seriality" in Andy Warhol at the end of *This is Not a Pipe*.[29] But it seems Deleuze was no less unhappy with Foucault's challenge to the

26. "Intellectuals and Power: A Conversation Between Michel Foucault and Gilles Deleuze," in *Language, Counter-Memory, Practice: Selected Essays and Interviews by Michel Foucault* (Ithaca, New York: Cornell University Press, 1977).
27. Gilles Deleuze and Félix Guattari, *A Thousand Plateaus*, first published 1980 (London and New York: Continuum, 2004). Volume 2 of *Capitalism and Schizophrenia*, two volumes (1972-1980). Translation of *Mille Plateaux* (Paris: Les Éditions de Minuit, 1980).
28. The letter written in 1977 from Gilles Deleuze to Michel Foucault, "Desire and Pleasure," was first published in English in *Globe* no. 5 (1997), edited by Francois Ewald and translated by Melissa McMahon. Cf. online magazine: http://www.arts.monash.edu.au/visarts/globe/issue5/delfou.html. It was originally published in French as "Désir et plaisir," *Magazine littéraire*, no. 325 (October 1994), 59-65. Republished in Gilles Deleuze, *Deux régimes de fous* (Paris: Les Éditions de Minuit, 2003). Translation available at http://www.arts.monash.edu.au/visarts/globe/delfou.html
29. *October* published Deleuze's lecture "Plato and the Simulacrum," *October*, no. 27 (Winter 1983), 45-56. Reprinted in French in *Logique du sens* (Paris: Les Éditions de Minuit, 1969), 292-307. The purpose was to offer a different conception of the "simulacrum" than the one formulated by Baudrillard and which took the art world by storm.

repressive hypothesis. Following his letter and this moment, his own relations with Foucault would shift. The two stopped talking to one another, reuniting only later, when, as he was dying, Foucault would declare Deleuze "the only real philosophical intelligence in France."[30] The detailed letter of perplexities and worries Deleuze handed to Foucault in 1977, was similarly intended to "express his friendship" at a time when Foucault "was going through a crisis at the moment of *The Will to Knowledge*."[31]

This minor tension, about to erupt once back in Paris after the "Schizo-Culture" conference, remained somewhat under the radar but was still palpable. It enabled me to form a more complicated sense of the moment. For Foucault's work in this last (or late) "crisis" period now seems peculiarly inventive and "contemporary," as the subsequent publication of his courses has made apparent—"Society Must Be Defended" of 1976 in particular.[32] In fact, many of Foucault's ideas that now seem current emerged out of this last phase in his work, articulated through circumstance, travel, and lectures, constituting a kind of itinerant pedagogy, with Berkeley as one pole: ideas about bio-power, neo-liberalism, sovereignty, and processes of subjectivization. I now appreciate the lectures he gave in Japan in 1978 for example, not simply for his complex attitudes towards Maoism and Revolution, but also for the idea that "[i]t is true that European thought finds itself at a turning point [. . .]. It is the end of the era of Western philosophy. Thus, if philosophy of the future exists, it must be born outside of Europe or equally born in consequence or meetings and impacts between Europe and non-Europe [. . .]."[33]

Travel, shifting geo-cultural boundaries, the sense of almost permanent crisis and experimentation, lectures, teaching, talking, encounters—all this seemed to gradually replace the model in Foucault's work of writing highly finished books like *Discipline and Punish* (1975), framed as it was by French national history, deriving from the "research" done through the GIP and intended as a kind of "machine" in local Parisian struggles. In the restless travels of his crisis period, when he was asking himself many questions, we perhaps see something new or contemporary about the role of theory itself, and the way it has come to intersect with the visual arts and art institutions today, resulting in something like an itinerant "pedagogy of the concept." Indeed, the idea of travel as precondition of theory was perhaps taken from the *Tristes Tropiques* of the great neo-Kantian Lévi-Strauss, reflecting on his days in the Amazon—something also closer to Félix Guattari's own travels in Brazil, or to Deleuze's remarks on the idea of travel as a condition of thought in his 1986 letter to a

30. Cf. online magazine: http://www.arts.monash.edu.au/visarts/globe/issue5/delfou.html
31. Deleuze, "Desire and Pleasure," op. cit.
32. "Society Must Be Defended: Lectures at the Collège de France, 1975-1976," trans. David Macey (Originally published in French as "*Il faut défendre la société*". *Cours au Collège de France (1975-1976)*, Édition établie sous la direction de François Ewald et Alessandro Fontana) (Paris: Gallimard-Seuil, 1997).
33. "Michel Foucault and Zen: A Stay in a Zen Temple," in *Religion and Culture: Michel Foucault*, ed. Carrette Jeremy (London: Routledge, 1999), 110–14.

Opposite page:
Page 39 of
*Les Inrockuptibles*,
no. 445,
June 15, 2004,
featuring
Michel Foucault
in April 1977, Paris

pessimistic Serge Daney—"at what point in the history of media does the city, a particular city, appear"?[34]

However, given such explosive and creative tensions within "French theory" at the time, how might we look back at New York in 1976, and in particular, at the essay "This is Not a Pipe," first published in English in the inaugural issue of *October* that same year? We might focus on one aspect, shown in the illustration the journal chose to reproduce, i.e., the last image in the series Magritte painted, where the pipe with inscription is set in a pedagogical context within an easel-like frame. The larger purpose of the essay was to sketch a new history of "Western painting from the fifteenth to the twentieth century" centered on the question of what Magritte had called "visual thought," leading up to "Campbell, Campbell, Campbell,"[35] derived from what Maurice Blanchot had termed the "non-relation" between seeing and saying.[36] This text was one of Foucault's great essays on the "absence of work" in the visual arts, and it elaborated on his earlier study of Raymond Roussel.[37] As far as "modern" Western painting is concerned, one is of course at some distance from Clement Greenberg, a theoretical "crux" for many artists of the day in New York, leading as it does to the question of "nonaffirmative painting" as seen in Warhol's "seriality."[38] But the last pedagogical version of the work, shown in *October*, is now suggestive in another way—for the questions of institution and teaching, what it means for how and where to "teach" the kind of "visual thought" found in painting itself and the role that "theory" would have in such pedagogy. This was indeed already part of Magritte's response to *The Order of Things*: the idea that painting itself was a "form of thought," with its peculiar force of "making un-visible." The description of the last pedagogical version of the work leads to the passage in which Foucault speaks of a "rickety moment" in which "the easel has to tilt, the frame to loosen, the words to be scattered," since the *lieux communs* (common ground) linking word and image have been suddenly undone.[39] In what is perhaps the most lyrical moment of the essay, an amusing little fiction is constructed about the predicament of a "baffled schoolmaster"[40] starting to mutter to the delight of his students, turning their eyes to the image of a pipe drifting over the teacher. The "undoing" of the "common places" linking words and images—or what later would be called the *partage du sensible* (the "distribution of the sensible," as the concept has been translated into English),

34. "Letter to Serge Daney: Optimism, Pessimism and Travel," trans. Martin Joughin, in *Negotiations 1972-1990* (New York: Columbia University Press, 1995),78.
35. Michel Foucault, *This is Not a Pipe*, trans. James Harkness (Berkeley: University of California Press, 1983). The last sentence is: "A day will come when, by means of similitude relayed indefinitely along the length of a series, the image itself, along with the name it bears, will lose its identity. Campbell, Campbell, Campbell, …," 65.
36. Maurice Blanchot, "Speaking is Not Seeing," in *The Infinite Conversation* (Minneapolis: University of Minnesota Press, 1992), 25-32.
37. Michel Foucault, *This is Not a Pipe*, op. cit., 53-54.
38. Michel Foucault, "To Paint is Not to Affirm," in *This is Not a Pipe*, op. cit.
39. Michel Foucault, *This is Not a Pipe*, op. cit., 31.
40. Ibid., 41.

Paris, avril 1977

Cette tentative sera très vite démentie par le cours donné à cette révolution par ses dirigeants : les spécialistes constatent aujourd'hui l'échec du projet politico-religieux et s'interrogent sur les conditions pratiques de sortie, notamment au regard de l'aspiration à la démocratie de la jeunesse sécularisée. Mais avec le recul, l'"embarras" de Foucault apparaît plus compréhensible. La révolution iranienne représente alors un moment charnière : épisode éminemment moderne, tout à la fois, elle clôt l'âge des révolutions et inaugure une période de contestation politico-religieuse de la modernité.

Moment paradoxal donc, qui ouvre une ère d'incertitude où nous nous trouvons toujours. *"Le problème de l'islam comme*

*La révolution iranienne représente un moment charnière : elle clôt l'âge des révolutions et inaugure une période de contestation politico-religieuse de la modernité.*

*force politique est un problème essentiel pour notre époque et pour les années qui vont venir. La première condition pour l'aborder avec un tant soit peu d'intelligence, c'est de ne pas commencer à y mettre de la haine."* Cette déclaration prémonitoire devrait sonner aujourd'hui aux oreilles des bonnes consciences qui, surtout à gauche, (re)découvrent les vertus du féminisme et s'engagent dans une défense décomplexée des valeurs de l'Occident moderne contre la "barbarie" islamique. Elle devrait faire réfléchir ceux qui s'honorent de mener aujourd'hui un combat courageux contre le "fascisme vert" en pourchassant des Beurettes voilées en quête d'identité. ‖

*Hugues Jallon est éditeur (La Découverte).*

in which such *lieux* would be grounded—would thus have an institutional aspect, suggested by the loosening of the frame, the scattering of the words, as well as the "flight" of the image above. It is this simultaneously pedagogical and institutional aspect that Jacques Rancière would develop in *The Ignorant Schoolmaster*, and subsequently in his works on contemporary art practices and debates surrounding the idea of "the common." We might adopt a principle Rancière developed towards the end of the 1980s in counterpoint to Pierre Bourdieu, the "sociologist King," in his critical studies of the great institutions of public schools and museums in France after the Revolution.[41] We might put it this way: while there exist no completely emancipatory or inclusive institutions of the "enlightened" which, once upon a time, one dreamt museums and schools would be, there is no institution that can rule out in advance the possibility of those "acts of emancipation" which disrupt the principles on which they operate, and open up the potential for new and "dis-identifying" ways of seeing, speaking, and being together through a different type of emancipation, an alternative "education of the senses."[42] Can we not see Gordon Matta-Clark's "an-architectural" practices of the 1970s in this light, as part of an emancipatory "rickety moment" opening up the very idea of thinking in the visual arts? Is it not breaking open a long series of distinctions in which the arts had been enclosed in the West since the fifteenth century (production in studio, exhibition in white-cube space, painting and literature as model, etc.), and presenting words and images as if they were suddenly floating free from such *lieux communs* to the delight of a group of young artists, experimenting with new forms and new ways of working together? But what relations might this version of the story of the New York moment then have with the larger political notion of "anarchical" acts which Rancière would try to develop, after 1989, in an attempt to reinvent the very idea of democracy in an era of consensus?[43]

Moments of Remaining Singular

More generally speaking, what is a "singular moment" in time and space in the life of a city? One image of such a moment can be found in the introduction to Deleuze and Guattari's book *What is Philosophy?*, which states that the question of philosophy itself arises only at certain moments. In this case, the singular refers to the "late style" periods of older painters or film-makers. It also refers to Kant, who, like a mad King Lear, breaks open his own system in the *Critique of Judgment* and the *Opus Postumum*. The idea of singular moments only arises in the last paragraph, in contrast to Hegel. Instead of the post-Kantian idea of a "universal *encyclopedia* of the concept that refers it back to a pure

41. Jacques Rancière, "The Sociologist King," in *The Philosopher and His Poor* (Durham: Duke University Press, 2004).
42. Jacques Rancière, *The Ignorant Schoolmaster: Five Lessons in Intellectual Emancipation*, trans. Kristin Ross (Stanford: Stanford University Press, 1991).
43. Jacques Rancière, *On the Shores of Politics*, trans. Liz Heron (New York, London: Verso Books, 1995).

subjectivity," one should perhaps adopt the "more modest task of a *pedagogy* of the concept, which would have to analyze the conditions of creation as factors of moments that remain singular (*moments restant singuliers*)."[44] What are such moments, and why, and for whom do they *remain* singular? What kind of pedagogy is concerned with keeping them alive? In what light might the stories of my little "New York moment" be cast in this way?

Of course, in "French theory" more generally, the question of "singularity"— as contrasted with "particularity" and consequently also "universality"—acquires a distinctive role. It is often associated with changed notions of invention, creation, and experimentation, as well as the latter's role in the nature of the "work" in the work of art, and by extension their impact on philosophy and thought. Foucault is no exception. For him, singular moments were *actuels* (present), contemporary, untimely; it is from them alone that acts of thinking arise through experimentation with new ways of seeing, saying, doing, and of "being together" in thinking. The very idea of "the archive" in relation to thinking and art changes: one does not do historical research to "remember the past." On the contrary, it becomes a kind of "eventalizing" act of "counter-memory" and thinking in the present. But in what sense do such moments of "the actual" or "experimentation" in thinking and art *remain* singular? What happens when they "fall back into history"?[45]

Such was the atmosphere in 1991 for the "late" remarks about moments of *remaining* singular in *What is Philosophy?* The post-war inventors and practitioners of "French theory" had grown old or had passed away; in what ways would their inventions survive or live on? There was already much talk of a "posttheoretical" or "postcritical" world, in which this singular French moment of invention or experimentation in theory would gradually pass into oblivion, or, what amounts to the same, be turned into passive nostalgia for a bygone era. Deleuze's "pedagogy of the concept" for example, which no doubt owes much to Godard's idea of a "pedagogy of the image," focused on the related notion of "just an idea."[46] Yet Godard had come to the conclusion that things could no longer go on as before by the time Deleuze had finished his book; accordingly, the filmmaker would create "late works" such as *Histoire(s) du cinéma*. Indeed, Deleuze announces the very idea of writing a book with the title *What is Philosophy?* in the last pages of his study on cinema, in contrast with Godard's "posttheoretical" or "postcinematic" melancholy.

But is this still the atmosphere today, when we ask (again), "what was (French) theory in the visual arts"? Of course we still often hear reports of its death, leading to a posttheoretical or postcritical condition. How then might the experiments of *October* or of *Semiotext(e)* be understood now? To keep such a "singular

44. Gilles Deleuze and Félix Guattari, *What is Philosophy?*, trans. Janis Tomlinson (New York: Columbia University Press, 1996), 12 (translation modified).
45. For more on the notions of the "archive" and "counter-memory," see Michel Foucault, "Nietzsche, Genealogy, History," in *Language, Counter-Memory, Practice: Selected Essays and Interviews* (Ithaca, New York: Cornell University Press, 1977), 139-164.
46. Gilles Deleuze, "Three Questions on *Six Time Two*," op. cit., 45.

moment" alive one must of course resist the kind of nostalgia exuding from Michael Kimmelman's idea of "the last bohemians." A more sophisticated and interesting development was to take hold in *October* itself, deriving in part from the catalogue essay Buchloh wrote in 1989 for a French show on American Conceptual art, in which he develops a kind of paradox: Conceptual art, the most radical art of the day since it gives rise to "institutional critique," would also prove to be the kind of art most easily absorbed and easily turned into a spectacle.[47] The solution to this paradox is to be found in the ruses of the culture industry or society of the spectacle and its power to absorb all critical energies opposed to or outside it. The artist first diagnosing this comprehensive defeat and sorry state was Marcel Broodthaers, who, just before the New York moment, was working in Belgium. In these dark times of the seemingly total triumph of commodification, the role of critical thought becomes one of combating the increasing "amnesia" of the earlier history of the European avant-gardes, as if awaiting a time when they might be taken up again.

We now know that in the same year, 1989, Deleuze also had these themes foremost in his mind, although he focused more specifically on the survival of French Theory itself. It was at this time that he agreed to do a video-recorded *Abécédaire*, on the condition it be released only after his death. Appearing as a DVD in French, and inspiring many younger French-speaking artists in the mid-1990s such as Pierre Huyghe and Thomas Hirschhorn, it has recently been released by *Semiotext(e)* with English subtitles. The issue of "moments remaining singular" figures prominently in these informal discussions with their posthumous addresses. It comes to the fore especially in "C as in Culture," which is concerned with the contrast between thinking in art and philosophy and the kind of overly "cultivated discussions" found at the time on television and academic symposia. It is here that Deleuze spells out his sense of living through a "poor period" for thought, in which the accomplishments of the "rich ones" preceding it—those of his generation of philosophers right after the War, and subsequently in the 1960s and 1970s—were being lost. Thinking enters an "impoverished" period as earlier times of creative encounters and ideas disappear so conspicuously and make way for self-important and self-satisfied figures whose impudence and celebrity status conceals their lack of any real creativity. As an earlier example, Deleuze cites the loss of the Russian avant-garde, especially in film, and the larger "mediatization" of thought which has come to replace it. In such conditions thinkers increasingly sense that they are alone; it is as if they are crossing a desert, picking up the arrows of earlier moments in an attempt to relaunch them. That is how things looked to Deleuze back in the 1990s, at a time when the "globalization" of the art world was taking off, which in its turn would complicate the Euro-American frame of these sentiments.

Perhaps it is the privilege of young artists or thinkers today not to have to worry so much about this predicament, which seems to weigh so heavily on

47. Benjamin Buchloh, "Conceptual Art 1962–1969," op. cit., 105–43.

those who had lived through richer periods of experimentation of French theory in the visual arts, in New York and Paris. For them it might be more interesting to look back to an earlier period and gain a sense of "the moment," as captured by Deleuze in Paris on the eve of May 1968. At the end of a rather obscure interview, he states that "[w]e are searching for a 'vitality.' Even psychoanalysis has needed to address itself to a 'vitality' [. . .]. Philosophical vitality is very close to us, political vitality as well. We are close to many decisive repetitions and many changes."[48]

Perhaps this intimation of a nearness to a vitality of new ideas, at once philosophical and political, might still inspire us today. In the current climate, where we are not suffocating through too much bookishness but through too much information, we should look back at this moment to find the fresh air of thinking and art. For it would seem that moments *remain* singular only through the peculiar acts and activities which take them up again, in fresh circumstances, in "conditions of creation" arising in new places or situations. How might the New York moment whose stories I have been trying to sketch figure in such "re-vitalizations" which are yet to take place, perhaps within different geographies and according to different calendars?

48. For the interview, taken in March 1968, see Gilles Deleuze, "Entretien avec Jean-Noël Vuarnet," in *L'Île déserte et autres textes: Textes et entretiens 1953-1974* (Paris: Les Éditions de Minuit, 2002), 197.

+ PROGRAMME TV
32 PAGES

ROCK **FLORENT MARCHET**
Premier disque d'un songwriter entre
Elliott Smith et Jean-Louis Murat

CINÉ **QUENTIN TARANTINO**
Réalisateur et scénariste : son
univers cinémaniaque en DVD

**PIXIES
LA RÉSURRECTION**

Tournée événement
des quatre de Boston

HEBDO > CULTURE, TÉLÉ, SOCIÉTÉ

les **Inrockuptibles**

DU 9 AU 15 JUIN 2004 - Nº 445

# FOUCAULT

*20 ans après sa mort, un héritage politique disputé*

TOUS LES MERCREDIS 2,90 €

www.lesinrocks.com

# Comment faire l'histoire de la théorie dans les arts visuels : une histoire new-yorkaise

*John Rajchman*

Cet article est issu d'une conférence donnée dans le cadre du symposium, *French Theory : réception dans les arts visuels aux États-Unis entre 1965 et 1995*, organisé au Wiels à Bruxelles du 11 au 14 mai 2011, et dont la publication des actes est prévue au printemps 2013 (Anaël Lejeune, Olivier Mignon et Raphaël Pirenne [dir.], *French Theory and American Art*, Berlin/Bruxelles, SIC/Sternberg Press).

En réponse, j'ai souhaité faire un retour sur le moment particulier de cette rencontre, à New York, en 1976, qui faisait aussi partie de mon histoire personnelle, de mon propre rapport à ces questions. Le but de cette rétrospective était certes de ne pas oublier, mais n'était pas pour autant de se remémorer le passé avec nostalgie, en étant mécontent du présent, de tout ce qui est contemporain. Car aujourd'hui le contexte dans lequel se sont déroulés ces échanges entre théorie et arts visuels s'est considérablement modifié, et les années 1990 ont été, à bien des égards, le point de départ d'une transformation plus large, mondialisée, et particulièrement visible dans l'histoire de l'art en France. Dans mon article, j'aborde ce changement en examinant deux faits bien distincts qui ont eu lieu à Paris, en 1988. Le premier est l'*Abécédaire* de Gilles Deleuze, entretien mené en toute simplicité cette même année, mais qui s'adressait, de manière posthume et explicite, à ceux qui, ailleurs, dans un moment plus libre, pourraient ramasser la flèche et la relancer[1]. Le second est un article sur l'art conceptuel écrit par Benjamin Buchloh pour un catalogue d'exposition[2], qui revient sur le potentiel émancipateur de l'art conceptuel et son évolution vers une critique institutionnelle, au moment de la défaite totale de l'industrie culturelle ou du spectacle que Marcel Broodthaers avait annoncée. Deleuze pensait que nous vivions alors une période pauvre de la pensée par rapport à la précédente, plus riche, celle de sa propre génération (celle qui avait inventé la *French Theory*), peuplée de personnages arrogants et autosatisfaits, d'orientation allègrement postcritique. Les nouveaux acteurs et les nouveaux débats qui apparaissaient à Paris à ce point de jonction – à la fin de la guerre froide, après la montée d'Internet, de nouvelles formes de travail et de savoir, de nouveaux « publics » – arrivaient à une sorte de tournant décisif, où les questions sur la notion d'art contemporain et du domaine plus vaste dans lequel il est exercé se posaient à nouveau.

1. Gilles Deleuze, *Abécédaire*, 8 heures d'entretiens avec Claire Parnet, réalisation Pierre-Alain Boutang, 1988 (DVD, éditions Montparnasse, 2004).
2. Benjamin Buchloh, « De l'esthétique d'administration à la critique institutionnelle (aspect de l'art conceptuel), 1962-1969 », in *L'Art conceptuel, une perspective* (exposition, ARC/Musée d'art moderne de la ville de Paris, novembre 1989 – février 1990), Paris, Paris-Musée, 1989.

La question d'une réinvention de la pensée critique et de l'art – de leur interdépendance – requiert aujourd'hui une analyse de ces transformations du monde de l'art qui prennent forme dans les années 1990, désormais mondialisé, d'une manière telle qu'aucune ville ne peut plus jouer le rôle de New York-« monde de l'art » ou de Paris-« monde de la théorie », au moment singulier où les deux sont entrés en collision en 1976, et dont j'ai essayé de me souvenir dans cet article.

J'aimerais donc me concentrer sur ce moment – moment singulier – dans un cadre beaucoup plus large d'échanges, de rencontres, de traductions, de voyages, de malentendus qui font le sujet de la conférence organisée à Bruxelles, au Wiels, par une nouvelle génération de jeunes artistes. Cela se passe à New York dans les années 1970. Comment ce moment particulier est-il représenté aujourd'hui, des années plus tard, en Europe ? Quelle est sa place dans l'histoire plus étendue de la *French Theory* dans les arts visuels ? Quel genre d'histoire – ou d'histoires – semble-t-il nous raconter ? Une grande histoire d'amour franco-américaine ? Une « neutralisation » américaine d'une pensée radicalement française ou européenne ? Une ère de « criticalité » révolue, où cette théorie exerçait un rôle clé, qu'elle a perdu depuis longtemps ?

Avant de revenir sur cet épisode particulier, j'ai quelques remarques préliminaires sur ces questions. Je ne pense pas que ce que nous appelons *French Theory* soit un monolithe tombé des cieux parisiens. Elle vient de nombreux moments et processus qui sont partis dans de multiples directions, se dispersant dans des débats spécifiques, lors de rencontres et circonstances diverses. Aujourd'hui, elle est devenue une énorme formation tentaculaire, que l'on trouve dans un grand nombre d'endroits, de langues, d'institutions et de disciplines. C'est quelque chose qui se pratique de plus en plus en dehors du français ou de son territoire. En effet, l'anglais est largement aussi important que le français quant à cette destinée « mondiale ». En réalité, ce que l'on appelle aujourd'hui *French Theory* en France n'est qu'une reconnaissance tardive de ce fait. Il s'agit d'un riche héritage très confus.

À l'époque du moment dont je parle – 1975-1976 – c'était loin d'être le cas. La *French Theory* émanait encore principalement d'un groupe, d'une génération particulière de Français éduqués à la philosophie, souvent très préoccupés par des idiomes intraduisibles et par la spécificité de la langue française elle-même. Pourtant, au cours de cette précédente période qu'a traversée la langue française, on peut distinguer de nombreux moments différents. Une prémisse de l'anthologie de la philosophie française de l'après-guerre[3], que j'ai réalisée avec Étienne Balibar, est que non seulement elle se déroule en des « moments » différents – nous en avons relevé six –, mais qu'elle compose également une image de la philosophie dans laquelle ces moments ont une importance pour l'idée même de la pensée, la façon dont elle se déploie, les combats auxquels elle participe, la manière dont elle est contestée ou négociée, le public qu'elle contribue à mobiliser. Pour cette génération française de l'après-guerre du moins, penser signifiait toujours,

---

3. Étienne Balibar et John Rajchman, *French Philosophy since 1945. Problems, Concepts, Inventions*, New York, The New Press, 2011.

Michel Foucault et Jean Genet manifestant après la mort de Pierre Overney en 1972

en quelque sorte, penser dans un moment singulier, un moment intempestif ou « contemporain », ce qui donnait naissance à de nouvelles lignes de divergence, ce qui déplaçait les constellations, lesquelles venaient se superposer à d'autres antérieures. Pour résumer, je dirais que les moments sont essentiels pour la pensée, d'une manière différente qu'ils ne l'étaient pour Hegel, par exemple.

Il serait intéressant un jour de reconsidérer cette idée sous un angle « géophilosophique », d'examiner comment elle s'est déplacée, et comment elle a été reprise en d'autres lieux, souvent à partir de croisements avec les arts, visuels ou autres, comment cette *French Theory* a voyagé jusqu'à New York en particulier. On pense par exemple au premier voyage de Lévi-Strauss aux États-Unis qui formule les principes du structuralisme, très engagé non seulement dans les arts français émigrés, mais aussi dans les mutations en histoire de l'art, sans oublier le rôle de plus en plus important des musées ethnographiques, ainsi que des musées d'art moderne à New York[4]. Par exemple, Gordon Matta-Clark, l'un des acteurs du moment en question avait conservé un exemplaire très annoté du livre *Le Cru et le Cuit*. Les arts visuels avaient déjà une importance dans ce premier moment, et, à cet égard, les choses étaient un peu différentes de ce qu'elles ont été plus tard à Baltimore, en 1966, où Derrida et Lacan étaient venus participer à une conférence d'importance au département des Humanités, ce qui contribuerait à introduire les idées de la *French Theory* dans les universités américaines, laquelle sera ensuite baptisée poststructuralisme au sein de ces mêmes universités[5]. Le contact avec les arts visuels ou avec les artistes à New York a rendu leurs rapports à la French Theory quelque peu différents.

4. Voir Claude Imbert, *Lévi-Strauss, le passage du Nord-Ouest*, Paris, L'Herne, 2008.
5. Conférence de Baltimore, John Hopkins University, 1966.

Le déjeuner structuraliste : Michel Foucault, Jacques Lacan, Claude Lévi-Strauss et Roland Barthes. Dessin de Maurice Henry paru dans *La Quinzaine littéraire*, 1er juillet 1967

1976, date du moment que j'évoque, peut donc être considérée comme un nouveau croisement dans une série, en remontant aux plus anciennes, comme le structuralisme des années 1940. En France, à l'époque, l'idée de « théorie » s'était détachée du grand moment du structuralisme dans les années 1960, et elle était repartie sur de nouvelles voies après 1968, où la question des arts visuels fut posée d'une nouvelle manière ; elle fut englobée dans un mouvement plus large qui a amené à repenser l'esthétique même, soucieuse des nouvelles questions d'image et d'espace, avant la « Loi symbolique », source de l'intuition, du mouvement et de l'expérimentation artistiques. 1976 fut aussi l'année de parution de l'article de Deleuze sur la série télévisée de Jean-Luc Godard *Six fois deux*, introduction à une étude du cinéma plus importante vers laquelle il se tournerait dans les années 1980, où la théorie à proprement parler trouverait un nouveau rôle, très différent de la « théorie appliquée » basée sur la linguistique d'une première théorie filmique structuraliste – narratologique ou psychanalytique[6]. L'idée même d'image (distincte de la photo ou du tableau) était mise en cause dans le changement survenu dans l'élaboration de la théorie, ainsi que dans la relation qu'elle entretenait avec les médias, en particulier la télévision. Mais le principe d'une « image cinématographique » que Deleuze allait élaborer dans le cinéma européen de l'après-guerre, ses « fonctions », ses relations à la politique ou à la technologie, n'était pas si différent de celui avancé par Gordon Matta-Clark à New York à l'époque : « s'ouvrir pour voir l'in-visible[7] », principe autour duquel tournerait les films expérimentaux d'artistes.

Quelle était donc la nature de ce moment grisant de rencontre entre la *French Theory* et les arts visuels à New York en 1975-1976 ? Quelles nouvelles voies ouvrait-il, avec quels nouveaux points de divergence ? Et comment

6. Gilles Deleuze, « Trois questions sur *Six fois deux* », repris in *Pourparlers*, Paris, Les Éditions de Minuit, 1990, p. 64-65.
7. Gordon Matta-Clark, *Works and Collected Writings*, Gloria Moure (éd.), Barcelone, Poligrafia, 2006 ; *Gordon Matta-Clark*, Thomas Crow, Corinne Diserens (éd.), London, Phaidon, 2006. Michael Kimmelman, dans son article du *New York Times* (voir Rem Koolhaas, *New York délire : un manifeste rétroactif pour Manhattan*, *op. cit.*), discute cette notion d'ouverture sur l'invisible : « "Opening up view to the unvisible," is how he once put it [Gordon Matta-Clark]. Translated, that meant restoration and renewal: ours and New York's. » (« L'ouverture sur l'invisible », c'est la manière dont il en a parlé [Gordon Matta-Clark]. Traduit, cela signifie la restauration et la rénovation : les nôtres et celles de New York.)

devrions-nous y repenser aujourd'hui, à Bruxelles, en anglais? Car il me semble que les choses ont changé. Les conditions de création qui prévalaient à New York ou à Paris à l'époque, et donc les relations entre les deux, ne sont plus les mêmes. En effet, d'une certaine façon, je pense que le cadre même du « conte de fées de deux villes[8] » peut lui-même être trompeur aujourd'hui, et peut-être qu'il ne peut plus dominer, ni contrôler, les différentes manières dont la « théorie des arts visuels » peut être reprise ailleurs, à de nouveaux moments donnés. Car aujourd'hui, à une échelle sans précédent, ce que l'on appelle encore « art visuel contemporain » est produit à la chaîne en de nombreux endroits du globe, et il est mis en relation avec des institutions d'un nouveau genre, rattachées par de nouvelles géographies de richesse, de nouveaux moyens techniques, impliquant de nouveaux rapports à la théorie. Les grandes histoires de l'après-guerre entre New York et Paris, centrées sur certaines versions « néo » ou « post » des avant-gardes européennes du début du XIXe siècle (pour lesquelles Benjamin, dans les années 1930, institua Paris comme capitale) ont, ces vingt dernières années, paru de plus en plus limitées, presque provinciales, bien trop « euro-américaines ». Peut-être donc, au XXIe siècle, est-il utile d'imaginer de nouvelles voies, de nouvelles manières d'élaborer la *French Theory*, ailleurs et en d'autres circonstances. À quoi ressemblerait, par exemple, mon moment de New York en 1976 aux yeux de jeunes artistes ou théoriciens en Chine, au Brésil, ou en Europe, en Slovénie, en Norvège ou en Espagne (et devrions-nous omettre Istanbul?), sans oublier bien sûr les grandes vieilles métropoles de New York et de Paris?

Contexte

Le moment de New York que j'ai à l'esprit se déroule dans un laps de temps relativement court, 1975-1976. Je devrais probablement ajouter que ce fut un moment dans lequel, jeune philosophe à l'université de Columbia, je fus plongé, même si, en y repensant, je ne suis pas certain d'avoir compris ce qu'il était exactement, ni ce qu'il allait devenir. J'étais alors directement impliqué dans les deux revues *October* et *Semiotext(e)* et les préoccupations connexes qui émergeaient à l'époque.

Pour moi, comme pour beaucoup d'autres, ce fut un moment « d'invention », le début de quelque chose de nouveau.

En ce temps-là, New York était au bord de la ruine; la ville explosait de toutes parts, pleine de crimes et de graffitis – c'était le New York du *Taxi Driver* de Scorsese. Les loyers étaient relativement bas et des groupes d'artistes affluaient dans la ville, impliqués dans le cinéma expérimental, la performance, la danse et une sculpture « étendue », quittant les « socles » pour aller sur des « sites »; ils se confrontaient à des problèmes d'architecture, ou de « non-architecture », ils inventaient des moyens de rendre cette explosion urbaine « créative », pour la

---

8. *A Tale of Two Cities* (1859) est un roman de Charles Dickens, se déroulant à Londres et à Paris avant et pendant la Révolution française.

rendre « visible ». C'était une époque où l'on pouvait se contenter d'être *Just Kids*, comme dans l'histoire de Robert Mapplethorpe, racontée rétrospectivement il n'y a pas longtemps par Patti Smith[9]. C'était l'époque où le Portapack et le Super 8 offraient de nouvelles possibilités techniques, une nouvelle sensation d'« image mouvante ». C'était aussi l'époque où les espaces industriels étaient reconvertis en lofts, où Michael Snow déployait une « vague » avec le zoom avant de sa caméra et où Richard Foreman présentait son Théâtre hystérique. Là, Rem Koolhaas créait son *Retrospective Manifesto* pour l'architecture européenne, son *Delirious New York* de 1978[10]. Ce fut donc dans ce New York des années 1970 que la *French Theory* faisait son entrée et prenait forme – et l'institut où Koolhaas faisait ses recherches abritait également la nouvelle revue *October*.

Bien sûr, tout est différent aujourd'hui à New York. Soho, le vieux quartier des lofts, est devenu une sorte de centre commercial à loyer élevé, et même les lieux d'expositions ont pour la plupart déménagés dans l'East Village, à Brooklyn ou à Chelsea. Cela fait quelque temps que nous nous sommes habitués aux paillettes de Goldman Sachs Manhattan, avec ses grandes collections muséales et ses galeries internationales, où l'art est aujourd'hui avant tout et de plus en plus un bien marchand d'une sorte de Bourse fantôme, elle-même suivant le déplacement des richesses vers l'Asie et ailleurs – le genre de « monde de l'art » qui fut bouleversé un temps à l'automne dernier par le mouvement Occupy Wall Street, exposant le sentiment d'une crise plus importante et toujours non résolue dans l'ordre « néolibéral ». Il est donc facile d'étiqueter ce moment new-yorkais comme celui de la nostalgie d'une époque d'invention et d'esprit collectif passé. En réalité, en tant que moment dans la vie de la Cité, il a été récemment célébré dans deux expositions européennes[11] : l'une par Douglas Crimp, vétéran de l'« *October moment* », au Reina Sofía de Madrid, et l'autre au Barbican de Londres, sur laquelle notre critique du *New York Times*, Michael Kimmelman évoque dans un article[12] où il parle des « derniers bohèmes ». Loin de penser que l'idée de bohème s'est quant à elle déplacée à Berlin, Kimmelman croit que c'est la nature même de l'art et de la bohème qui a changé entre-temps, un peu comme en France ce que l'on appelle aujourd'hui les bo-bo. Mais dans aucune des deux expositions, on ne trouvait une attention explicite accordée à l'introduction de la *French Theory*, ni, en fait, de quelque théorie critique de l'époque, ce qui est mon objectif ici – ce que ma petite archive « New York » a le dessein d'évoquer.

9. Patti Smith, *Just Kids*, Paris, Gallimard, coll. « Folio », 2012.
10. Rem Koolhaas, *New York délire. Un manifeste rétroactif pour Manhattan*, Paris, Chêne, 2002.
11. Lynn Cook, Douglas Crimp, *Mixed Use, Manhattan: Photography and Related Practices 1970s to the Present*, 9 juin – 27 septembre 2010, Museo National Centro de Arte Reina Sofía, Madrid ; *Laurie Anderson, Trisha Brown, Gordon Matta-Clark: Pioneers of the Downtown Scene, New York 1970s*, 3 mars - 22 mai 2011, Barbican Centre, Londres.
12. Michael Kimmelman, « When Art and Energy Were SoHo Neighbors », in *The New York Times*, 28 avril 2011. <www.nytimes.com/2011/05/01/arts/design/laurie-anderson-trisha-brown-gordon-matta-clark-stars-of-70s-soho.html?pagewanted=all>.

Mon histoire sera bordée par trois images : celles d'une conférence, d'une nouvelle revue et d'une performance, en 1975-1976 – à New York.

La première est une affiche pour la conférence « Schizo-Culture » ; l'image est visible grâce à Sylvère Lotringer, qui aujourd'hui travaille en profondeur sur l'histoire de cette conférence[13]. Il y avait de nombreux tandems franco-américains un peu étranges, et même malencontreux. Foucault et Burroughs, Deleuze et Cage. Foucault revenait du Brésil (l'ambiance des clubs SM sera évoquée plus tard par Thomas Hirschhorn dans 24h Foucault, à Paris) ; c'était la seule fois où Deleuze viendrait à New York. On avait la sensation que quelque chose dérapait, même pour les organisateurs, Sylvère et moi-même qui perdions tout contrôle ; et, à la radio, Jean-Jacques Lebel exhortait tout le monde à venir à Columbia. À bien des égards, cela ressemblait plus à des assemblées générales qu'à une simple conférence universitaire et pourtant ça l'était aussi. Pour certains, comme Stanley Aronowitz, c'était la première rencontre avec les maîtres de la *French Theory*, tel Foucault.

La seconde est la couverture du premier numéro de la revue *October*, sortie un peu plus tard. Conçue par Massimo Vignelli, ressemblant un peu à *Tel Quel*, c'était une nouvelle revue d'« avant-garde », qui mettait l'accent sur le cinéma et les arts visuels, transgressait les limites du journalisme d'*Artforum* et les vieilles préoccupations littéraires de la *Partisan Review*. Une idée majeure de l'édito fut celle du « moment » même des moments d'*October*, se renouvelant à New York en se tournant vers l'avant-garde soviétique.

> Nous avons nommé cette revue en hommage à ce moment de notre siècle où la pratique révolutionnaire, l'enquête théorique et l'innovation artistique se sont rejointes d'une manière exemplaire et unique. Pour les artistes présents à cette époque, la littérature, la peinture, l'architecture, le cinéma réclamaient et produisaient leurs propres « Octobres », des orientations radicales articulant le moment historique qui les enfermait, le soutenant dans la guerre civile, les dissensions factionnelles et la crise économique. [...] Notre but n'est pas de perpétuer le mythe et de faire l'hagiographie de la Révolution. Il est plutôt de rouvrir l'enquête sur les relations entre les différents arts qui fleurissent dans notre culture à notre époque[14]...

La troisième est une photographie de Gordon Matta-Clark, désormais en mesure de parler pour elle-même (du moins vendue pour cela). Elle témoigne d'une action (dont Matta-Clark a fait partie) consistant à tirer sur les fenêtres de l'Institute of Architecture and Urban Affairs – la même institution qui avait accueilli *October* à ses débuts, où Rem Koolhaas écrivait son *Delirious New York*,

---

13. Conférence *Schizo Culture*, New York, 1975 ; Sylvère Lotringer en prépare une histoire détaillée, à paraître aux éditions Semiotext(e).
14. « About October », in *October*, vol. 1, printemps 1976, p. 3.

et que Thomas Crow qualifierait plus tard d'« architecture fascinante de *think tank*[15] ». Revenant d'une soirée chez Holly Solomon où il avait bu quelques verres, Matta-Clark, avec une carabine à air comprimé empruntée à son mentor Dennis Oppenheim, mitrailla toutes les fenêtres de l'institut dans Midtown Manhattan. Peter Eisenman n'en fut pas amusé ; indigné, il compara cela à la Nuit de Cristal et s'empressa de réparer les dommages. Pour Crow, l'acte (et la photographie s'y rapportant) était une tentative d'imitation de la « délinquance désespérée » ou du « vandalisme endémique » du Lower East Side ou du Bronx. Le sujet de la performance était l'institut lui-même, ainsi « manœuvré pour détourner le message[16] » : pourquoi les mêmes choses étaient-elles tolérées dans ces autres lieux ? Mais les implications issues de la *French Theory*, de la pratique « non architecturale » de Matta-Clark avaient une longue histoire confuse. Pour la rédaction d'*October* elle serait finalement reprise dans *L'Informe : mode d'emploi*, qui réinsérait le moment en question dans une constellation d'autres – ou une archive beaucoup plus vaste –, où « défaire la structure » était le thème clé. Se servant pour son exemplarité du *Threshold of Poetic Experience* de Matta-Clark, qui, selon elle, exposait une sorte de corps non organique dans la ville, Rosalind Krauss trancherait plus tard avec l'idée même de la déconstruction dans l'exposition *Deconstructivist Architecture*[17], que Peter Eisenman contribua à orchestrer au MoMA en 1988.

Une conférence, une revue, une performance : à chaque fois, on trouve de nouvelles relations, de nouvelles connexions entre l'art et la théorie, des aperçus du puzzle de la grande rencontre entre New York et la *French Theory* à l'époque, qui aiderait à poser le cadre de son évolution continuelle. Quelles histoires cela raconte-t-il ? Il y a bien sûr une histoire institutionnelle. Même si l'Institute of Architecture and Urban Affairs n'existe plus (il est célébré aujourd'hui comme le grand moment de la « néo avant-garde » dans l'architecture de l'après-guerre), les revues *October* et *Semiotext(e)* sont devenues des institutions, d'un genre différent, chacune étant le pourvoyeur d'une grande série d'inter-connexions entre la *French Theory* et les arts visuels. En passant par le Whitney Independant Program et par les départements d'histoire de l'art des universités américaines d'élite, plusieurs générations obtiennent leurs diplômes de *French Theory*, au sens que lui donne *October*, toujours très établie et entretenue dans ces deux lieux, aujourd'hui intégrée à un domaine international plus vaste. C'est un peu comme si, selon les mots d'Andrea Fraser[18], nous qui étions autrefois des « critiques de l'institution », des *outsiders*, étions devenus des *insiders*, l'institution elle-même.

15. Voir Thomas Crow, *Gordon Matta-Clark*, *op. cit.*
16. *Ibid.*, p. 105.
17. *Deconstructivist Architecture*, commissaires Philip Johnson et Mark Wigley, juin-août 1988, New York, MoMA ; voir aussi Rosalind Krauss et Yve-Alain Bois (éd.), *L'Informe : mode d'emploi*, catalogue d'exposition, trad. Patricia Falguières, Paris, Centre Pompidou, 1996, p. 181-184 (Rosalind Krauss et Yve-Alain Bois, *Formless: A User's Guide*, Cambridge [Mass.], Zone Books, 1997).
18. Andrea Fraser, « From the Critique of Institutions to an Institution of Critique », in *Artforum*, vol. 44, septembre 2005, p. 278-283.

Semiotext(e)
sponsors a colloquium on

# schizo culture

## 13-16 november 1975
## columbia university

*"One does not desire revolution, desire is
revolutionary"*
—G. DELEUZE and F. GUATTARI

*"The power to punish is not essentially
different from the power to cure or to
educate"*
—M. FOUCAULT

**Thursday, November 13**

2:30 p.m. (Harkness): | **Sylvère Lotringer, John Rajchman** | **James Fessenden**
| *Introduction* | *Transversality and Style*

7:30 p.m. (Harkness): | **Arthur Danto** | **Jean-François Lyotard**
| *Freudian Explanation* | *La Force des Faibles*

---

**Friday, November 14**
9:30 a.m.

Workshops: **Psychiatry and Social Control. — Radical Therapy. —
Schizo-City [Harlem]; Cinema: Representation and Energetics. —
Ontologico-hysterical theatre.**

2:30 p.m. (Harkness): | **Robert Fine** | **Joel Kovel** | **François Péraldi**
| *Psychiatry and Materialism* | *Therapy in Late Capitalism* | *A Schizo and the Institution*

**Panel with Félix Guattari**

8:00 p.m. (S.I.A.): | **William Burroughs** | **Michel Foucault**
| *The Impasses of Control* | *Nous ne sommes pas Réprimés*

---

**Saturday, November 15**
10 a.m. (A-B Law)

**Panel on Prisons/Asylums**
**Judy Clark, Michel Foucault, Robert Michels, David Rothman**

2:30 p.m. (A-B Law) | **John Cage** | **Gilles Deleuze**
| *Empty Words* | *Le Régime des Signes*

8:00 p.m. (A-B Law) | **Ti Grace Atkinson** | **Félix Guattari**
| *The Psyche of Social Movements* | *Politique et Signification*

---

**Sunday, November 16**
9:30 a.m.

*Meetings will be held at the Maison Francaise of the French Department, 560 W. 113 St.*
Workshops: **Feminism and Therapy.—Psychoanalysis and Politics.—
Gay Liberation—Mental Patients' Liberation**

2:30 p.m.

Workshops: **Prison Politics — Lincoln Detox. — Mass Culture. —
Psychoanalysis and Schizoanalysis**

9:00 p.m. (John Jay): | Schizo-Party

**Information:** Write to Semiotext(e), 522 Philosophy Hall, Columbia University, N.Y.C. 10027
**Contribution:** Six dollars (students), twelve dollars (others). Checks or money orders payable to Semiotext(e), Inc.
Register early if you wish to receive abstracts in advance. Fee includes a copy of the proceedings of the Schizo-Culture
colloquium in **Semiotext(e)**. Subscriptions to **Semiotext(e)**: $7.00 (individual), $12.00 (institution).

Affiche de la conférence *Schizo Culture* organisée à l'université Columbia en 1975

Mais est-ce que cette institutionnalisation spécifique de la « *French Theory* dans les arts visuels » signifie qu'elle devrait définitivement prescrire la manière dont nous voyons et parlons, non seulement des artistes actuels, mais aussi des nouvelles idées, des nouveaux débats, des problèmes du moment ? Certainement *Semiotext(e)*, qui n'est pas attaché à l'histoire de l'art, de tendance moins institutionnelle, irait dans d'autres directions, mettrait en avant d'autres possibilités – mais je laisse cette partie de l'histoire à Sylvère Lotringer[19]. Nous en arrivons donc à une dernière question : comment devrions-nous interpréter l'« action » de Gordon Matta-Clark, dirigée de fait contre une grande « institution de la théorie », aujourd'hui absorbée par la tradition et la ville ?

Idées

Malgré la forte couverture institutionnelle de ces deux grandes revues, il reste toujours les idées, les concepts, les débats, les questions actuelles. Pourrions-nous les repenser sous un angle nouveau, en extrayant du moment quelque chose qui pourrait aujourd'hui se rapprocher le plus d'un esprit de réinvention critique – par exemple, ici à Bruxelles, au Wiels ? Car n'est-il pas vrai que les idées essentielles survivent toujours à leurs contextes, pour être reprises ailleurs, comme une flèche lancée à nouveau ? Prenons le cas de Foucault. À bien des égards, il est une figure qui traverse mes trois images, apparaissant dans une conférence, publié dans la revue, et pour le moins intéressé par la nature de l'« action » – il reprendra lui-même toute la question des performances et des attitudes critiques au cours d'une remarquable conférence donnée devant les

19. Voir note 13.

philosophes français à son retour à Paris en 1978[20]. Mais dans les trois images, est-il « resté le même » ? Dans son premier numéro, *October* publiait pour la première fois son essai *Ceci n'est pas une pipe*, aujourd'hui un incontournable de la « *French Theory* dans les arts visuels », un texte qui revenait précisément à une correspondance ou une « rencontre » avec René Magritte sur l'idée même de la « pensée visuelle », principe de l'échange[21]. Il y a maintenant une somme littéraire produite en réponse au sujet, incluant, en droite ligne de la connexion belge, l'intérêt soutenu et évolutif de Marcel Broodthaers pour Foucault, jusqu'à sa mort en 1976[22]. On ne peut pas dire la même chose de la conférence « Nous ne sommes pas réprimés » donnée par Foucault à la même époque à la conférence *Schizo Culture*. Elle n'apparaît même pas dans *Dits et Écrits*, même si le thème basé sur l'« hypothèse répressive » sera repris en version abrégée dans *La Volonté de savoir* en 1976[23], le premier tome de *L'Histoire de la sexualité* qui annonce une histoire monumentale de la sexualité, que Foucault allait abandonner brusquement d'ailleurs, du moins sous cette forme. Et pourtant cette conférence arrive à un moment où, personnellement, Edward Saïd voyait en Foucault l'intellectuel politique majeur de l'époque, celui qui restaurait, en opposition aux théories textualistes, le sens d'un monde dans lequel les textes circulaient ou fonctionnaient[24]. Qu'était donc la « théorie » pour Foucault à ce moment-là, quelle relation avait-elle à la pratique ?

Nous savons que c'est justement cette question qui deviendra le thème principal du livre de Deleuze, *Foucault*, publié peu après la mort de ce dernier, mais qui revenait sur une préoccupation actuelle. Plus tôt, en 1972, l'ARC avait publié une conversation entre les deux hommes, ayant eu lieu dans la cuisine de Deleuze, sur les relations entre théorie et pratique – théorie comme une boîte à outils, l'indignité de parler pour les autres, l'idée toute entière de la « représentation » faisant place à des groupes de genres plus « transversaux[25] ». Le Groupe pour l'information sur les prisons (GIP) était sans doute un modèle, mais les problématiques attireraient également l'attention plus tard sur Deleuze et sa propre analyse du cinéma, la question de l'image, du média, de la technologie, et donc la question du « contrôle » de ce que nous voyons et disons. À la Schizo-Culture, pour sa part, Deleuze donnait la première présentation publique de son idée de « rhizome », qui sera plus tard utilisée pour introduire *Mille plateaux[26]*, aujourd'hui devenu bien sûr le nom d'un .com dans le monde de l'art.

20. Michel Foucault, « Qu'est-ce que la critique ? », conférence de mai 1978, in *Bulletin de la Société française de philosophie*, vol. 84, n° 2, 1990, p. 35-63.
21. *Id.*, *Ceci n'est pas une pipe*, Montpellier, Fata morgana, 1973.
22. Voir Rachel Haidu, *The Absence of Work : Marcel Broodthaers, 1964-1976*, New York, MIT Press, 2010.
23. Michel Foucault, « L'hypothèse répressive », in *La Volonté de savoir*, Paris, Gallimard, 1976.
24. Sur l'apport de Foucault pour Edward Saïd, voir *Des intellectuels et du pouvoir*, trad. Paul Chemla et Dominique Eddé, Paris, Seuil, 1996.
25. Conversation Deleuze/Foucault, « Les intellectuels et le pouvoir », in *Dits et Écrits*, Paris, Gallimard, 1994, t. II, 1970-1975, p. 306-315.
26. Gilles Deleuze et Félix Guattari, *Rhizome*, Paris, Les Éditions de Minuit, 1976 ; repris dans *Mille plateaux*, Paris, Les Éditions de Minuit, 1980.

C'était donc une tentative de saisir les changements qui survenaient à l'époque dans « l'image de la pensée », dans l'art comme dans la pensée. Quelle est alors la relation entre la « fonction de la pensée critique » que Foucault poursuivait dans « Nous ne sommes pas réprimés » et « l'image de la pensée » envisagée par Deleuze dans « Rhizome », leurs deux conférences respectives à la Schizo-Culture ? En regardant en arrière, nous constatons que 1976 fut un moment-clé à plus d'un titre – l'année d'après, Deleuze envoyait à Foucault une lettre privée qui expliquait les différences entre les deux concepts[27].

Nous ne devrions pas considérer la *French Theory* qui gagne New York à ce moment-là comme un bloc homogène même si, considérés conjointement, nous percevons dans l'arrivée de ce groupe français quelque chose d'un peu différent, du moins dans le style, de ces membres formés par l'école de Francfort à la théorie critique – ou de la philosophie analytique universitaire –, venus également prendre part à la conférence. En effet il y avait une certaine tension « inter-française » dans l'air, que je ne comprendrais que bien plus tard. Par la suite, *October* tenait à souligner que Deleuze avait eu une idée très différente (plus fertile et plus plaisante) du « simulacre » que celle avancée par Baudrillard, que ce dernier continuera de populariser dans le monde de l'art – plus proche, en fait, des allusions à la « sérialité » chez Warhol à la fin de *Ceci n'est pas une pipe*[28]. Mais il semble que Deleuze était pour le moins mécontent de la manière dont Foucault contestait l'hypothèse répressive. Suite à sa lettre et à cette époque, ses propres relations avec Foucault allaient changer. Les deux hommes cessèrent de se parler, et ne se retrouvèrent que plus tard, alors que Foucault, mourant, proclamerait que Deleuze était « la seule véritable intelligence philosophique en France ». La lettre qui détaillait doutes et inquiétudes, que Deleuze avait en réalité transmise à Foucault en 1977, était également destinée à « exprimer son amitié » au moment où Foucault « traversait une crise, à l'époque de *La Volonté de savoir*[29] ».

Cette petite tension sur le point d'éclater de retour à Paris, après la Schizo-Culture, un peu hors des radars, mais encore palpable à l'époque, avait rétrospectivement contribué à embrouiller mon sentiment sur le moment. Car l'œuvre de Foucault dans son dernier épisode de « crise » semble aujourd'hui particulièrement inventive ou « contemporaine », comme la publication ultérieure de ses cours l'a montré – en particulier « Il faut défendre la société » en 1976[30]. En fait, de nombreuses idées de Foucault auxquelles nous semblons souscrire aujourd'hui viennent de cette dernière phase de son œuvre, clairement structurée

27. Lettre de Deleuze à Foucault, « Désir et plaisir » (1977), reprise in *Deux régimes de fous*, Paris, Les Éditions de Minuit, 2003.
28. *October* publia « The Reversal of Platonism », traduction du texte de Deleuze « Le platonisme renversé », in *Logique du sens*, Paris, Les Éditions de Minuit, 1969, p. 292 – 307 ; sur le simulacre, voir aussi Gilles Deleuze, « La résistance du simulacre », in *Différence et répétition*, Paris, PUF, 1988, p. 91-95 ; voir Michel Foucault, « Theatricum philosophicum », in *Dits et Écrits*, *op. cit.*, t. I, p. 75-99, où il parle des « simulacres sans simulations » et de la « grandeur de Warhol avec ses boîtes de conserve ». Voir la fin de *Ceci n'est pas une pipe*, *op. cit.*, p. 79 : « Campbell, Campbell, Campbell, Campbell. »
29. Lettre de Gilles Deleuze à Foucault, « Désir et plaisir », déjà cité.
30. « La société doit être défendue » (1976), in *Dits et Écrits*, *op. cit.*, t. III, p. 124-130.

par la circonstance, le voyage, la conférence, dans une sorte de pédagogie iti-nérante, dont Berkeley deviendrait un pôle : les idées de biopouvoir, de néoli-béralisme, de souveraineté, de processus de subjectivisation. Aujourd'hui par exemple, j'aime ses conférences du Japon en 1978, non seulement en raison de ses attitudes complexes envers le Maoïsme et la Révolution, mais aussi pour cette idée que : « En effet, la pensée européenne se trouve à un tournant [...] C'est la fin de l'ère de la philosophie occidentale. Ainsi, si une philosophie de l'avenir existe, elle doit naître en dehors de l'Europe ou bien elle doit naître en conséquence de rencontres et d'impacts entre l'Europe et la non-Europe[31]... » Le voyage, en déplaçant les frontières géoculturelles, ainsi que la sensation de crise et d'expérimentation quasi permanente, les conférences, l'enseignement, les conversations et les rencontres, tout ceci semblait graduellement rempla-cer le modèle d'écriture extrêmement ciselée des livres de Foucault, comme *Surveiller et Punir* en 1975, encadré par l'histoire nationale française, découlant de la « recherche » faite au sein du GIP et qui se voulait une sorte de « machine » dans les luttes parisiennes. Dans les voyages incessants de cette période de crise, alors qu'il se posait beaucoup de questions, nous voyons peut-être apparaître quelque chose de nouveau et de contemporain sur le rôle même de la théorie, et sur la manière dont elle est venue rencontrer les arts visuels et les institu-tions artistiques aujourd'hui, un peu comme une « pédagogie du concept » itiné-rante. Effectivement, l'idée du voyage comme condition de la théorie venait sans doute de ce qu'elle avait été pour le grand néo-kantien Lévi-Strauss, à l'époque de l'Amazonie, ces *Tristes Tropiques* – d'une certaine façon plus proches des voyages de Guattari au Brésil, ou des remarques de Deleuze sur son idée du voyage comme condition de la pensée, idée qu'il exprimait en 1986 dans une lettre au pessimiste Serge Daney : « [...] aller voir à quel moment de l'histoire des médias la ville, telle ville, appartient[32]. »

Mais, étant donné ces tensions explosives et créatives au sein de la *French Theory* à l'époque, comment pourrions-nous revenir sur New York en 1976, et en particulier, sur l'essai *Ceci n'est pas une pipe*, d'abord publié en anglais dans le premier numéro d'*October* cette même année ? On pourrait se concentrer sur un aspect, visible dans l'illustration choisie par *October*, la dernière de la série peinte par Magritte, où la pipe et l'inscription sont disposées dans un contexte pédagogique, dans un cadre semblable à un chevalet. L'ambition plus grande de cet essai était de tracer une nouvelle histoire « de la peinture occidentale, du XVe siècle au XXe siècle », centrée sur la question de ce que Magritte avait appelé « pensée visuelle », conduisant Foucault à « Campbells, Campbells, Campbells... » en partant de ce que Maurice Blanchot avait appelé la « non – relation » entre par-ler et voir[33]. C'était l'un des grands essais de Foucault sur l'« absence de travail »

---

31. Michel Foucault, entretien « Foucault dans un monastère zen » (1978), in *Dits et Écrits*, *op. cit.*, t. III, p. 622-623.
32. Gilles Deleuze, Lettre à Serge Daney, « Optimisme, pessimisme et voyage », reprise in *Pourparlers*, *op. cit.*, p. 110
33. « Parler, ce n'est pas voir », in Maurice Blanchot, *L'Entretien infini*, Paris, Gallimard, 1969, p. 35-45.

Page suivante :
Double page du
*Nouvel Observateur,*
n°1025,
29 juin-5 juillet 1984

dans les arts visuels, qui émanait de son étude antérieure sur Raymond Roussel[34]. En ce qui concerne la peinture occidentale « moderne », on est évidemment assez loin de Greenberg, la « clé de voûte » théorique pour de nombreux artistes new-yorkais à l'époque, puisqu'elle nous conduit à la « peinture non affirmative » vue dans la « sérialité » de Warhol[35]. Mais la dernière version pédagogique du tableau reproduite dans *October* est aujourd'hui suggestive d'une autre manière – en raison des questions d'institutions et d'enseignement, de ce qu'elle implique sur où et comment « enseigner » cette « pensée visuelle » repérée dans la peinture elle-même, ainsi que du rôle que la « théorie » aurait dans une telle pédagogie. Ceci était effectivement une partie de la réponse de Magritte à *The Order of Things*[36] : l'idée que la peinture en soi était une « forme de pensée », avec son pouvoir particulier de « faire l'invisible ». La description de cette dernière version pédagogique de l'œuvre conduit au passage où Foucault parle d'un « moment instable », où « le chevalet n'a plus qu'à basculer, le cadre à se disloquer, [...] les lettres à s'éparpiller », puisque les lieux communs qui relient le mot et l'image ont disparu soudainement[37]. C'est sans doute le moment le plus lyrique du texte, la source d'une petite fiction amusante sur la situation fâcheuse d'un « maître déconcerté » commençant à bredouiller à la grande joie de ses élèves, qui détournent leur regard sur l'image d'une pipe qui dérive au-dessus de sa tête. La « perte » des « lieux communs » reliant les mots aux images – ou ce qu'on appellera plus tard le partage du sensible, dans lequel de tels lieux seront ancrés – endossera donc un aspect institutionnel, suggéré par la dislocation du cadre, l'éparpillement des mots ainsi que par l'« envol » de l'image au-dessus.

C'est cet aspect, à la fois pédagogique et institutionnel, que Jacques Rancière développera, dans son livre *Le Maître ignorant*, puis en relation aux pratiques artistiques contemporaines et aux débats autour de l'idée du « commun ». Nous pourrions alors adopter un principe développé par Rancière vers la fin des années 1980, « Le sociologue roi[38] », en opposition à Pierre Bourdieu, dans ses analyses critiques des grandes institutions, des écoles publiques et des musées en France après la Révolution. On pourrait l'exprimer ainsi : puisqu'il n'existe aucune institution complètement émancipatoire ou inclusive des « Lumières » dont rêvaient autrefois les écoles publiques ou les musées, il n'y a aucune institution qui puisse exclure à l'avance la possibilité de ces « actes d'émancipation » qui perturbent les principes sur lesquels ils viennent opérer, impulsant des manières de voir nouvelles et « désidentifiantes », des façons de parler et d'être ensemble, dans une autre forme d'émancipation, c'est-à-dire une autre « éducation des sens ». Serait-il possible de reconsidérer les pratiques « non architecturales » de Matta-Clark dans

---

34. Michel Foucault, *Raymond Roussel*, Paris, Gallimard, coll. « Folio », 1992.

35. Voir *supra*, Michel Foucault, « Peindre n'est pas affirmer », in *Ceci n'est pas une pipe, op. cit.*, p. 34 et p. 37-38.

36. *Les Mots et les Choses* en français ; *L'Ordre des choses* était le titre pressenti par Foucault, mais que son éditeur refusa.

37. Jacques Rancière, *Le Maître ignorant*, Paris, Fayard, 1987 ; *Le Partage du sensible*, Paris, La Fabrique, 2000.

38. *Id.*, « Le sociologue roi », in *Le Philosophe et ses pauvres*, Paris, Flammarion, 2007.

# LE RIRE DE LA VÉRITÉ

*« Plus d'un, comme moi sans doute,*
*écrivent pour n'avoir plus de visage. Ne me demandez pas qui je suis*
*et ne me dites pas de rester le même... »*
« L'Archéologie du savoir »

## UN HOMME HEUREUX

### PAR GEORGES DUMÉZIL

Au printemps de 1954, mes amis de l'université d'Uppsala me demandèrent de leur désigner un lecteur français. Procédure peu orthodoxe qu'ignoraient nos Relations culturelles. Mais depuis que j'avais occupé le poste, de 1933 à 1935, des liens étroits m'attachaient à Uppsala, où j'allais presque chaque année travailler un mois ou deux dans l'admirable bibliothèque qu'est la Carolina Rediviva. J'étais fort embarrassé de ma mission, quand Raoul Curiel, qui rentrait d'Afghanistan, me dit qu'il avait un homme. Il venait de rencontrer un jeune normalien, agrégé de philosophie, encore incertain de sa carrière, qu'il hésitait à qualifier de *l'être le plus intelligent qu'il eût connu*. Je n'en demandai pas plus et j'écrivis à Michel Foucault, avec un éloge sincère de la vie au pays de Galles, je ne le vis pas avant son départ.

L'année suivante, de la fin de mes cours du Collège, je repr... je chemin de ma laborieuse Uppsala, curieux de voir à l'œuvre « l'être le plus intelligent du monde ». Or il régnait sur la jeunesse suédoise, sur la « bonne société » universitaire. Ses cours publics faisaient du bruit. Les mères lui amenaient leurs filles pour l'entendre parler de *l'amour en France de Sade à Jean Genet* ». Et lui-même avait trouvé rassemblé dans trois salons de la Carolina une riche bibliothèque médicale du XVIIe siècle. Un vieux legs qui dormait en l'attendant ! : « Histoire de la folie » progressait ! En 1970, on pensa à lui pour le Collège de France. Ce fut Jules Vuillemin qui le présenta, à la mort de Jean Hyppolite. Je n'étais plus

trouva, dès ces premières journées, fraternel, ouvert, dévoué, confiant. Il se forma tout naturellement entre nous une amitié qui, pendant les trente autres années qui suivirent, ne devait connaître ni ombre ni déchirure. Je le retrouvai en 1956 à Uppsala, puis il quitta la Suède pour Hambourg, pour Varsovie, pour Clermont-Ferrand. Je n'eus plus à intervenir dans sa carrière sauf quand, un peu plus tard,

moi-même que professeur honoraire et je découvris tardivement les États-Unis : mon rôle se borna à écrire de Chicago à six collègues électeurs que, quoi qu'on dit, Michel Foucault n'était pas le Diable. Plutôt le contraire. Il fut plus qu'honorablement élu.

D'autres présenteront son œuvre. Je ne reprendrai que le mot de Raoul Curiel. L'intelligence de Foucault était, littéralement, sans borne, même sophistique. Il avait installé son observatoire sur les zones de l'être vivant où les distinctions traditionnelles du corps et de l'esprit, du normal et du pathologique s'estompaient : la folie, le crime, la sexualité. De là son regard tournait comme un phare sur l'histoire et sur le présent, prêt aux découvertes les moins rassurantes, capable de tout accepter, sauf de s'arrêter dans une orthodoxie. Une intelligence à foyers multiples, à miroirs mobiles, où le jugement naissant se doublait aussitôt de son contraire sans cependant se détruire ni reculer. Tout cela, comme il est usuel à ce niveau, sur un fond d'extrême bienveillance, de bonté. Les attachements, en France, aux États-Unis, au Japon même, la résonance des quelques essais qu'il aura eu le temps de publier s'expliquent autant par cette générosité que par la puissance de sa dialectique et la séduction de son art. Pierre Gaxotte il y a deux ans, après l'appel de Stig Wikander "l'hiver dernier, Michel Foucault en est-se retirant une peu plus de la muni, et, non seulement des ornements de la vie : de la substance même.

*G. D.*

---

## LE TÉMOIGNAGE DE FERNAND BRAUDEL

La disparition de Michel Foucault en pleine possession de son talent et de son génie, à l'heure du plein épanouissement de sa pensée, est un deuil national.

La France perd l'un des esprits les plus éblouissants de son époque, l'un de ses intellectuels les plus précieux.

J'aurai l'occasion de parler plus à loisir de son œuvre, de l'homme qu'il a été (1). Je ne puis dire pour l'instant que mon immense chagrin.

(1) Nous publierons prochainement un long article critique de Fernand Braudel sur l'œuvre de Michel Foucault.

## CE QUE DISAIT CLAVEL EN 1976

« [...] Il faudrait tout de même savoir, à la fin, au nom de qui, au nom de quoi Michel Foucault, l'homme, même son action exemplaire pour les hommes. S'il y a dans son œuvre une profondeur inouïe et stupéfiante, vers laquelle il approche, ce serait celle-ci : l'humanisme des trois ou quatre derniers siècles est secrètement, de moins en moins secrètement, totalitaire ; l'homme en meurt. Alors en dernière analyse, dernière instance, dernière chance, comment le ressusciter ?

« Le Nouvel Observateur » n° 633,
27 décembre 1976.

49

les années 1970 sous cet angle, comme faisant partie d'un « moment instable », s'ouvrant sur l'idée même de pensée dans les arts visuels, s'affranchissant d'une longue série de distinctions dans lesquelles ils étaient enfermés en Occident depuis le xvᵉ siècle (une production en atelier, une exposition dans l'espace du *white cube*, ayant la peinture et la littérature comme modèle, etc.), comme si les mots et les images allaient flotter, libérés de ces lieux communs pour le plus grand plaisir d'un groupe de jeunes artistes, qui expérimentaient de nouvelles formes et de nouveaux modes de travail collectif ? Mais alors, quelles seraient les relations de cette version de l'histoire du moment new-yorkais avec la notion politique plus large des actes « an-archiques » développés par Rancière après 1989, dans une tentative de réinventer l'idée même de démocratie dans une époque de consensus[39] ?

## Moments qui restent singuliers

Plus généralement, qu'est-ce que le « moment singulier » d'une époque et d'un lieu, dans la vie d'une ville par exemple ? On peut trouver l'évocation de tels moments dans l'introduction du livre de Deleuze et Guattari, *Qu'est-ce que la philosophie ?*, en 1991, qui commence par affirmer que la question de la philosophie n'est soulevée qu'à certains moments, dans ce cas d'une manière proche des moments de « l'œuvre ultime » de peintres ou de cinéastes vieillissants, ou encore de Kant lui-même qui cassait, tel un Roi Lear déchaîné, son propre système dans *La Critique de la faculté de juger* ou l'*Opus postumum*. L'idée de moments singuliers arrive dans le dernier chapitre, en opposition à Hegel. Au lieu de l'idée post-kantienne d'une « encyclopédie universelle du concept, qui renvoyait la création de celui-ci à une pure subjectivité », nous devrions peut-être adopter la « tâche plus modeste, une *pédagogie* du contexte, qui devait analyser les conditions de création comme facteurs de moments restant singuliers[40] ». Quels sont donc ces moments, et pourquoi, pour qui, restent-ils singuliers ? Quelle pédagogie continue de les faire vivre ? En quoi les histoires de mon petit « moment de New York » pourraient-elles s'y rattacher ?

Évidemment, dans la *French Theory* plus généralement, la question de « singularité », en opposition à la « particularité » (et donc à l'« universalité »), acquiert une importance et un rôle distinctifs, souvent associés à des notions changeantes d'invention, de création ou d'expérimentation, leur rôle dans la nature du « travail » dans l'œuvre d'art, et par extension, de la philosophie ou de la pensée. Foucault ne fait pas exception. Pour lui, les moments singuliers étaient actuels, contemporains, intempestifs ; c'est uniquement d'eux que surgissent les actes de pensée, par l'expérimentation de nouvelles façons de voir, de dire, de faire, et donc d'« être ensemble » dans la pensée. L'idée même d'« archive », en relation à la pensée ou à l'art, change : on ne fait pas de recherche historique pour « se souvenir du passé », mais au contraire comme un acte qui « événementialise » en quelque

---

39. *Id.*, *Au bord du politique*, Paris, La Fabrique, 1998.
40. Gilles Deleuze et Felix Guattari, *Qu'est-ce que la philosophie ?*, Paris, Les Éditions de Minuit, 1991, p. 17.

sorte une « contre-mémoire » et une pensée au présent. Mais en quel sens alors de tels moments du « réel » ou de l'« expérimentation » dans la pensée et dans l'art restent-ils singuliers ? Que se passe-t-il quand eux-mêmes « retombent dans l'histoire[41] » ? Car telle était le ton des « dernières » remarques sur les moments restant singuliers dans *Qu'est-ce que la philosophie ?*, en 1991. Les initiateurs d'après-guerre de la *French Theory* et leurs partisans avaient vieilli ou bien étaient morts ; de quelle façon leurs inventions pouvaient-elles continuer à vivre ou à survivre ? On avait déjà beaucoup discuté la question d'un monde « post-théorique » ou « postcritique », dans lequel ce moment français singulier d'invention et d'expérimentation de la théorie tombait peu à peu dans l'oubli ou, ce qui revient au même, se transformait en nostalgie d'une époque révolue. L'expression « pédagogie du concept » par exemple, doit sans doute beaucoup à la « pédagogie de l'image » de Godard, point clé de l'essai de Deleuze en 1976, centré sur la notion connexe « juste une idée[42] ». Mais, le temps que Deleuze termine son livre, Godard avait réalisé que les choses ne pouvaient plus continuer comme avant, et il se tournait plutôt vers l'« œuvre ultime », comme ses *Histoire(s) du cinéma*. Effectivement, le projet de livre *Qu'est-ce que la philosophie ?* est annoncé dans les dernières pages de l'étude de Deleuze sur le cinéma contrairement à la mélancolie « post-théorique » ou « postcinématique » de Godard.

Mais sommes-nous toujours dans la même ambiance aujourd'hui, lorsque nous nous posons sans cesse la question de ce qu'était la (*French*) théorie dans les arts visuels ? Évidemment, les rumeurs de sa disparition sont nombreuses, nous plaçant dans un état post-théorique ou postcritique. Comment alors les expériences d'*October* ou de *Semiotext(e)* de l'époque pourraient-elles être aujourd'hui comprises ? Pour entretenir ce « moment singulier », on doit bien sûr résister à la nostalgie implicite des « derniers bohèmes » de Michael Kimmelman. On pourrait cependant trouver une idée plus intéressante et plus sophistiquée dans *October*, qui découle en partie d'un texte de Benjamin Buchloh paru en 1989 pour le catalogue d'une exposition française sur l'art conceptuel américain, où il développe un genre de paradoxe : l'art conceptuel, qui est l'art le plus radical de l'époque, puisqu'il peut donner naissance à une « critique institutionnelle », se révélait être le plus facilement absorbable, le plus facilement apte à être transformé en spectacle[43]. Les stratagèmes de l'industrie culturelle ou de la société du spectacle peuvent fournir une réponse à ce paradoxe en s'imprégnant de toutes les énergies critiques opposées ou extérieures à elle. Marcel Broodthaers, travaillant alors en Belgique, juste avant le moment de New York, fut le premier artiste à diagnostiquer cette grande défaite et ce triste état de fait. À l'heure sombre du triomphe apparemment total du mercantilisme qui nous a submergés, le rôle de la pensée critique est devenu celui de lutter contre

41. Pour toutes ces notions, voir Michel Foucault, « Nietzsche, la généalogie, l'histoire » (1971), in *Dits et Écrits, op. cit.*, t. II, p. 136-156.
42. Gilles Deleuze, « Trois questions sur *Six fois deux* », in *Pourparlers, op. cit.*
43. Benjamin Buchloh, « De l'esthétique d'administration à la critique institutionnelle (aspect de l'art conceptuel, 1962-69 », in *L'art conceptuel, une perspective, op. cit.*

l'« amnésie » croissante d'une histoire antérieure des avant-gardes européennes, comme si l'on attendait une époque où elles pourraient renaître.

Nous savons maintenant que la même année, en 1989, Deleuze était lui-même très préoccupé par ces sujets, mais il se concentrait plus précisément sur la survie de la *French Theory* en elle-même. C'est alors qu'il décida d'enregistrer l'*Abécédaire*, à condition que la vidéo ne soit diffusée qu'après sa mort. Sorti en DVD en français, cet *Abécédaire* inspira de nombreux artistes francophones dans les années 1990, comme Pierre Huyghe ou Thomas Hirschhorn, et récemment republié chez *Semiotext(e)* avec des sous-titres anglais. La question des « moments restant singuliers » est évoquée de bien des façons dans ces discussions informelles et décontractées, adressées de manière posthume, et en particulier dans le « "C" comme Culture », dédié au contraste existant entre la pensée dans l'art ou dans la philosophie et toutes les discussions trop « cultivées » diffusées à la télévision ou dans les symposiums universitaires à l'époque. C'est là que Deleuze explique sa vision de la vie dans une « période pauvre » de la pensée, où les réalisations des « époques riches » précédentes – celles de sa génération de philosophes, juste après la Guerre, puis dans les années 1960 et 1970 – étaient perdues. La pensée est entrée dans une période « appauvrie », où l'époque des rencontres et des idées créatives a si bien disparu qu'elle ne manque à personne, qu'elle engendre des personnages suffisants et autosatisfaits, dont l'impudence et la célébrité facile cachent leur absence de toute véritable créativité. Comme exemple plus antérieur, Deleuze cite la disparition de l'avant-garde russe, notamment dans le cinéma, et la plus grande « médiatisation » de la pensée qui réussit à la remplacer. Dans ces conditions, les intellectuels se sentent de plus en plus seuls, comme la traversée d'un désert, ramassant les flèches de moments antérieurs pour tenter de les relancer. C'est ainsi que Deleuze voyait les choses dans les années 1990, à l'époque de l'essor de la « mondialisation » du monde de l'art, ce qui allait compliquer en retour le cadre américano-européen de ces sentiments.

Peut-être est-ce un privilège pour les jeunes artistes ou les penseurs d'aujourd'hui que de ne pas avoir à trop s'inquiéter de cette situation, qui semble peser si lourd sur ceux qui vécurent des époques plus fastes d'expérimentation de la *French Theory* dans les arts visuels, à New York ou à Paris. Pour ceux-là, il serait peut être au contraire plus intéressant aujourd'hui de regarder en arrière, vers un moment antérieur et la signification de ce « moment », ce qu'a saisi Deleuze à la veille de mai 1968, de retour à Paris, à la fin d'une interview plutôt sombre, lorsqu'il dit ceci :

> Nous sommes à la recherche d'une « vitalité ». Même la psychanalyse a besoin de s'adresser à une « vitalité » chez le malade, que le malade a perdue, mais la psychanalyse aussi. La vitalité philosophique est très proche de nous, la vitalité politique aussi. Nous sommes proches de beaucoup de choses et de beaucoup de répétitions décisives et de beaucoup de changements[44].

44. Gilles Deleuze, « Entretien avec Jean-Noël Vuarnet » (mars 1968), in *L'Île déserte et autres textes. Textes et entretiens, 1953-1974*, Paris, Les Éditions de Minuit, coll. « Paradoxe », 2002, p. 197.

Cette incitation à se rapprocher de la vitalité d'idées nouvelles à la fois philoso-phiques et politiques pourrait encore nous inspirer aujourd'hui, alors que nous suf-foquons plus sous un flot d'informations que sous trop de connaissances livresques, cherchant à retrouver une bouffée d'air frais à travers la pensée et l'art. Car il sem-blerait que les moments ne restent singuliers qu'en raison des actes et des activités particuliers qui les raniment dans de nouvelles circonstances, dans des « conditions de création » qui surgissent en de nouveaux lieux ou en de nouvelles situations. Comment alors le moment de New York, dont j'ai essayé d'esquisser les histoires, pourrait-il figurer, ou devenir évocateur au sein de telles « re-vitalisations », sur le point d'être réalisées toutefois, et certainement avec de nouvelles géographies et selon une chronologie différente ? *Traduit de l'anglais par Michèle Veubret*

# Du temps à l'espace :
# mondialisation de la théorie critique

*François Cusset*

Ce texte correspond à une version légèrement remaniée d'une conférence donnée le 23 mars 2012 au musée du Jeu de Paume dans le cadre de la table ronde *Nouvelles de la critique :* Texte zur Kunst *et ses réceptions* (organisée par Catherine Chevalier et Andreas Fohr).

Dans le monde de l'art, la théorie a pris des allures de slogan sexy. D'impératif intimidant, ou ennuyeux, lié à une vieille soumission de l'artiste au « penseur », elle est devenue un objet sexy, subversif et décoiffant, critique et sémillant – l'ingrédient clé de tout happening ou évènement artistique réussi, qu'il s'agisse ici d'une stratégie ou d'un véritable progrès, et que la théorie, dans ce rôle, ait pour vous la valeur d'un éclairage précieux ou juste d'une marchandise de plus. Il reste que durant toute la fin du XXᵉ siècle, le concept de théorie a pris un sens délibérément flou et extensif : de nos jours, il renvoie à un style et à une posture, sans aucun objet prédéfini, plutôt qu'à une science ou à un moment du procès dialectique (tel qu'il était dans les philosophies kantienne et postkantienne). Loin d'une conception de la théorie en tant qu'opposé de la pratique ou de l'expérience, elle est devenue le nom fourre-tout d'un nouveau type de discours paraphilosophique interdisciplinaire, dûment politisé et rhétorique. Le nom d'une forme de performance intellectuelle, qui serait la théorie *en général*, et non plus la vieille *théorie de l'art* sur le point d'être définitivement dépassée, parce qu'elle relevait encore d'un champ de savoir particulier et d'un certain rapport à la muséologie. D'une certaine façon, plus l'objet d'une telle « théorie » relèvera d'un domaine se situant aux antipodes de l'art proprement dit, mieux – et plus pertinent – ce sera pour l'art en lui-même : curieusement, en parlant respectivement d'éducation, de guerres fictives ou d'« inconscient politique », Jacques Rancière, Jean Baudrillard ou Fredric Jameson trouveront dans le monde de l'art davantage d'applications directes et contagieuses qu'Erwin Panofsky, Clement Greenberg, ou George Didi-Huberman, dont les textes sont à première vue plus pertinents pour le champ de l'art, outre qu'ils y sont plus ou moins canoniques. Il est en effet étrange de constater que la théorie, en tant que discipline critique, était supposée avoir épinglé définitivement la marchandisation des différentes formes de vie et la conquête des parts de marché, processus qui trouvent aujourd'hui leur illustration la plus patente précisément dans le monde de l'art. Et il est tout aussi étrange de rappeler qu'avant d'être ce discours en vogue, la théorie, sous ses formes savantes, avait été déclarée arrogante et trop sérieuse (au contraire de ce qui est *fun*) par les nouveaux codes esthétiques et les diverses formes de populisme culturel qui se sont imposés dans les années 1980. Tout cela, pourtant, n'est pas si étrange, du moins si l'on oublie un peu le monde de l'art lui-même et qu'on envisage la métamorphose subie par le champ de la théorie proprement dit, et les transformations historiques de la théorie critique au cours des trente à quarante dernières années. Mais il n'est pas facile d'aborder la théorie dans des termes historiques généraux et indistincts, de la voir comme une entité stable façonnée et transformée par l'histoire politique et intellectuelle récente : l'historicisation de la théorie est elle aussi passée de mode, ringardisée à la fois par un nouveau métadiscours portant sur les mystères du discours, et par une approche plus directe et plus attrayante des textes et des concepts, une approche qui privilégie les différences culturelles et les déplacements géographiques.

Pour dire les choses sans ambages, on est regardé avec suspicion si l'on se laisse aller à interroger le devenir de la théorie « générale » pendant la transition des années 1980 et 1990 – c'est-à-dire entre la contre-culture ou les avant-gardes (les années 1960-1970) et les années du néolibéralisme et du clash des civilisations (les années 2000-2010) : une telle interrogation, trivialement historique, est vue d'emblée comme une forme de violence épistémique ou de naïveté historiographique, qui échouerait à mettre au jour les paramètres plus nuancés des contextes locaux, des destins nationaux, des transferts culturels et des chiasmes transculturels. Au contraire, la plupart des commentateurs mettront l'accent sur les différences entre le contexte américain, avec son microcosme académique radicalisé et coupé d'une société dominante réactionnaire, et le contexte français, dans lequel les institutions conservatrices de centre gauche sont remises en cause par de nouvelles formes d'activisme, ou bien entre le contexte britannique, tiraillé entre la résistance marxiste et les forces de la privatisation, et le contexte allemand, avec ses scènes alternatives et les conséquences paradoxales de la réunification. Pire encore, plus directement travaillés par les stéréotypes nationaux/culturels, certains discours mettront en avant les différences entre la subversion stylisée à la française, la schizo-culture rhétorique américaine, le flegme postcritique britannique, et la résistance disciplinée à l'Allemande, elle-même plus substantielle et orientée vers un objet – si l'on s'en tient à ces quatre artefacts nationaux, qui revendiquent tous une légitimité implicite à l'égard de ce genre de discours. Ou bien ils insisteront sur les différences qui existent entre le discours théorique et les questions en jeu, selon que ce discours a été tenu par, ou s'adresse à un groupe postcolonial, une communauté gay, une élite WASP ou une escouade de féministes de gauche. En bref, j'ai bien peur que la façon dont on a reformulé, déplacé, et aussi bien spatialisé et culturalisé la question du devenir de la théorie, ne constitue déjà en soi une réponse à la question : la théorie, et en particulier son avant-garde politiquement avisée, plus connue sous le nom de théorie critique, s'est ainsi éloignée des logiques sociales, historiques et directement politiques, et a été soumise aux, ou redéfinie par, les nouveaux paradigmes de la géographie culturelle, des politiques identitaires, et de la construction textuelle et discursive des nouvelles luttes. On est passé d'une certaine mélancolie du *temps* à un discours sur et de l'*espace* ; et on a substitué une liste bigarrée et une forme d'interpellation offensive à ce qui relevait plutôt du paradoxe, et d'une sorte de monologue tragique. Je ne suis pas nostalgique, je ne suggère pas nécessairement que nous ayons régressé ou perdu quelque chose en cours de route, étant entendu que nous nous sommes déjà libérés d'un certain dogmatisme face au concept de théorie, d'une certaine arrogance et d'une approche totalisante, d'une vieille myopie face aux différences et à leur évolution. Il n'en est pas moins évident que les formes de théories dominantes aujourd'hui, ou les notions hégémoniques relatives à ce qu'est ou devrait être la théorie critique présentent des limites bien marquées. Quelques mots de plus sont nécessaires ici concernant cette transformation historique en profondeur de la théorie critique. En commençant par noter qu'une telle évolution pourrait aussi se résumer, pour aller vite, à la transition entre le modernisme élitiste et le post-modernisme populiste, ou encore, dans le monde des revues d'art, au passage de la revue *October*, longtemps dominante, aux périodiques des années 1990 axés plutôt sur les études culturelles et postcoloniales.

Il existe deux principaux types successifs de « théorie critique » moderne, ou née au XXᵉ siècle, le premier revendiquant une telle appellation alors que le second la réfutera de manière plus ou moins explicite. La première forme de « théorie critique » fut développée par l'école de Francfort, en Allemagne, à l'époque de ses tentatives initiales de croisement – et de dépassement – des héritages de Marx et de Freud. Une théorie critique intimement liée aux ravages sans précédent causés par le nazisme et la seconde guerre mondiale (du fanatisme des foules à l'accomplissement apocalyptique de la rationalité occidentale, à Auschwitz et à Hiroshima), et qui se caractérise par une dialectique pessimiste et une forte mélancolie historique. La seconde forme, plus récente, de théorie critique, née en France suite aux débats internes du structuralisme (ce qui incitera les Américains à la rebaptiser « poststructuralisme », avant de la ranger dans une catégorie plus culturelle nommée « French Theory »), et plus ou moins judicieusement associée à la contre-culture et aux protestations radicales qui ont secoué le monde entier dans les années 1960, se caractérise par un intérêt plus prononcé pour les devenirs et les intensités, aux dépens de la dialectique de l'histoire, et par une approche moins totalisante aussi bien de l'interprétation des textes que de la compréhension des structures de pouvoir et des institutions contemporaines, dans lesquelles la discipline et le contrôle sont désormais essentiels. La première est bien sûr la forme de théorie critique développée par Adorno, Arendt, Marcuse et Benjamin, et la seconde, vingt ans plus tard, celle qui a été déployée par Foucault, Deleuze, Derrida et Lacan ; aucune des deux ne présentant une unité interne suffisante pour être qualifiée de « forme » ou de tendance cohérente. Mais ces deux formes de la théorie critique moderne, ou moderniste, ont en commun le fait d'avoir été pensées comme un instrument direct de contestation des pouvoirs en place, plus que de commentaire ou d'interprétation critique des textes ou des symboles. Elles ont en commun une certaine connexion avec le champ social, même quand celui-ci est appelé « discours », et avec l'histoire elle-même, même quand celle-ci est remplacée par « l'évolution » ou le devenir. Et elles ont en commun le sentiment – tiré d'une expérience plus ou moins directe des tragédies passées (vécues de plein fouet par les Allemands) – qu'il est nécessaire de créer de nouveaux concepts, de s'émanciper des maîtres à penser d'hier et d'explorer des pans inconnus de la théorie. À la fin du XX<sup>e</sup> siècle, soit à peine quelques décennies plus tard, ce que nous avons sous l'étiquette de « théorie critique » (ou de théorie culturelle), né d'une réappropriation et d'une réinterprétation biaisée des héritages modernistes, se démarque en tous points des théories critiques précédentes, et peut en être distingué par quatre ambiguïtés majeures : on a affaire à des commentateurs et des exégètes atypiques de la tradition moderniste, lue elle-même comme un seul grand Texte ; à une forme étonnante de politique radicale largement textualisée, aussi nécessaire soit-elle, et fondée sur des questions d'identité, de minorité, et de subjectivation, aux dépens de la lutte des classes et des conflits sociaux ; à un discours pluridisciplinaire faisant la part belle aux références philosophiques mais qui reste plus directement ancré dans les études littéraires et la théorie esthétique ; et enfin, à une forme de théorie critique plus populaire, plus largement diffusée et peut-être plus démocratique (ou démocratisée), mais n'en découlant pas moins de certaines logiques institutionnelles – pour la plupart issues du milieu universitaire, et dans une moindre mesure, des nouveaux médias et du monde de l'art, là où aussi bien Adorno que Foucault, Derrida que Marcuse, gardaient quant à eux leurs distances avec ces institutions, ou lorsqu'ils s'en rapprochaient, le faisaient de façon ponctuelle et stratégique.

Les raisons historiques d'un tel basculement, qui occupe une place de premier plan dans l'histoire intellectuelle contemporaine, sont complexes et à vrai dire un peu tirées par les cheveux. Elles sont à mettre en relation avec l'espèce de double contrainte pédagogique que l'on doit aux maîtres de la théorie critique modern(ist)e, lesquels nous encourageaient sans cesse à nous émanciper des maîtres-penseurs, mais occupaient eux-mêmes précisément cette fonction. Et elles sont liées, de manière plus évidente, à des changements structurels majeurs qui remontent à peu près au tournant des années 1980 : la révolution de la radio et de la télévision (et dix ans plus tard, des médias en ligne), le retour à des questions identitaires longtemps refoulées, que ce soit dans des communautés locales ou dans le bloc communiste en déclin, et bien sûr, la terrassante conquête du monde occidental par le néolibéralisme et le néoconservatisme, grâce à la force de frappe nouvelle de la dérégulation et de la privatisation – initiées en 1979-1980 avec l'arrivée au pouvoir de Margaret Thatcher en Grande-Bretagne et de Ronald Reagan aux États-Unis. Dans ce contexte sans précédent, la théorie critique, ou ce que vous imaginiez se cacher sous une telle étiquette, ne sera plus jamais la même. Ses dimensions complémentaires de critique textuelle et de critique sociale, ou de micropolitique et de macropolitique (dans le jargon deleuzien), deux dimensions inhérentes à la théorie critique ont été dissociées l'une de l'autre pour ne pas dire déstructurées ; elles sont désormais séparées, se sont éloignées l'une de l'autre, toujours disponibles en tant qu'options mais le plus souvent antagoniques (à l'instar de ce que sont sur le terrain, bien souvent, les politiques identitaires et les politiques sociales), plutôt qu'en tant qu'ingrédients solidaires d'une même approche.

Avec ses nombreux fans, la théorie critique nouvelle est largement déterritorialisée, éloignée du discours (ou du contre-discours) de la philosophie continentale. Ses références et ses sources souveraines sont plus éclectiques que jamais : un fatras de bric et de broc, des citations et des noms propres, des noms de concepts devenus eux-mêmes des objets fétiches, et quelques sommités vénérées, bien loin de la double critique (et de la reconversion pratique) de Marx et de Freud, qui constitua la première forme de théorie critique pendant la première moitié du XXᵉ siècle. Le public et les usagers de la nouvelle théorie critique sont disséminés partout, mais plus volontiers à la croisée des chemins, le long de certaines frontières, que sur des territoires clairement circonscrits, qu'il s'agisse des départements de sciences humaines dans l'université, des médias alternatifs, ou des nouveaux collectifs militants avec leur parti-pris d'interprétation des textes et de réflexion sur la condition minoritaire, et bien sûr du monde – ou plutôt, *des* mondes – de l'art. Et parce que la théorie critique nouvelle a ainsi détotalisé, croisé et hybridé, et rendus définitivement suspects les vastes entités abstraites qui furent les cibles politiques de la première théorie critique – le capital, le pouvoir, la société, la subjectivité bourgeoise –, elle n'a plus désormais de priorités thématiques ou de thèmes de prédilection, d'axe clair ou d'argument central, disposant, à la place, d'une liste presque infinie d'objectifs et d'objets, de méthodes et d'épistémès, tous plus ou moins culturels, qui lui font courir le risque de perdre son emprise initiale sur des objets identifiables, et d'être partout et nulle part, ou nulle part à force d'être partout : nous sommes tous dorénavant des théoriciens critiques, et ceux qui prétendent être les seuls critiques légitimes ne faisant dès lors que reproduire de vieilles stratégies d'hégémonie, personne ne saurait plus être vraiment un « théoricien critique » – ce terme même se muant en un simple qualificatif, un nom de code dans les médias, alors qu'il avait autrefois désigné quelque chose de bien spécifique.

Mais derrière cette apparente dissolution de l'objet, cette ubiquité et cette fragmentation de la théorie critique, se cachent aussi quelques bonnes nouvelles : une véritable démocratisation de ses usages, de sa formation académique, et de sa production discursive, y compris l'absence relative de maîtres-penseurs à l'heure actuelle ; l'occasion de pouvoir enfin s'exprimer pour les producteurs de concepts et les esprits brillants qu'intimidaient les formes antérieures ; peut-être aussi une authentique *dés*occidentalisation de la théorie critique, ou tout au moins un déplacement de son épicentre géo-culturel, loin de ses origines eurocentriques, et même de sa période exclusivement américaine ; et pour des raisons historiques plus récentes (nous manquons manifestement de recul à l'heure actuelle), une aptitude à éclairer plus directement et plus instantanément les désastres économiques, culturels, environnementaux et politiques qui sont les nôtres, plus en tout cas qu'il y a vingt ans, au moment de l'âge d'or de la « réparation » symbolique, de la reconnaissance identitaire et du politiquement correct. Car depuis lors, la crise systémique du capitalisme financier (maintenant entièrement avérée), les révolutions qui ont balayé le monde arabe, et la naissance d'un mouvement anticapitaliste stable et populaire dans le Premier monde constituent, parmi d'autres, trois bonnes raisons de rendre la théorie critique de nouveau opératoire, de lui trouver des applications et des usages pertinents, et non plus seulement rhétoriques : ici et maintenant, sur le terrain, dans l'urgence qui est celle de notre présent historique. Pour conjurer ses stratégies marchandes et ses faiblesses intellectuelles, récemment mises au jour, la théorie critique aura ainsi plusieurs défis à relever. Il lui faudra être à la hauteur de ce grand moment de notre histoire, l'accompagner, voire le faire advenir, plutôt que le commenter sans relâche, et toujours de manière rétrospective. On pourra alors enfin dire adieu à ce charabia creux et nébuleux qui fut tellement en vogue dans les années 1980 et 1990.

# From Time to Space:
# When Critical Theory Turns Global

*François Cusset*

Theory has become a sexy catchword within the art world. It has evolved from either a boring or intimidating imperative, resulting from the artist's natural state of submission to the thinker, into a sexy object, subversive and demanding, critical and sparkling—what every successful show or art event requires as its key ingredient, whether you see that as a strategy or as a real improvement, and whether you see theory in that role as an enlightenment or just as another commodity. But throughout the end of the twentieth century, theory has taken on a deliberately vague and expansive meaning: it now mostly amounts to a style and posture, deprived of any predefined object, rather than a science or a dialectical moment (as it was in Kantian and post-Kantian philosophy). It is theory as a cross-disciplinary type of para-philosophical discourse, duly politicized and rhetorical, a form of intellectual performance, much more than theory as the opposite of practice or experience: theory in general, in other words, not the old art theory, a specific academic and museum-related field that by now is mostly out of fashion. In a way, the more distant from art the object of such theory is, the better and more relevant it should be for art itself: Jacques Rancière discussing education, Jean Baudrillard arguing about unreal wars, or Fredric Jameson tackling the political unconscious, will find more direct and popular uses within the art world, strangely enough, than the apparently more apt, more or less canonical texts by the likes of Erwin Panofsky, Clement Greenberg, or even George Didi-Huberman. Strange indeed, as theory, in its critical vein, was supposed to have forever indicted the process of commodification of life forms and the conquest of market shares, a process best exemplified today, precisely, by most of the art world. Strange indeed, as theory in its demanding forms had been declared infatuated and always-already serious (as opposed to fun) by the new aesthetic and cultural populisms, which rose to power in the 1980s. But not so strange, in the end, if one forgets about the art world for a minute, and considers the metamorphosis undergone by the field of theory itself, the historical transformations of critical theory over the last thirty to forty years. It is not so easy, however, to approach theory in such across-the-board, undifferentiated historical terms, to view it as a stable entity transformed by recent political and intellectual history: historicizing theory has fallen out of fashion too, banned by both a new meta-discourse on the mysteries of discourse and by the more immediate, more attractive approach of texts and concepts in terms of cultural difference and geographical displacements.

To put it bluntly, raising the question of what theory has become across the board" through the transition of the 1980s and 1990s—, i.e. between the years of counterculture and avant-gardes (1960s–1970s) and the years of neo-liberalism 2.0 and the civilizational debate (2000s–2010s?)—,is now looked at with suspicion: it is immediately regarded as a form of epistemic violence, or historical naiveté, unable to expose the richly nuanced phenomena of local contexts, national destinies, cultural transfers, and transcultural chiasms. What most commentators will stress, instead, are the differences between the U.S. context, a radicalized academic teapot cut off from a reactionary mainstream society, and the French context, where conservative center-left institutions are challenged by renewed forms of activism, or between the English context, torn between Marxist resistance and the forces of privatization, and the German context, with its alternative scenes and the paradoxical consequences of re-uni-fication. Or even worse, more infected by national/cultural stereotypes: the dif-ferences between French stylized subversion, American rhetorical schizo-culture, English postcritical phlegm and German disciplined resistance, more substan-tial and object-oriented—and stick to these four national artifacts, each claim-ing an implicit legitimacy with regards to such orders of discourse. Or again, they will stress the differences between theory's discourse and issues at stake whether it is written by, or addressed to, a postcolonial group, a queer com-munity, a WASP elite, or a bunch of socialist feminists. To make a long story short, I am afraid the way this question of theory's becomings is reformulated and displaced, spatialized and culturalized, is in itself an answer to the ques-tion: theory, especially its politically savvy avant-garde known as critical the-ory, has parted from the social, the historical, and the directly political, and been submitted to, or redefined by, the new paradigms of cultural geography, identity politics, and the textualization of struggles. It is a discourse on and of space, more than a melancholy regarding time; it is a list and a form of offen-sive dialogue (or interpellation), rather than a paradox, and a sort of tragic soliloquy. I am not being nostalgic here, not necessarily suggesting we've gone down or lost something, since we've also lost a certain dogmatism of theory, a certain arrogance and totalizing approach, blind to differences and becom-ings; it is also evident that there are clear limits to today's dominant brands of theory, or today's dominant notion of what is, or should be, critical theory. Let me just add a few words on such a vast, complex, historical change of critical theory, not without specifying first that such an evolution could also be sum-marized, at the risk of caricature, as the transition from elitist modernism to populist postmodernism, or epitomized, in terms of journals, by the transition from the art journal *October* to the flowering publications in postcolonial and cultural studies starting in the early 1990s.

There are two main brands of modern, or twentieth-century, critical theory: one claiming the label and one more or less explicitly denying it. The former, the German brand revolving around the Frankfurt School and its initial attempt at hybridizing (as well as overcoming) the legacies of Marx and Freud, a brand associated with the unprecedented disasters of Nazism and World War II (from the fascism of crowds to the apocalyptic accomplishment of rationality in both Auschwitz and Hiroshima), and characterized by dialectical pessimism and historical melancholia. Then the latter, the French brand born from structuralism and the controversies it has triggered (which is why Americans have labelled it poststructuralism, before using the more cultural label French Theory), a brand more or less aptly associated with counterculture and global radical protests of the late 1960s, and characterized by a more cheerful focus on becomings and intensities, and a less totalizing approach to the interpretation of texts as well as to power structures and our contemporary institutions of discipline and control. The Adorno-Arendt-Marcuse-Benjamin brand, on the one hand, and twenty years later, the Foucault-Deleuze-Derrida-Lacan brand on the other hand; neither of them actually unified and deserving to be named brands. But what such modernist critical theory has in common is a direct way of challenging, or indicting, powers in place, rather than texts or symbols, and maintains a connection with the social and the historical, even when the first is named discourse and the second is replaced by the term becoming and also a sense, derived from a more or less direct experience of history's tragedy (more direct for the Germans), of the necessity to create new concepts, to part from yesterday's masters, and to further explore the domain of theory. At the end of the twentieth century, a few decades later, what we have under the label critical (or cultural) theory born from a certain reappropriation and biased reinterpretation of such modernist legacies, is something quite different, which one could summarize in the form of four main ambiguities: what we have are mostly commentators and bold reinterpreters of modernism understood as a giant Text; a form of largely textualized but necessary radical politics based on issues of identity, minority, and subjectification, at the expense of class struggles and social conflictuality; a cross-disciplinary discourse using references to philosophy, but more directly anchored in literary studies and aesthetic theory; and a more popular, more widely disseminated and maybe more democratic (or democratized) brand of critical theory stemming however from institutional logics, that of academia mostly, and to a lesser extent that of new media and the art world—whereas Adorno and Foucault, or Marcuse and Derrida were more distant from, or rather more strategically connected with, the university or other institutions.

The historical reasons for such a transition at the forefront of intellectual history are complex and far-fetched. They have to do with the kind of pedagogical double binds derived from our paradoxical modernist masters (who taught us emancipation from master thinkers but were the closer you could ever get to them). And they have to do, more obviously, with vast historical changes dating back approximately to the turn of the 1980s: the revolution of broadcast media (and ten years later of online media), the return of the repressed identitarian, from local communities to the dying Communist block, and of course the sweeping conquest of the Western world by neoliberalism and neoconservatism, with its deregulating and commodifying forces—started in 1979–1980 with the double rise to power of Margaret Thatcher in the UK and Ronald Reagan in the U.S. In this unprecedented context, critical theory, or whatever you might understand to be behind this troubled label, will never be the same again. It has fragmented, if not dismantled, its dimensions of textual criticism and social critique, or its micropolitics and its macropolitics (as Deleuzians would have it); both have now split, parted from each other, available as separate options, sometimes incompatible (as identity politics and social politics often are), rather than cohesive components of the same approach. Its disciplinary proponents are now many, largely de-territorialized moving away from the discourse (or counter-discourse) of continental philosophy. Its references and principal sources are more eclectic than ever, a hotchpotch of bits and pieces, quotes and proper names, fetishized names-of-concepts and revered silhouettes, far from the dual critique (and redeployment) of just Marx and Freud which the initial type of critical theory inaugurated in the first half of the twentieth century. Its audiences and users are to be found everywhere, at the crossroads rather than the center of its most obvious destinations (or milieus of reception), university departments in the humanities, alternative media and political activists with either a literary bias or a focus on minority thinking, and indeed the art world, or worlds for that matter. And having de-totalized, hybridized and made terminally suspicious the vast abstract entities which its initial twentieth-century forms had intended to deconstruct, i.e. capital, power, society, or bourgeois subjectivity, critical theory no longer has topical priorities or *thèmes de prédilection*, a clear axis or argument, but instead an almost endless list of targets and objects, of methods and cultural epistemes, which make it run the risk of losing its initial tight grip, of being everywhere and nowhere, everywhere thus nowhere: we're all critical theorists, those who claim to be the sole legitimate ones only reproduce old strategies of hegemony, therefore no one is really a critical theorist, which might become a qualifier, a media label, rather than a clear denomination.

But there is also good news behind this dissolving, fragmented picture of today's commodified realm of ubiquitous critical theory. A true democratization of its uses, its academic training, and its discursive production, including the relative absence of master thinkers alive today, is a great opportunity for more timid creators of concepts and for the most brilliant commentators of the time; if not a true de-Westernization of critical theory, then at least a displacement of its geo-cultural epicenter, far from its Eurocentric origins and even its exclusively American period; and for more recent historical reasons (here we obviously lack historical distance) a more direct and urgent take on our global economic, cultural, environmental, and political disasters than was the case during the golden age of symbolic repair, identitarian recognition, and political correctness, almost twenty years ago already—since the systemic crisis of financial capitalism (now fully revealed), the revolutions which have swept through the Arab world, and the reawakening of a robust popular anti-capitalist movement in the First World are three good reasons, at least, to make critical theory operational again, to find relevant and non-rhetorical uses and applications for it, here and now, onsite, urgently. The challenge for critical theory, beyond its trendy market tactics and new intellectual weaknesses, is to be up to this great historical moment, to accompany and maybe even perform it, rather than just comment it endlessly, always in retrospect. In that sense at least, we can finally bid a definite farewell to that cloudy nonsense so popular during the 1980s and 1990s.

*Lignes d'erre*, carte tracée par Gisèle Durand-Ruiz, dessin extrait des *Cahiers de l'Immuable*. *Voix et voir* publié dans *Recherche*, n° 18, avril 1975, p. 15. Reproduit sous forme de fac-similés dans Fernand Deligny, *Œuvres*, Sandra Alvarez de Toldedo (éd.) Paris, L'Arachnéen, 2007, p. 819

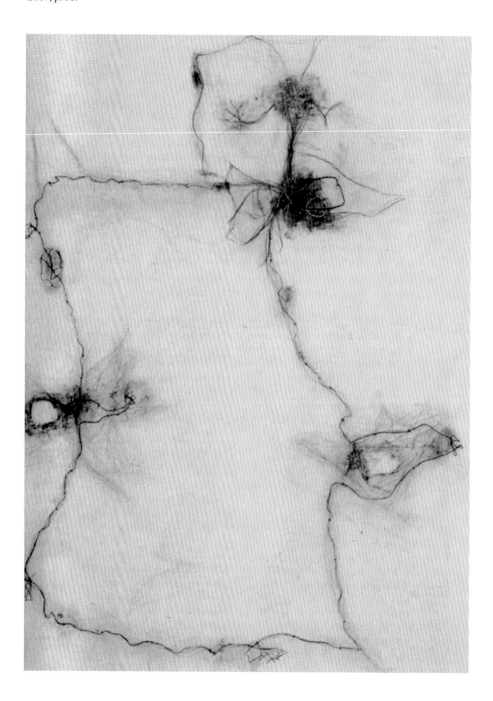

# Rencontre avec Jean-François Chevrier

*Paul Sztulman*

Une partie du travail de Jean-François Chevrier fait l'objet, depuis deux ans, d'un projet éditorial d'envergure aux éditions L'Arachnéen. Sept volumes sont en cours de publication. Les cinq premiers déjà parus regroupent des essais anciens, récents et inédits, presque tous revus et modifiés pour l'occasion. Les deux à venir sont des livres à part entière. Celui sorti en septembre, épais d'environ 700 pages, est consacré à *L'Hallucination artistique – de William Blake à Sigmar Polke*. Chevrier commença à y travailler à la suite de son livre et de son exposition sur *L'Art moderne selon Mallarmé* (l'importance de l'hallucination lui est apparue lors de l'écriture de son texte sur Odilon Redon). Le dernier des sept, prévu pour 2013, porte le titre d'*Œuvre et Activité*. Il devrait toucher directement la question des rapports entre art et politique. S'il est surtout connu en tant que critique et historien de la photographie, les différents recueils donnent à voir l'étendue de ses objets d'intérêt et de travail, dont les auditeurs de ces cours à l'École nationale supérieure des beaux-arts de Paris ont déjà pu prendre la mesure. Jean-François Chevrier y enseigne depuis 1988 et il nous confiera que « [sa] véritable fonction est celle de professeur d'histoire de l'art. C'est fondamental. Je pense que la pédagogie est le vrai vecteur de transmission culturelle aujourd'hui ».

Le 17 juillet 2012, nous sommes partis à sa rencontre dans sa maison de Montreuil, Catherine Chevalier – qui le rencontrait pour la première fois – et moi-même – qui a suivi son enseignement et a travaillé avec lui sur divers projets dans les années 1990. Nous comptions initialement publier un long entretien portant sur les cinq premiers ouvrages. Mais la conversation qui s'est prolongée tard dans la nuit nous a au final confrontés à un matériau trop abondant, trop labyrinthique et digressif pour être restitué tel quel. D'où la solution finalement adoptée de ce texte – auquel Jean-François Chevrier nous a d'ailleurs lui-même incités au cours de l'entretien – exposant notre perception de son travail et ses réponses à nos questions concernant sa méthode, son positionnement, sa conception de l'art moderne et sa pratique de la théorie. Tous les propos de Chevrier qui émaillent ce texte sont donc, sauf mention contraire, ceux par lesquels il a bien voulu nous répondre ce jour-là.

## Photographies

Avant de s'intéresser à la photographie, Jean-François Chevrier développe ses premières recherches dans le monde littéraire qu'il commence à fréquenter lors de son arrivée à Paris, en 1973. Plusieurs rencontres, notamment son compagnonnage avec Roland Barthes (qui lui commandera son premier texte) et Jean

Thibaudeau (qui avait déjà quitté *Tel Quel*), jouèrent un rôle déterminant. Un essai de cette époque portant sur le récit illustré de William Burroughs, *Cobble Stone Gardens* est repris dans *La Trame et le Hasard*[1] et témoigne déjà de sa passion pour les relations entre l'écriture et les arts visuels.

> Cependant, très vite je ne me suis pas senti à l'aise dans le milieu littéraire et artistique français de l'époque dominé par les réseaux de *Tel Quel*. Le culte de l'écriture qui régnait me fatiguait. Et la ligne suivie par Deleuze ne pouvait constituer pour moi une réponse à Derrida. La photographie m'est apparue alors comme une chose très saine dans sa vulgarité et en prise avec la réalité quotidienne, sociale, etc. Elle tombait impeccablement pour constituer un dehors au sentiment d'encombrement littéraire, théorique et idéologique que j'éprouvais. Et comme je pense que l'art moderne s'est toujours renouvelé par ses dehors – c'est la logique même de l'art moderne et c'est pourquoi le distinguer de l'art contemporain ne fait pour moi aucun sens – il m'apparaissait que la photographie constituait alors un tel dehors par rapport à la définition institutionnelle de l'art. C'était la raison essentielle du début de mon travail sur la photographie. Et la raison secondaire était une observation que je m'étais faite lors de mes lectures d'histoire de l'art. La photographie n'était jamais mentionnée dans l'histoire de l'art traitant du XIX$^e$ siècle (à l'exception du livre de Aaron Scharf[2]). C'est ainsi que, de 1979 à 1989, je me suis consacré fanatiquement à la photographie.

Avec son premier véritable ouvrage, en 1982, sur *Proust et la photographie*[3], Chevrier vérifie l'importance du lien entre l'art moderne et la littérature, particulièrement dans la culture française, et la manière dont ce lien recoupe la question de l'illustration – genre qui combine le texte et l'image selon l'idéal romantique de la fraternité des arts et qui connut une audience extraordinaire au XIX$^e$ siècle. Par ailleurs, dans cette étude sur Proust, il révèle la présence de nombreuses références à la photographie et à ses mécanismes dans la découverte de la mémoire involontaire par l'écrivain français. Cet essai est également écrit en réaction à *La Chambre claire* de Roland Barthes publié deux ans plus tôt. À la différence de ce dernier qui observe des photographies en tant que spectateur, Chevrier analyse la photographie en se plaçant du côté de l'opérateur. Et à la célèbre formule : « ça a été », forgée par Barthes pour désigner l'effet photographique, il substitue une pensée du « ça aura été » qui témoigne du rapport complexe au temps établi par le praticien. Le futur antérieur, qualifié dans un autre texte comme « le temps de l'inconscient en prise sur le présent[4] », mobilise

---

1.  William Burroughs, *Cobble Stone Gardens*, in Jean-François Chevrier, *La Trame et le Hasard*, Paris, L'Arachnéen, 2010.
2.  Aaron Scharf, *Art and Photography* (1968), Hardmondsworth, Penguin Books, 1974.
3.  Paru également chez L'Arachnéen dans une édition augmentée, Jean-François Chevrier, *Proust et la photographie*, suivi de *La Résurrection de Venise*, avec une *Lettre inédite de Marcel Proust. Aquarelles, gravures et daguerréotypes de Venise de John Ruskin*, à Paris, en 2009.
4.  Jean-François Chevrier, *La Trame et le Hasard*, op. cit., p. 18.

en effet les trois temps de la photographie : le présent de la prise de vue, le futur de l'épreuve et la révélation du passé effectivement vécu[5]. Cette intrication de temporalités permet d'explorer toutes les possibilités de transformation de cette mnémotechnie qu'est l'enregistrement photographique, en une *mnémographie*. Chevrier consacre un texte à cette notion qui associe l'opération photographique et le travail d'écriture. Elle permet d'éclairer le travail de plusieurs artistes (de Delacroix à Ahlam Shibli en passant par Sigmar Polke, ainsi que les cinéastes Amos Gitaï, Rithy Panh ou Straub et Huillet[6]).

Dès le début de ses enquêtes sur la photographie, Jean-François Chevrier remonte aux premiers textes qui accueillirent cette hypothèse, et dégage les deux principaux débats qu'elle a suscités. L'un porte sur sa nature double (entre reproduction et enregistrement), l'autre, sur les effets de vraisemblance qu'elle produit sur le public (révélant par là même le système de convention sur lequel les beaux-arts fonctionnent quant à la représentation du corps et de la nature). Ainsi d'emblée, Chevrier place sa réflexion dans la perspective de l'historien et se refuse à reprendre les principaux outils sémiologiques avec lesquels est approchée généralement la photographie dans le champ de l'art, notamment par Rosalind Krauss qui s'inspire de la théorie des signes de Peirce pour développer ses thèses sur la photographie comme index[7]. Si cette approche de la photographie est aujourd'hui grandement abandonnée, elle fit pendant longtemps office de norme et de consensus (pour ne pas dire de mantra et de conjuration) concernant toute approche théorique de la photographie. Selon Chevrier cette notion d'*index* ne correspond pas du tout à la façon dont la photographie a été reçue à l'origine :

> Tout s'est joué dans une tension entre reproduction et enregistrement que la notion d'*index* lamine intégralement de même qu'elle arase le champ de réception de la photographie au XIXe siècle.

L'image-tableau, le document d'expérience (distinct ou plutôt remarquable à l'intérieur du vaste champ des documents de culture) et les processus de collage-montage sont des éléments d'analyse qui permettent selon Jean-François Chevrier de se donner une compréhension plus inclusive de la pratique photographique et du rôle qu'elle a joué dans l'art moderne. Les malentendus ayant la vie longue, il n'est pas inutile de rappeler ici que cette défense de la forme *tableau* à laquelle a été longtemps associée le travail de Chevrier n'est absolument pas

---

5. Comme le signale la quatrième de couverture de la réédition chez L'Arachnéen.

6. « Mnémographies », in Jean-François Chevrier, *Entre les beaux-arts et les médias*, Paris, L'Arachnéen, 2010.

7. Chevrier fit traduire le premier texte de Rosalind Krauss en France, avant de s'opposer publiquement à elle lors d'une table ronde autour de son ouvrage sur le surréalisme et la photographie (*Le Photographique. Pour une théorie des écarts* (1989)) considère comme un forçage théorique, historiquement faux et spéculativement peu fécond. Cette querelle ne s'est pas atténuée au regard des autres ouvrages de la théoricienne américaine, et Chevrier s'est toujours maintenu à l'écart de sa revue *October* qu'il considère comme un dérivé de *Tel Quel*.

une apologie du grand format pour la photographie (ni pour toute autre chose d'ailleurs : « ce qui m'a toujours fasciné c'est la force d'expansion du petit format ») et encore moins un recours à ses supposés effets d'autorité afin de canaliser l'aventure des formes dans l'art moderne.

> J'ai mis cette idée de la forme *tableau* en avant pour de multiples raisons, y compris pour inscrire la pratique photographique dans cette histoire de l'art moderne où le système des beaux-arts a toujours été présent. Même si ce système est très largement épuisé dans l'histoire, comme on le sait, rien ne se perd et tout se transforme. Et donc les données de ce système continuent de jouer. Le tableau est une notion qui se définit par différenciation avec d'autres notions : l'esquisse, l'étude, etc. C'est cela qui m'intéressait d'une part et d'autre part, le tableau était pour moi la forme qui mettait l'image photographique au présent, dans le présent de la perception qui est le présent du champ pictural. Les deux pour moi communiquent et avec mon dernier livre, *L'Hallucination artistique*, j'y associe le champ hallucinatoire. Ce dernier substitue à l'actualité de la perception tangible une autre actualité qui a la même autorité que la perception, mais que l'on qualifie de « perception sans objet ». Quoi qu'il en soit, pour moi une photographie traitée comme un tableau renvoyait à l'actualité de la perception du regardeur et non plus à la sempiternelle « image-souvenir ».

Un texte permet à l'auteur de déplier dans toute leur étendue les notions de tableau et de document d'expérience qui sont au cœur de sa réflexion sur la photographie[8]. Le tableau est une forme historique, conventionnelle, qui n'a cessé de se transformer – par delà le domaine de la peinture –, mais qui se présente invariablement comme une forme délimitée et autonome : un plan frontal qui invite le spectateur à une expérience fondée sur la stature verticale du corps humain. Cependant, et c'est là l'essentiel, « la planéité de l'image et sa délimitation produisent un espace *autre*, fictif. [...] Mais le lieu fictif qu'il *présente* au visiteur le distingue des objets avec lesquels il cohabite. Le tableau introduit l'espace de la fiction dans l'espace de la communauté anthropologique, sur laquelle se greffent les formes culturelles. Le spectateur est ainsi amené à une double expérience de reconnaissance et d'étrangeté : le tableau lui tend une image familière de lui-même, de son appartenance à l'espèce humaine, en lui proposant une *autre vue*, qui le dépayse[9] ». Quant au document d'expérience dont Chevrier retrace à grands traits l'histoire, il n'est pas réductible à une fonction de documentation, car il se trouve « investi d'une exemplarité et d'un caractère de *singularité* qui l'apparente à l'œuvre. [...] Tout document est un document de culture. Mais son importance, qui va généralement de pair avec sa singularité et sa rareté, l'apparente à l'œuvre, dont un des traits distinctifs dans le vaste

---

8.  « Le tableau et le document d'expérience », in Jean-François Chevrier, *Entre les beaux-arts et les médias*, *op. cit.*
9.  *Ibid.*, p. 144.

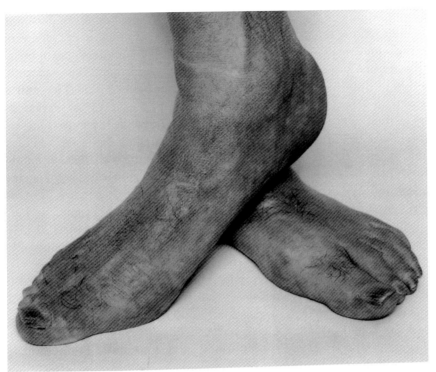

John Coplans,
*Self Portrait (Feet
Crossed)*, 1985,
épreuve sur papier
argentique

domaine des artefacts, est la permanence transculturelle, c'est-à-dire la multi-plicité d'interprétations auxquelles elle donne lieu de la part de publics hétéro-gènes, éloignés dans le temps[10] ». Si pour Chevrier « le tableau n'est pas le sésame du document d'expérience[11] », le « document produit dans la forme du tableau » constituera « un nouveau crible de jugement » dans la création contemporaine[12].

Chevrier en a assez aujourd'hui « d'apparaître comme Monsieur Tableau » alors que son travail excède largement cette réflexion initiale. Pour comprendre l'importance qu'a revêtue cette notion de la forme *tableau*, il faut se rapporter à la scène artistique et aux travaux des photographes qu'il découvre dans les années 1980. Dans un texte sur « L'image-objet et le modèle de la nature[13] », Chevrier retrace lui-même le panorama des rapports entre art et photographie à cette époque et la manière dont il a frayé sa propre voie. Le débat concer-nant la place de la photographie à l'intérieur ou hors de l'art moderne doit paraître aussi aberrant que lointain aux jeunes générations[14]. Il fit pourtant rage à l'époque et fut l'objet d'une âpre dispute entre les tenants des deux camps. L'engagement de Jean-François Chevrier en faveur de la première

10.   *Ibid.*, p. 146-147.
11.   *Ibid.*, p. 153.
12.   *Ibid.*, p. 145.
13.   « L'image-objet et le modèle de la nature », in *ibid.*, p. 176-221.
14.   Même si l'on peut d'une certaine manière le considérer comme toujours d'actualité. Le fait que l'on voit tant de photographies dans l'art contemporain n'a pas conduit la réflexion théorique sur l'art à intégrer et à interroger l'histoire de la photographie qui s'est déroulée en dehors des institutions de l'art moderne.

hypothèse joua un rôle de premier plan. Il faut dire qu'il ne se cantonne pas alors à l'écriture sur la photographie comme objet historique ni en tant qu'art et technique, mais s'engage auprès de photographes qui développent précisément cette forme tableau (John Coplans, Suzanne Lafont, Thomas Struth, Jeff Wall, Jean-Marc Bustamante, etc.) et monte des expositions (certaines avec le théoricien anglais James Lingwood) qui présentent leurs travaux et les mettent en perspective dans une histoire de l'art et de la photographie en train de se réécrire conjointement. Deux d'entre elles, datant de la fin des années 1980, feront particulièrement date : *Une autre objectivité* et *Photo-Kunst[15]*. Elles ne montrent pas vraiment un nouveau groupe de photographes (même si les différents acteurs de la scène française se connaissent bien) ou une nouvelle tendance. Elles tentent de décrire une situation commune dont chaque artiste décline différemment les enjeux et les formes. Mais elles ne manquent pas de défendre pour autant une conception de la pratique photographique où la prégnance de la chose vue s'associe à une exigence de réalisme et où le primat de la perception rejoint celui du modèle de la nature. Elles s'opposent également aux appropriations esthétiques des signes culturels et aux opérations un temps appelées *simulationnistes* dont le succès va croissant aux États-Unis, notamment à travers les travaux photographiques défendus par la galerie Metro Pictures (Cindy Sherman, Richard Prince, Sherrie Levine, Robert Longo, etc.).

Couverture de
*Une autre objectivité*,
in Jean-François
Chevrier, James
Lingwood, Milan,
Idea Books, 1989

Une autre objectivité / Another objectivity

À cette époque, j'avais engagé un combat contre l'art de l'appropriation et les photographes de Metro Pictures que je dénonçais comme du sémiologico-pop. C'était et c'est toujours tout ce que je n'aime pas dans l'art. Je me souviens avoir été impressionné aux États-Unis par des artistes sur lesquels je n'ai pas écrit comme Francesca Woodman ou par la première projection de *The Ballad of the Sexual Dependancy* de Nan Goldin. Je préférais cela de loin aux appropriationnistes, car c'étaient des pratiques photographiques lyriques. Il faut néanmoins rappeler que les pratiques des artistes associés à la galerie Metro Pictures s'inscrivent dans un type de comportement favorisé, sinon produit, par la photographie : l'appropriation esthétique. Le modèle esthétique de la photographie est le miroir de Claude qui permettait de se faire une image du monde en se l'appropriant esthétiquement par le jeu de cet artifice[16]. Mais en passant

15.  Jean-François Chevrier et James Lingwood, *Une autre objectivité*, Centre national des arts plastiques, 14 mars – 30 avril 1989. *Photo-Kunst, Arbeiten aus 150 Jahren : du XXᵉ au XIXᵉ siècle, aller et retour*, Stuttgart, Staatsgalerie, 11 novembre 1989 – 14 janvier 1990.
16.  Petit miroir convexe teinté de gris tenant son nom de Claude Le Lorrain, il était utilisé par les touristes anglais qui visitaient la région des Lacs pour cadrer des coins de paysages pittoresques. Sa convexité permettait une réduction de taille et sa teinte en grisaille une réduction des couleurs en valeurs. Pour voir

d'une pratique élitaire de la haute société à une pratique populaire via la diffusion des appareils portatifs, ce comportement s'est diffusé dans le corps social et le problème qu'il pose consiste à réduire le monde à l'image que l'on peut s'en faire au point d'en oublier le monde lui-même. J'ai donc compris que la photographie est un outil que les artistes doivent utiliser contre son usage habituel et contre les effets de cet usage[17]. Avec l'art sémiologico-pop, l'appropriation esthétique est passée au second degré. On se retrouve ainsi dans une logique où l'image est trop importante par rapport à la réalité, que ce soit celle de l'environnement ou du matériau artistique (comme c'est le cas dans la pratique du collage). L'appropriation qui m'intéresse se place du côté de l'expérience et aussi du côté, physique, de l'environnement et des matériaux. J'ai donc été amené à bricoler, contre ce modèle sémiologico-pop, toutes sortes de notions théoriques et à reprendre des termes, dont certains difficilement saisissables par la théorie comme celui « d'expérience ». Simultanément à l'exposition *Une autre objectivité* s'est tenue à Los Angeles une exposition intitulée *Forest of Signs*[18]. Les deux expositions étaient antithétiques. À tel point que le directeur du MOCA ayant remarqué la chose organisa une exposition avec une des commissaires de *Forest of Signs*, Ann Goldstein et moi-même. Le résultat, *A Dialogue about Recent American and European Photography*, était la confrontation de ces deux approches[19].

La notion d'*appropriation* n'est évidemment pas rejetée en bloc. Dans d'autres contextes et pratiques, Chevrier peut l'observer positivement. Il ne cesse en effet d'insister, dans ses écrits, sur le fait que l'artiste doit toujours travailler dialectiquement à l'observation du monde et à l'observation de la perception elle-même. Ce qui permet de concevoir un mode d'appropriation où la perception qu'a eue l'artiste de l'image appropriée est rendue visible. Une appropriation où la manipulation des images est portée par l'expérience plutôt que par un discours sur les signes. C'est le cas par exemple chez le Warhol des années 1960 qu'il met en rapport avec Walker Evans. Ici, la platitude colorée obtenue par le traitement sérigraphique de l'image appropriée (et montée) restitue, dans son absence de profondeur et de substance, le déficit d'expérience des spectateurs. Les événements rapportés par les mass médias réduisent à presque rien toute possibilité d'assimilation raisonnable par une audience. Le ressassement rhétorique, la sensibilité préfabriquée

le paysage qui se tient dans son dos, l'utilisateur du miroir doit faire en sorte de ne pas faire écran par son reflet. Voir, Marie-Madeleine Martinet, *Art et Nature en Grande-Bretagne au XVIII^e siècle, de l'harmonie classique au pittoresque du premier romantisme*, Paris, Aubier-Montaigne, 1992.

17. Ce qu'avait très bien compris Charles Baudelaire, d'où l'importance du titre de l'essai, « Le public français et la photographie » dont Chevrier nous rappela au cours de l'entretien qu'il constitue non pas une critique de l'opération photographique, mais de ses effets sur la perception de l'art que se fait le public.

18. *A Forest of Signs: Art in the Crisis of Representation*, Los Angeles, The Museum of Contemporary Art [7 mai- 13 août 1989] / Exposition organisée par Ann Goldstein et Mary Jane Jacob, Catherine Gudis, London, Cambridge, MIT Press, 1989.

19. *A Dialogue about Recent American and European Photography*, Los Angeles, The Museum of Contemporary Art , 1991.

et la fausse intelligibilité des médias, dont Warhol a épousé la logique mortifère, sont menés à ses ultimes conséquences. Ce dernier a ainsi poussé à son comble l'expérience de l'absence d'expérience de la réalité, au point d'opérer un passage à la limite qui rend ce mécanisme sidérant. Mais une telle intensité ne se retrouve pas selon Chevrier dans les œuvres des artistes qualifiés de postmodernes qui triomphent aux États-Unis à cette époque, et les discours qui les ont accompagnées, imprégnées (non sans contre-sens) des thèses de Jean Baudrillard, relèvent pour Chevrier de ce qu'il appelle un « modèle semiologico-pop qui confond image et signe et laisse entendre qu'une analyse sémiologique permet une distance critique ». Ils ne font ainsi, en fait, que le jeu d'une critique intégrée au système et par laquelle le capitalisme feint de se remettre en question pour mieux s'imposer. Ce rejet en bloc de ce groupe d'artistes peut prêter à réaction. L'œuvre de Jack Goldstein, par exemple, ne saurait être confondue avec celle de Robert Longo, pas plus que celle de Louise Lawler ne peut l'être avec celle de Barbara Kruger. Mais, pour Chevrier, les modes d'appropriation de ce groupe d'artiste dans son ensemble se donnent vraisemblablement un angle trop réduit, à la différence d'artistes comme, par exemple, Sigmar Polke qui « construit un champ pictural en expansion dans toutes les directions et parvient à y intégrer l'image d'illustration qui est la voie de communication entre la littérature et les arts visuels ».

Toutes les réflexions suscitées par la relation entre la photographie et l'art moderne à cette époque reposent sur une hypothèse, devenue à présent thèse, dont l'énoncé sert de titre au recueil afférent. La photographie est un modèle pour penser l'art moderne entre les beaux-arts et les médias. « La photographie en tant que première technique d'enregistrement a eu un effet fondamental sur l'art moderne au point qu'elle a même défini l'art moderne. L'art moderne s'est défini avec la photographie entre les beaux-arts et les médias en entendant cet "entre" dans les deux sens : espace intermédiaire et aussi des deux côtés[20]. » Cette thèse est mise à l'épreuve dans des études portant aussi bien sur les œuvres de Gerhard Richter ou de Michelangelo Pistoletto, que sur celles de Patrick Faigenbaum ou des Becher, de Matisse et de Bonnard, de John Heartfield ou de Joseph Albers.

L'autre recueil consacré à la photographie est une monographie, mais dans un jeu de perspectives croisées. *Walker Evans dans le temps et dans l'histoire*[21] se consacre au célèbre photographe américain. Ce dernier a occupé une place croissante dans les réflexions de Jean-François Chevrier, à partir du début des années 1990, qui correspondent, selon un paradoxe qui n'est qu'apparent, au moment précisément où sa recherche se détachait de la photographie. Walker Evans représente exemplairement pour Chevrier l'artiste littéraire, tissant un lien entre le style descriptif de Flaubert et le lyrisme objectiviste de William Carlos Williams[22]. Le photographe qui a frappé la formule tant reprise du

20.   Jean-François Chevrier, *Entre les beaux-arts et les médias, op. cit.*
21.   Paris, L'Arachnéen, 2010.
22.   Ce dernier a d'ailleurs recensé le célèbre livre de Evans, *American Photographs*, le 12 octobre 1938, pour l'hebdomadaire *The New Republic* dans l'article *Sermon with a Camera*. On trouve le texte à cette adresse : <www.ericmarth.com/newtwine/sermonwithacamera.pdf>.

Sigmar Polke,
*Frau Herbst und ihre
zwei Töchter,* 1991,
résine synthétique
sur tissu polyester,
300 × 500 cm

« style documentaire[23] » avait également déclaré explicitement que la photographie est un art littéraire. Dans ce recueil, l'œuvre d'Evans est explorée dans les deux dimensions temporelles qu'indique le titre. Les textes détaillent, par des descriptions et des analyses inspirées, les images, les séries et les livres tout en restituant le travail du photographe dans son histoire et dans la longue histoire de l'art moderne. Un texte compare le travail d'Evans à celui d'Henri Cartier-Bresson, un autre à l'artiste conceptuel Dan Graham. Mais l'essai le plus saisissant est peut-être celui qui met en parallèle les photographies d'anonymes prises dans le métro new-yorkais (que Evans ne publiera que trente ans après leur prise de vue[24]) avec les portraits réalisés par Andy Warhol dans les années 1960. Le pape du Pop'art se retrouve autant déplacé par cette confrontation, si ce n'est plus, que son homologue photographe. Dans ce voisinage avec les images charbonneuses de Evans, montrant les visages fermés des passagers dans le ruban nocturne du *subway*, les couleurs pop des œuvres de la première période de Warhol laissent percer le nimbe funèbre qui hante les visages des célébrités figés dans des rictus ne s'adressant qu'à l'image.

---

23.    Au cours d'un entretien avec Leslie Katz, Evans explique cette notion de *style documentaire* qu'il emploie depuis les années 1930 : « *You see, a document has use, whereas art is really useless. Therefore, art is never a document, though it certainly can adopt that style* » (Leslie Katz, « An Interview with Walker Evans », *Art in America*, mars-avril 1971).
24.    *Many Are Called* est le titre du livre dans lequel Walker Evans publiera cette série de portraits d'une foule à l'allure surannée, dont les visages isolés, saisis à leur insu dans la blancheur des sels d'argent, se détachent de la nuit d'encre où les plongent les méandres du *subway*.

Andy Warhol, *Triple Rauschenberg*, 1964, sérigraphie sur toile

## La Trame et le Hasard

Les deux premiers ouvrages abordant les différents aspects de la photographie ont été publiés en même temps, accompagnés d'un troisième, plus fin, *La Trame et le Hasard,* qui fait d'une certaine manière office d'introduction à l'ensemble des sept volumes. On y retrouve des thèmes et des enjeux transversaux à tous, ainsi qu'une introduction, comme le dira Chevrier, « au rapport essentiel entre art et littérature à travers le récit, sans exclusive de la poésie. Et puis il fallait aussi introduire l'idée constructive et l'architecture[25] ». On imagine aisément à quel point il pouvait être délicat, pour Chevrier et ses éditrices, d'associer, après coup, les textes entre eux. Certains, nombreux, empruntent plusieurs voies qui leur permettraient d'appartenir à d'autres recueils que celui dans lequel ils ont été finalement placés. Ce jeu d'interchangeabilité est particulièrement sensible et voulu pour les deux recueils publiés ensemble, ultérieurement aux trois premiers : *Des territoires* et *Les Relations du corps*[26]. Dans ce dernier se trouve d'ailleurs un texte dont on a le sentiment qu'il aurait pu aussi bien servir d'ouverture à *La Trame et le Hasard.* Il s'agit d'un entretien de Jean-François Chevrier avec un historien de l'art indépendant qui joua un rôle fondamental dans ses années de formation, Jurgis Baltrušaitis. Cet intellectuel lituanien – pour l'anecdote, Jean-François Chevrier fit reconnaître à André Chastel lors d'une émission de télévision qu'il fut le premier historien structuraliste – reçut souvent le jeune normalien, qui lui consacra en retour un long portrait en guise de préface à la réédition de son *Art sumérien, Art roman.*

25.   Une citation de Walter Benjamin en épigraphe de *La Trame et le Hasard* donne selon Chevrier la clé de l'ensemble du projet des sept recueils : « Selon Proust, c'est pur hasard si l'individu reçoit une image de lui-même, s'il peut s'approprier son expérience. »
26.   Jean-François Chevrier, *Des territoires* et *Les Relations du corps*, Paris, L'Arachnéen, 2010.

Jurgis m'avait appris trois impératifs de méthode : aller aux sources[27], se méfier des mots en « isme[28] » et ne jamais oublier le bien-fondé de la formule de Granet : « La méthode c'est le chemin après qu'on l'a parcouru ». J'ai absorbé cela : une sorte de faux empirisme ou d'empirisme constructiviste. Sauf que j'ai porté ma méfiance moins sur la méthode que sur la théorie (une distinction que Jurgis n'opérait pas). Peut-être trop d'ailleurs.

Du premier impératif de Baltrušaitis, Chevrier retiendra en effet que le travail de l'historien nécessite de se confronter aux œuvres et de s'appuyer sur les textes d'origine. Afin de comprendre les phénomènes qu'il étudie, il doit ainsi se replacer, en esprit, au moment et dans la situation où les choses qu'il commente se sont manifestées. Chevrier privilégie donc les documents d'époque et se méfie par-dessus tout des enchâssements de concepts et des emboîtements de synthèses historiques pour décrire des situations artistiques. Une manière de s'y prendre dans la théorie artistique qui est allée croissante, notamment depuis que les sciences humaines et les théories para-philosophiques ont envahi le champ de la critique d'art. Un sujet sur lequel nous nous sommes longuement entretenus, comme on le verra ci-après. Jean-François Chevrier se refuse ainsi à écrire des textes théoriquement ficelés et préfère dépeindre de sinueuses fresques historiques. Le long texte qui donne son titre à l'ouvrage et qui ouvre le recueil *La Trame et le Hasard* est un exemple du genre. Il révèle cette relation à l'œuvre dans une histoire de l'art moderne remontant au surréalisme de Ernst et Arp pour aboutir à Mike Kelley et Sigmar Polke tout en passant par les années parisiennes de Ellsworth Kelly et l'influence de John Cage et des écrivains comme Mallarmé, Musil ou Walser. Cette polarité de « la trame et du hasard » pour saisir une tension artistique transhistorique témoigne de la recherche constante chez Chevrier d'une articulation entre la poétique des œuvres, l'expérience du monde et la constitution du sujet. Si la trame renvoie aussi bien à l'intrigue d'une histoire qu'à la structure urbaine ou au récit de soi, le hasard est aussi bien un auxiliaire de la création artistique, qu'un événement produisant une césure dans les enchaînements historiques ou une manière pour un sujet de concevoir sa vie en dehors de toute perspective de salut ou

Le chercheur, Jurgis Baltrušaitis, à cheval dans le cimetière de Djoulfa en septembre 1928

27. Baltrušaitis put profiter de sa double nationalité pour traverser la Transcaucasie et suivre le chemin des œuvres (autant celles de petite taille qui circulaient de poche en poche que des monuments) qui assurèrent la migration des formes de l'art sumérien vers l'art roman. Il parcourut ainsi à dos d'âne des kilomètres pour mener son enquête et effectuer ses relevés de formes.

28. Chevrier nous dira que tous les « ismes » évoquaient à Baltrušaitis le communisme dont il avait pu tragiquement observer de près la terreur et les souffrances infligées. Cela le conduisit fort longtemps à occulter l'influence du constructivisme dans sa formation au profit du symbolisme. Une erreur d'appréciation qu'il avoua tardivement à Chevrier, et, ironie du sort, après avoir lu le texte que ce dernier venait de lui consacrer sans oser mentionner cette descendance de peur de froisser dramatiquement son ami.

de destin. L'entretien avec Jacques Herzog (l'un des architectes du tandem Herzog et de Meuron), qui clôt le recueil, révèle la deuxième relation constitutive de certaines œuvres que Chevrier étudie tout au long de l'ouvrage : celle de la structure et de l'ornement. Dans les deux cas, la marque de Baltrušaitis est sensible. Il suffit de penser à son étude sur *La Stylistique ornementale romane*[29] (affaire de structure et d'ornement s'il en est) ou à sa manière, dans la plupart de ses livres, de tisser des fils historiques oubliés avec une attention particulière aux événements intempestifs qui modifient la régularité de leur course. Baltrušaitis montra ainsi dans ses écrits qu'il existe des réveils triomphants de propositions artistiques marginales auparavant mal observées comme il existe des migrations de formes qui permettent la transposition d'un système artistique dans un autre[30]. Nul doute que *L'Hallucination artistique* prolongera cette filiation et s'intéressera aux aberrations de la perception et du réalisme comme Baltrušaitis s'est intéressé aux aberrations de la perspective dépravée et de la ressemblance livrée à elle-même (ce « démon de l'analogie » dont parlait Mallarmé). Les aberrations et les extravagances dans « la vie des formes » (selon la formule de Henri Focillon dont Baltrušaitis fut le gendre) sont des objets de passion pour Jean-François Chevrier, un aspect trop souvent occulté de sa recherche par les lectures trop rapides auxquelles a donné lieu son travail sur la photographie.

C'est peut-être dans le texte sur la redécouverte des miniatures mexicaines par Anni Albers et la place qu'elles tiennent dans son œuvre que le projet de Chevrier s'annonce le plus clairement. « Pour l'un et pour l'autre [Joseph et Anni Albers], lui travaillant la peinture (et la photographie), elle, les formes textiles, les réalisations des anciennes cultures sud-américaines furent une révélation et une confirmation : une même complexité ornementale peut lier monuments et objets, structures plastiques et *patterns* de surface, pictographie et abstraction, sans passer nécessairement par les effets unificateurs d'un "style" (au sens où l'on parlait de "style international" pour définir les principes de l'architecture moderne). Cette complexité avait à leurs yeux une évidence, qu'ils retrouvaient dans l'environnement contemporain, comme l'attestent les montages photographiques de Joseph Albers. Elle pouvait être transposée dans le langage, intuitif et savant, de la géométrie et de la couleur[31] ». Comme il l'écrit

29. Jurgis Baltrušaitis, *La Stylistique ornementale romane*, Paris, PUF, 1931.
30. « Baltrušaitis n'a écrit qu'un seul texte de méthode dans lequel il énonce celle structuraliste de l'histoire de l'art. C'est une critique d'un certain Bernheimer qui, dans les années 1920, avait travaillé parallèlement à lui sur l'influence de l'art sumérien sur l'art roman. Bernheimer le faisait en comparant les choses terme à terme. C'était une méthode comparatiste impressionniste. Mais ce qui intéressait Baltrušaitis ce n'était pas de comparer élément à élément, mais de comparer deux systèmes, deux structures et de montrer comment on pouvait passer ensuite d'une structure à une autre. Pour lui, la migration des formes permettait la transposition d'un système dans un autre. Art sumérien, art roman est un des 3 ou 4 livres fondamentaux du XXᵉ siècle en histoire de l'art parce qu'il montre que le système sumérien a influé sur le système de l'art romain, qu'il y a homothétie structurelle entre les deux systèmes et que, si l'un a pu se transposer dans l'autre c'est par la migration des formes assurant la transplantation. C'est ainsi que Baltrušaitis a étudié la voie transcaucasienne. » (entretien avec J.-F. Chevrier)
31. « La mémoire des formes », in Jean-François Chevrier, *La Trame et le Hasard, op. cit.*, p. 81.

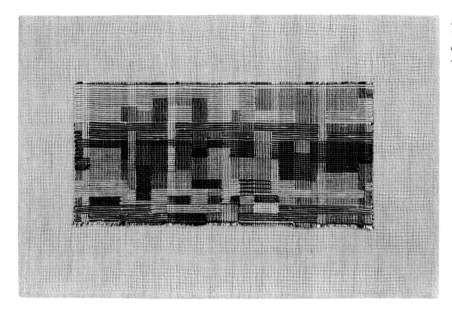

Anni Albers, *City*, 1949, tissage pictural en lin et coton, 44,45 × 67,3 cm

plus loin, Chevrier est ainsi à la recherche d'une permanence dans l'art qui ne soit pas celle de l'œuvre avancée par Arendt, mais une « *permanence* des schémas et des figures d'expériences dans les formes[32] ». Le terme *forme* étant bien sûr à entendre de manière très ouverte (aussi bien le tracer que la forme tableau, le collage que le livre, etc.). Cette permanence constitue une « mémoire des formes » qui permet aux artistes le dialogue et la transmission. On peut même probablement avancer que cette permanence, qui est affaire de transmission par l'expérience, est plus à même d'intégrer le vaste travail que la modernité a et peut continuer d'effectuer afin de participer d'un monde transformable que la permanence de l'œuvre, qui est affaire de transmission dans le savoir et la culture. On peut ainsi essayer de la comprendre au regard des tentatives des artistes eux-mêmes que l'on songe aussi bien à *L'Almanach du Blaue Reiter* de Kandinsky qu'à l'œuvre protéiforme[33] de John Coplans qui fut un des plus proches amis de Chevrier, et auquel ce dernier consacre de longues réflexions. Cette permanence est rendue sensible également dans certains recueils par ce que l'on pourrait appeler des cahiers de montage. Ces derniers témoignent du souci de Chevrier de ne pas seulement interpréter, analyser ou commenter les œuvres, mais aussi de les montrer et de montrer leurs relations entre elles à travers la conception et l'accrochage d'exposition. Cette pratique se déploie ici à l'échelle des pages où des petites expositions imprimées apparaissent comme des échos miniatures du projet benjaminien d'un livre uniquement constitué d'un montage de citations.

32. *Ibid.*, p. 84.
33. Ce terme est à prendre dans tous les sens pour désigner aussi bien les différents aspects de l'œuvre photographique de l'artiste que les nombreuses activités qu'il eut dans le champ de l'art : directeur d'*Artforum* et critique, laissant une indispensable somme d'écrits.

Henri Matisse dans l'atelier de la rue Désiré Niel à Nice. Il tient un fusain au bout d'un bambou pour esquisser l'œuvre *La Danse*, 1930

Corps et territoires

Si la terminologie utilisée par Jean-François Chevrier fait l'objet d'un souci de précision – les termes importants sont souvent resitués dans leur ancrage historique et leurs emplois contextuels – il nous confiera, lorsqu'on l'interrogera sur le terme *expérience*, au fondement de sa pensée qu'il baigne dans un certain flou, une indéfinition constitutive.

C'est peut-être bien ainsi. Il est possible que l'intérêt de ce mot soit de faire exception parmi tous les autres et de présenter une sorte de flou. C'est un de ces termes que l'on fait fonctionner par opposition. Je m'étais déjà rendu compte que la notion de *réalisme* n'avait de sens que dans un réseau d'oppositions (réalisme *vs* idéalisme, pittoresque, naturalisme, etc.) qui permet de lui donner sa définition. La notion d'*expérience* est peut-être de ce type.

Cette notion d'*expérience* joue un rôle fondamental dans les quatrième et cinquième recueils – *Les Relations du corps* et *Des territoires* – sortis simultanément pour des raisons évidentes que Chevrier souligne lui-même dans *Des territoires* : « la notion de *territoire* est en effet indissociable de l'expérience du corps[34] ». Comme en écho aux éditions de L'Arachnéen, l'image de l'araignée qui sécrète son propre territoire est mobilisée comme le point ultime d'interrelation entre ces deux notions et en tant que tel, comme figuration d'un rêve de l'être humain. Ce motif de la toile d'araignée renvoie à l'attention portée par Chevrier au tracer dans l'espace, lieu commun de l'art moderne.

34. « Des territoires (l'intimité territoriale) », in Jean-François Chevrier, *Des territoires, op. cit.*, p. 12.

Le tracer, dans sa teneur psychographique, m'a toujours semblé l'activité de base propre à l'art moderne, au-delà du dessin défini dans le système des beaux-arts comme le dénominateur commun de la peinture, la sculpture et l'architecture. C'est pourquoi aussi je m'intéresse tellement au motif de la toile d'araignée. Il y a là pour moi un contre-modèle à la célébration incantatoire des réseaux.

Deux textes sur Raoul Haussmann participent de cette réflexion à travers le corps et la photographie[35]. De même, une longue étude sur Matisse ausculte aussi bien la relation entre l'artiste et ses modèles que l'emprise du « tracer » dans des compositions où les relations d'attraction et de répulsion entre les corps sont distribuées autour de la verticalité (dés)organisatrice du fil à plomb[36]. Ce texte, publié au début des *Relations du corps* dialogue avec celui consacré à Barnett Newman[37] qui clôt *Des territoires*. Les échanges entre ces deux volumes sont constants. Ils dessinent par bien des aspects la relation entre *Œuvre et Activité* qui forme le titre du dernier ouvrage annoncé pour 2013. Car si ces deux notions, le *corps* et le *territoire* peuvent apparaître comme hétérogènes à l'objet d'art, elles sont en revanche consubstantielles à l'activité artistique. Et les essais de Chevrier rendent particulièrement sensible cette expérience, fondamentale à mes yeux, mise à jour par l'art moderne, et qui demeure si mal comprise et si peu observée : l'activité artistique se sédimente et se manifeste dans l'objet d'art qu'elle produit. Que cette activité soit rendue sensible par une attention portée à la manière dont l'œuvre est fabriquée ou qu'elle soit énoncée de manière déclarative dans la présentation (avec

35.   « Les relations du corps », « Gal amant de la reine », in Jean-François Chevrier, *Les Relations du corps, op. cit.*
36.   « Henri Matisse. L'attraction des corps », in *ibid*.
37.   « L'espace intégral selon Barnett Newman », in Jean-François Chevrier, *Des territoires, op. cit.*

ou sans médiation) d'un acte de l'artiste, ou encore, qu'elle soit distillée par des éléments disparates permettant de reconstituer un récit de soi déposé par l'artiste.

L'activité est anti-institutionnelle. Elle peut se définir comme ce qui ne fait pas nécessairement œuvre. Elle peut aussi se définir avec Konrad Fiedler, ce théoricien allemand qui reprend, mais en l'adaptant à la réalité de son temps la théorie romantique du début du XIXe siècle. La troisième définition de l'activité permet d'éviter la distinction action/contemplation, propre à l'histoire occidentale (*cf.* Hannah Arendt). L'activité est aussi bien présente dans l'action que dans la contemplation, qui n'est pas contrairement à ce que l'on dit une attitude passive, sauf à comprendre que l'activité intègre la passivité. La quatrième définition se trouve chez Marx, dans les *Thèses sur Feuerbach*. Cette mise à jour de l'activité est le point d'appui du marxisme comme philosophie de la *praxis*.

Il est certain que pour Chevrier l'œuvre n'est pas séparée de l'existence de l'artiste. Rien d'étonnant à ce qu'il travaille actuellement sur la notion de « biographie » pour une exposition destinée au musée Reina Sofía de Madrid que dirige Manolo Borja-Villel avec lequel il a déjà collaboré à plusieurs reprises. Rien d'étonnant non plus à ce que ce projet sur la biographie provienne d'une recherche qui se refuse à séparer l'art de la littérature, notamment dans la perspective du « récit de soi » psychanalytique tel qu'il est mis à jour par Freud.

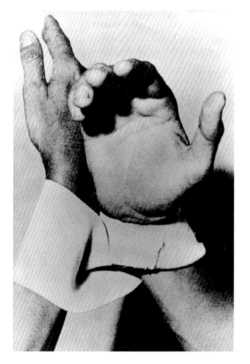

Hélio Oiticica & Lygia Clark, *Diâloguo de Mãos*, 1966, tirage argentique noir et blanc

Freud s'intéresse à ce qui s'est passé dans la vie des gens. Il ne se met pas dans la position du médecin positiviste qui observe et diagnostique la maladie pour intervenir mécaniquement afin de résorber le mal. Freud pense que le sujet est malade de sa biographie et qu'il va devoir faire un travail. Tandis que la psychiatrie, fondée sur la psychophysiologie, procédait par système de classifications où la biographie est pratiquement inexistante. Cette importance de la biographie est semble-t-il tellement embarrassante dans la science médicale que Lacan a éprouvé le besoin de la rappeler avec insistance[38]. En travaillant sur tout cela je me suis rendu compte qu'un des modes centraux de l'élaboration biographique dans l'art moderne et particulièrement au XXe siècle, même s'il y a des ascendants de première importance au XIXe siècle comme Nerval, est celui de la « mythologie individuelle », expression employée pour la première fois à propos de Nerval par Albert Béguin. On n'est pas ici dans l'autobiographie. Max Ernst se raconte sur un mode légendaire qui se démarque de ce genre. Ce qui se joue là c'est un regard intérieur et un regard exté-

38. Voir notamment Jacques Lacan, *Le Mythe individuel du névrosé ou Poésie et vérité dans la névrose*, Paris, Seuil, 2007.

rieur qui communiquent. Nos deux pistes de travail pour la biographie consistent à prendre deux pôles et une dynamique. Un pôle « construction » et un pôle « mythologie individuelle ». À la différence du biographisme qui fonctionne selon le modèle classique du récit linéaire de la vie et de l'œuvre, ce qui se met en place dans cette articulation entre construction et mythologie individuelle, c'est la spatialisation de la biographie. Elle passe par la construction avec des éléments biographiques tandis que la mythologie individuelle extrait les données de la biographie d'un individu du cadre de l'état civil pour les projeter dans ce que l'on ne peut qu'appeler un autre espace. Et ce qui est en jeu c'est l'image du corps.

Parce qu'il pense activité, Jean-François Chevrier, préfère parler de corps et de territoires plutôt que du couple traditionnel de la figure et du lieu[39].

### L'intimité territoriale

C'est à l'occasion d'une réflexion sur le travail photographique de Marc Pataut, portant sur les sans-abri de la friche industrielle du Cornillon (avant leur expulsion pour la construction du Grand Stade de France), que Jean-François Chevrier forge la notion « d'intimité territoriale ». Cette notion ambiguë peut s'entendre de plusieurs façons.

> La notion d'*intimité territoriale* peut apparaître dans le langage de l'urbanisme comme un oxymore. Elle est une alternative à la distinction privé/public qui surgit de la crise de ce rapport. Cette crise peut prendre plusieurs aspects, la situation d'exclusion étant la plus frappante. On peut aussi prendre cette expression au pied de la lettre et considérer les deux éléments « intimité » et « territoire ». À ce moment-là, on revient à un territoire doté de qualités d'intimité qui se rapportent éventuellement au modèle de la vie domestique. C'est surtout la première acception que j'ai voulu signifier, mais voilà encore un merveilleux exemple d'ambiguïté.

Résolument distincte des territoires de l'intime, la notion d'*intimité territoriale* désigne ainsi assez simplement la relation intime vécue avec un territoire (voir « Le territoire de Kotzsch »), mais par-delà cette définition littérale, elle vise plus largement à une pratique de territoires distincts de l'espace domestique privatif comme de l'espace public pratiqué de manière normative et régulée. Cette notion « désigne une expérience d'appropriation qui altère, voire subvertit la distinction privé/public sur laquelle sont fondées la séparation et la discrimination des espaces fonctionnels, homologués. […] L'expérience, voire la production d'une intimité territoriale nécessite en revanche une redistribution permanente du rapport privé/public avec son corrélat intérieur/extérieur, qui renvoie à la structure du corps

---

39.   Pierre Francastel, *La Figure et le lieu. L'ordre visuel du Quattrocento*, Paris, Denoël, 1980.

propre. D'où l'importance des effets de seuil, et plus généralement d'une pensée liminaire, qui ne doit pas être réduite à des jeux de frontières[40] ». Les photographies de Marc Pataut et de Jeff Wall qui éclairent cette notion d'*intimité territoriale* sont des images de personnes privées de domiciles légaux, dont l'existence est déplacée dans un territoire public, généralement résiduel. L'intimité territoriale, même si elle n'est pas réductible à la condition des sans-abris, nécessite, sous une forme ou sous une autre, une expérience d'exclusion qui ouvre à une autre pratique de l'environnement, relevant d'un travail d'investissement du territoire de vie «au-delà de l'abri domestique ou plutôt, quand celui-ci est lui-même un vecteur – et non une coupure – de l'environnement[41] ».

La pensée de Chevrier sur l'art moderne est nourrie depuis plusieurs années par une réflexion sur l'architecture, la ville et l'urbain. Chevrier établit une analogie entre l'image et l'urbain à travers leur rapport respectif au tableau et à la ville : « le tableau n'est pas – ou a cessé d'être – la vérité de l'image, comme la ville n'est plus la vérité de l'urbain, mais sa forme historique homologuée. Le tableau permet de tenir l'image à distance. Il instaure un lieu dans l'espace. Il produit un seuil de visibilité qui participe d'une ritualisation de l'image. Mais ce seuil est aussi une frontière, une zone, plutôt qu'une pure ligne de partage. L'image ne peut être contenue dans le tableau, de même que l'urbain excède la ville[42] ». Cette analogie permet de saisir le bonheur que lui procure le travail de Jeff Wall qu'il a abondamment commenté :

Jeff Wall traite la dispersion propre à l'imagerie de l'urbain dans le cadre et la concentration du tableau.

### Les années 1990 et la mondialisation

Si Jean-François Chevrier a écrit entre la fin des années 1980 et le début des années 1990 dans la revue *Galeries Magazine*, il s'est toujours abstenu de publier le moindre texte pour les galeries elles-mêmes. De même, il n'a pas collaboré à *Parkett*, ni à *October* ou à *Artforum*. Interrogé sur ce positionnement particulièrement défiant à l'égard de ces revues, il fera part de nombreux désaccords allant de la mésestime quant à leurs manières de théoriser l'art jusqu'à la dénonciation de la manière dont elles épousent souvent, selon lui, la loi du marché. Il considère qu'il est préférable de faire son travail dans un endroit à l'écart des lieux d'occupation et des machines de guerre que constituent ces revues plutôt que de tenter de les infiltrer en écrivant pour elles afin de faire entendre une autre voix. Au risque d'un repli sur une communauté de travail restreinte, Jean-François Chevrier met en place à l'École des beaux-arts, en 1994, un séminaire sur les relations entre art, économie et société, intitulé « Des territoires » – qui donna lieu à une exposition

40.  Jean-François Chevrier, *Des territoires, op. cit.*, p. 23.
41.  *Ibid.*, p. 20.
42.  « Note sur le lieu urbain », in *ibid.*, p. 132.

Marc Pataut, *Natacha,*
*8 juillet 1994,*
*Le Cornillon –*
*Grand Stade, Saint-*
*Denis,* 1994-1995,
tirage argentique noir et
blanc, 9 × 13 cm

dans le centre d'art de l'école en 2001[43]. Des invités de tous horizons viennent ainsi depuis plusieurs années débattre de leurs thèses et de leurs expériences avec les auditeurs. Ce séminaire offre ainsi la possibilité de communiquer des expériences locales soustraites aux mots d'ordre de l'époque et aux calibrages institutionnels, trop souvent inféodés à des intérêts de pouvoir. Dans cette perspective, Chevrier est probablement plus intéressé par le développement de solidarités collectives en réseau que par l'édification de Cités radieuses. Néanmoins, le séminaire semble souffrir aujourd'hui d'un certain isolement qui tend à l'insularité.

Peu de temps après les débuts du séminaire, Catherine David, en charge de la documenta 10 de Kassel demande à Jean-François Chevrier de venir travailler avec elle pour l'exposition et le catalogue de la manifestation qui aura lieu en 1997. L'aventure se terminera mal avec le départ de Jean-François Chevrier, suite à des désaccords avec Catherine David, avant l'ouverture de la manifestation et le bouclage éditorial du livre qui l'accompagne. La conception de ce dernier était plus ou moins achevée, mais trop volumineuse pour l'éditeur, certaines parties durent être retirées. On y trouve plusieurs entretiens d'importance (avec Benjamin Buchloh, Jacques Rancière ou encore Gayatry Spivak) conduits notamment par Jean-François Chevrier, qui a aussi construit l'architecture de ce livre[44]. Celui-ci est découpé en grandes sections correspondant à des dates qui segmentent l'histoire de l'art de 1945 – date de la première documenta – à 1989, selon des cycles

43.  On trouve la présentation, l'historique et l'actualité du séminaire sur le site dédié à l'adresse suivante : <www.desterritoires.com>.
44.  Catherine David (éd.), *Politics : Politics-Poetics, Documenta X – The Book*, Ostfildern-Ruit, Cantz, 1997.

de onze ans[45]. La documenta 10 est placée sous le signe de Marcel Broodthaers auquel elle emprunte l'énoncé du monde politique raturé et corrigé en monde poétique[46]. Le catalogue (véritable somme sur l'histoire de l'art et de la pensée depuis la seconde guerre mondiale), l'exposition (qui noue les artistes vivants avec des figures historiques) ainsi que l'organisation de cent jours de conférences étaient conçus dans une volonté de bilan et d'ouverture correspondant à un moment de transformation.

Les années 1990 furent celles d'intenses transformations dont on peut énumérer les plus évidentes : la mondialisation du capital[47], la guerre des Balkans, la mise en place conjointe d'un néolibéralisme et d'un néoconservatisme, la dissémination des mass médias précipitée par le réseau internet ainsi que le début de la reconfiguration de la carte politique du monde qui se poursuit aujourd'hui avec l'apparition flagrante d'enjeux géopolitiques occultés par la Guerre froide (notamment Nord/Sud) et donnant lieu à de nombreux conflits et guerres d'ingérence. Dans ces années d'accélération de la construction de l'Europe, de nombreuses manifestations de poussées nationalistes, de montée des intégrismes et de replis identitaires voient le jour. Les textes rédigés dans les deux ouvrages sur le corps et le territoire, qui commencent à s'écrire en parallèle du séminaire et de la documenta, réfléchissent de manière oblique à ces changements et incitent à concevoir des territoires soustraits à toute instrumentalisation théologico-politique et délivrés de tout acte de propriété exclusive, ainsi que des corps mis en relation sous forme de jeux et d'expérimentations plutôt que d'identité, de performance ou de possession[48].

C'est dans ce contexte des années 1990 que l'on s'interroge sur la possibilité d'une culture et d'une théorie mondialisée[49] et sur les relations entre l'activité artistique avec les sciences humaines et sociales qui se développe de manière vertigineuse. C'est dans ces années-là également que les relations entre l'art et la théorie connaissent une mutation qui épouse celle de la théorie elle-même[50]. Cette dernière devient une notion aussi inclusive que séduisante, dont les discours, aussi hétérogènes fussent-ils, sont annexés par les œuvres et leurs commentaires dans une sorte de bricolage conceptuel para-philosophique empruntant à diverses disciplines et divers penseurs. Par-delà le corpus historique français

45. La numérologie joue un rôle secret dans la pensée de Chevrier.

46. Cet artiste fondamental pour Jean-François Chevrier n'a pas encore trouvé sa place dans les recueils déjà publiés. Il sera probablement, avec Oyvind Fahlström – auquel Chevrier a consacré un important essai non repris ici –, l'un des protagonistes du dernier livre sur *Œuvre et Activité*.

47. L'économiste François Chesnais fut l'un des premiers invités du séminaire et sa conférence sur la mondialisation du capital eut un effet de catalyseur. Voir son livre, *La Mondialisation du capital*, Paris, Syros, 1994.

48. Les pratiques de Lygia Clark et Klaus Rinke croisent ainsi celles de Raoul Haussmann ou Marina Ballo Charmet, le travail photographique de Helen Levitt celui de Robert Adams et la ville générique de Rem Koolhaas, avec lequel il a un assez étonnant entretien, voisinent avec « L'espace intégral selon Barnett Newman ».

49. Ce fut la question notamment qu'adressa Étienne Balibar lors de sa conférence prononcée dans le cadre des *100 jours* que durèrent la documenta 10 : « Une culture mondiale ? » repris dans Étienne Balibar, *Droit de Cité. Culture et politique en démocratie*, Paris, Éditions de l'Aube, 1998.

50. L'auteur se permets de renvoyer sur ce point à son texte « L'art et la *Critical Theory* », in *Critique*, n° 759-760, *À quoi pense l'art contemporain*, août-septembre 2010.

(Lacan, Baudrillard, Foucault, Deleuze, Derrida, Bourdieu, Rancière, etc.) et allemand (Benjamin, Adorno, Arendt, Marcuse), toute une vague de penseurs issus de divers horizons alimente la réflexion théorique sur l'état du monde et les nouveaux enjeux sociaux et politiques (Judith Butler, Edouard Glissant, Edward Saïd, Frederic Jameson, David Harvey, Giorgio Agamben, Mike Davis ou Gayatri Spivak, pour n'en citer que quelques-uns). Pourtant ni ces derniers, ni l'hétéroclite École française (un temps nommée poststructuraliste), ni la mélancolique et négative théorie critique instituée par l'École de Francfort ne reconnaitraient forcément leurs traits souvent déformés dans le joyeux éclectisme de références et citations que l'on trouve dans les textes des commentateurs (de la culture et de la société) allant puiser des concepts préformés dans la *Critical Theory*. Par ce terme, on voudrait ainsi désigner non pas les œuvres des auteurs précédemment cités, mais des pratiques théoriques assemblant en patchwork des notions issues de leurs travaux aussi bien que des sciences humaines et sociales. Si ces pratiques peuvent témoigner d'une ouverture et d'un dialogue féconds et produire des débats et des effets bénéfiques, elles peuvent aussi figer les concepts dans des définitions qui menacent de les faire tourner à vide dans la roue de hamster théorique[51].

Quoi qu'il en soit, cet irrépressible bricolage, dont usent aussi bien les professeurs que les collectifs militants, les commentateurs patentés des médias ou les critiques d'art, répond à la nécessité de penser un monde qui se globalise et s'homogénéise sous l'emprise du Capital. D'où une mobilisation permanente de discours théoriques touchant à des sujets variés sur les rapports de force dans le monde actuel – que ce soit la marchandisation de la vie et l'aliénation au travail, la politique identitaire des minorités et la décolonisation culturelle, le contrôle des savoirs et la fabrique de l'opinion, etc. Là encore, les effets de ces bricolages sont ambigus. On peut concevoir les aspects positifs de l'usage et de l'appropriation de concepts afin de les mettre à l'épreuve et de les réarticuler à des situations différentes. Mais on peut voir aussi comment le risque de la circulation et du recyclage incessant est d'arracher de leur ancrage des pensées et des concepts élaborés dans une œuvre et un contexte spécifiques. Et par là, de les priver de tout tranchant.

Quelles possibilités pour l'exercice critique dans un monde où dominent la dimension du gigantisme et la ville générique décrites par Rem Koolhaas[52] ? Et comment percevoir ces accumulations d'explications se déversant sur le monde et migrant aux quatre coins du réseau planétaire comme autant de traînées de poudre à la recherche (souvent vaine) de mèches et de détonateurs ?

---

51. Il suffit de parcourir le dictionnaire qui sert de référence dans le monde anglo-saxon à la *Critical Theory* pour constater ces deux points : David Macey, *The Penguin Dictionary of Critical Theory*, New York, Penguin, 2011.
52. « Changements de dimensions, entretien avec Rem Koolhaas », in Jean-François Chevrier, *Des territoires, op. cit.*, p. 48-75.

La bibliothèque centrale de Seattle conçue par Rem Koolhaas

Il y a une différence entre théorie et méthode. Pour moi, fidèle à une filiation marxiste, la théorie va de pair avec une pratique, sans cette dernière elle est au mieux une spéculation au pire un délire (et un délire qui a peu de chances de présenter un aspect très créatif). La théorie doit éclairer et orienter la pratique et elle sera jugée au regard de la pratique et non en fonction d'elle-même. Ce qui me déplaît considérablement dans la pratique théorique c'est qu'elle remplace aujourd'hui, notamment dans les sciences sociales, la pratique sociale. Il est frappant de voir la multiplication des explications sur la crise et le développement de la mondialisation, etc., et le peu d'actions menées par les auteurs de ces textes. Le décalage devient quand même vertigineux et le vieux constat que celui qui subit une situation de domination sociale en sait plus sur la situation que celui qui l'observe de l'extérieur reprend tout son sens. J'ai le sentiment moi-même d'un déficit de participation à une pratique collective (en dehors de mon enseignement). Parce que mes capacités d'intervention sont restreintes, je refuse donc de me livrer à cette compensation théorique que je reproche aux autres. Je réduis donc dans mes textes les possibles satisfactions que je pourrais me donner en construisant de beaux objets théoriques, même si je produis de la théorie et des concepts (nous n'avons d'ailleurs pas cessé d'en parler tout au long de cet entretien). Seulement, ils ne sont jamais présentés en tant que tels, mais par rapport à une pratique historique, critique ou pédagogique.

Cette distance prise par Chevrier avec la théorie est pour le moins paradoxale. On serait tenté de lui signaler qu'il ne manque pas lui-même d'impressionner par sa capacité à théoriser. Mais sa méfiance semble porter essentiellement sur les essais où les manipulations conceptuelles font écran à l'analyse précise de situations complexes et qui loin d'approfondir les œuvres, les aplatissent en les enrôlant dans un commentaire sociopolitique ou au contraire dans une sacralisation mystifiante. L'intention de faire qui anime les artistes se retrouve ainsi assez régulièrement métamorphosée en volonté de signifier ou de transcender. Reste à savoir pourquoi de telles méthodes devraient confisquer l'usage du terme théorie. Tout comme on pourrait tempérer une telle distinction entre faire et signifier ou être, plus facile à établir dans le langage que dans l'expérience, on pourrait critiquer ici aussi une défiance qui s'énoncerait de manière trop radicale à l'égard de la théorie, sévèrement observée par l'œil de l'histoire, fort de son autorité fondée dans les faits. Une invention théorique permet parfois d'éclairer et de relancer un aspect passé inaperçu dans la grille d'analyse d'une époque. Kant avait déjà souligné que penser n'est pas une activité de savoir, mais un exercice de la liberté. C'est pourquoi une méfiance légitime à l'égard de toute position de rejet déclaré de la théorie, auquel Chevrier ne sacrifie pas dans ces textes, doit d'autant moins recouvrir ce qui relève surtout chez lui d'une prudence face aux effets trompeurs d'intelligibilité et d'une exigence d'historicisation. Dans cette perspective, s'il ne faut pas rayer d'un trait les effets de vitalité que la *Critical Theory* a pu (et peut toujours) produire, elle a également participé dans l'art d'un mouvement de substitution problématique que Chevrier décrira en ces termes :

> La relation de l'activité artistique avec les sciences humaines et sociales a remplacé le système des beaux-arts. Cette substitution est insuffisamment prise en compte alors qu'elle devrait sauter aux yeux. À l'arrière-plan, il y a le modèle de la nature auquel a succédé ce que l'on pourrait appeler simplement la vie (même si le modèle de la nature tend à être réinvesti actuellement, notamment dans l'architecture). Cette promotion du vitalisme à la place de la nature dans l'art moderne a connu au moins deux grandes étapes : Odilon Redon (à propos de qui André Masson a parlé de « fantastique biologique ») et Edvard Munch. Aujourd'hui, le développement de l'écologie politique conduit à réinvestir le modèle de la nature, même si l'on ne voit pas encore très bien comment (car il y a un problème de circulation des compétences face à l'abstraction des sciences de la nature aujourd'hui). Et c'est pour ces raisons également que le système des beaux-arts, ou plus exactement ce qu'il en reste est devenu un des ailleurs les plus importants dont l'art moderne à besoin de se nourrir pour se repenser. Bien sûr, je récuse toute idée de restauration de ce système des beaux-arts, mais je refuse aussi de dénier la présence, encore aujourd'hui, de certains de ces éléments. Je tente donc de les identifier, pour éviter à la fois leur refoulement et leur dévoiement par les théoriciens réactionnaires.

La rédaction du dernier livre, *Œuvre et Activité*, sur les rapports entre l'art et la politique devrait confronter plus que jamais Chevrier au problème de l'exposition de sa méthode et de son rapport à la théorie. Mais l'articulation entre ses deux notions d'*œuvre* et d'*activité* éclaire déjà le travail de Chevrier lui-même. Les textes rassemblés par les cinq premiers recueils ont été pour la plupart le fruit des circonstances. S'ils témoignent de l'activité d'historien et de critique de Chevrier, leur reprise, accompagnée d'une révision faite de réécriture, d'ajouts et de montages, en fait rétrospectivement les éléments constitutifs d'une œuvre. Ils témoignent également d'une intense pratique de l'écriture, qui confine à la graphomanie que l'on retrouve dans sa fascination pour l'œuvre d'Artaud, les microgrammes de Robert Walser ou une page de Nerval saturée de spéculations généalogiques. La production critique, historique et théorique est ainsi indissociable chez lui de l'activité d'écriture, avec ses processus de concentration et d'inscription de cette chose sans forme *a priori* qu'est la pensée. Son style, reconnaissable, est particulièrement lapidaire. Il ausculte son objet avec des formulations nuancées et serrées. La sobriété de cette écriture évite les effets de style sans pour autant exclure un plaisir de qualifier et un lyrisme contenu. Elle est portée par une recherche de transitivité, même si elle condense et concatène souvent des réflexions complexes qui obligent le lecteur à la suivre précautionneusement. Les textes de Chevrier peuvent désorienter. Jamais clôturés sur eux-mêmes, ils ne s'achèvent ni sur la résolution d'un problème ni sur le fin mot de l'histoire. Ils sont plutôt conçus comme des chemins qu'on emprunte – parfois au risque de se perdre. Fidèle à la tradition de l'*ekphrasis*, l'écriture de Chevrier fonctionne par des descriptions, des définitions, des qualifications, des comparaisons et des discriminations, afin que, à force de découpes et d'associations, se dégagent les différents aspects des œuvres et des idées. Mais son écriture est également animée par une conception ferme de l'exercice critique. Dans l'entretien avec Rem Koolhaas, Chevrier en donne une définition qu'il prête à l'architecte hollandais, mais dont certaines formules, une fois extraites, semblent pouvoir s'appliquer à son propre travail. Ainsi de la tentative de « dégager le regard critique de toute amertume mélancolique, en lui redonnant une prise sur un présent dont il tend à se détourner ». Il parle aussi de « combattre l'idéalisme par l'idéalisation » et ajoute que le regard critique « plutôt qu'une manière de se tenir à l'écart du présent […] devient une manière d'écarter le présent de lui-même[53] ». Cette dernière formule assez resserrée, fait écho à celle de Mallarmé qui sert d'épigraphe aux sept livres : « Mal informé celui qui se crierait son propre contemporain. »

Pas de postmodernisme

Le contemporain justement, ce mot passe-partout qui désigne l'art d'aujourd'hui depuis une trentaine d'années, ne recouvre pas pour Chevrier un après de l'art moderne, une nouvelle ère artistique. Nous sommes toujours dans l'art moderne dont il faut bien comprendre qu'il n'est pas une période historique, mais un processus :

---

53.  *Ibid.*, p. 62.

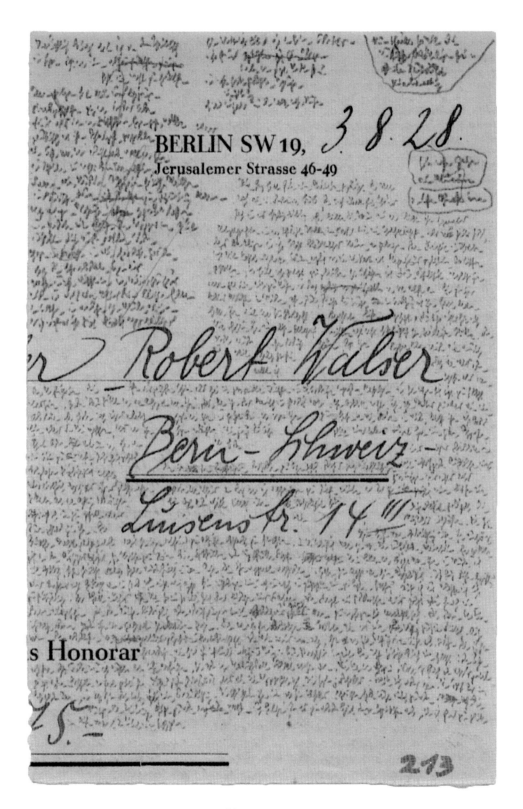

**BERLIN SW 19,** *3. 8. 28.*
Jerusalemer Strasse 46-49

Robert Walser

Bern - Schweiz

Luisenstr. 14 III

s Honorar

5.—

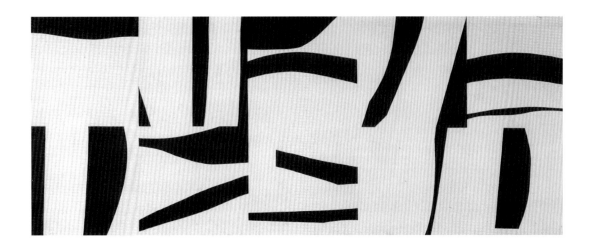

Ellsworth Kelly,
*Talmont*, 1951,
peinture,
66 × 163,2 cm

On peut constater que l'histoire de l'art institutionnelle en France n'a jamais vraiment intégré l'idée de l'art moderne comme un processus ouvert sur l'actualité. Elle l'a considéré comme une période. Ma position fanatique depuis toujours est de considérer l'art moderne comme un processus. Tant que l'on ne fera pas ça, et que l'on continuera de distinguer l'art moderne de l'art contemporain, ça n'ira pas. Le couple modernisme/postmodernisme a, hélas, ancré et figé cet état de fait, c'est pourquoi je m'en passe. Je ne tiens pas forcément à l'expression d'art moderne, mais comme je n'en ai pas trouvé de meilleure, je la maintiens. Cette histoire de l'art moderne comme processus, je dirais qu'elle s'est inventée trois fois. En tous les cas, j'ai pu repérer trois inventions de l'art moderne. La première est, en 1747, la publication du premier compte-rendu d'un salon par La Font de Saint-Yenne. C'est la première fois qu'un critique commente des œuvres présentées à un public indéterminé, ouvert: le public moderne. Là, s'invente un paradigme pour l'art moderne que l'on pourrait schématiser ainsi: « œuvre – présentation – commentaire ». L'artiste fabrique une œuvre qui est présentée et fait l'objet d'un commentaire. Ce paradigme est le premier de la modernité, car c'est la première fois que l'art s'adresse à un public. Il demeure, comme on peut le constater, actif et déterminant dans la pratique de l'art aujourd'hui. La deuxième invention de la modernité a lieu au XIX^e siècle avec la photographie, c'est « entre les beaux-arts et les médias ». La troisième a eu lieu au XX^e siècle, c'est le second paradigme: « activité-information-débat ». Les artistes ont une activité qui peut déboucher ou non sur un œuvre – l'œuvre n'est pas nécessaire. Il y a donc information sur cette activité puis débat; débat qui porte surtout sur ce qui fait art, sur la définition de l'art. Ce second paradigme apparaît pendant la Première Guerre mondiale avec le Cabaret Voltaire, Dada et Duchamp et avec le constat de l'échec de la bourgeoisie, incapable de travailler dans l'intérêt du public. Cette coupure avec le modèle libéral bourgeois et la destruction de son système de valeurs fait que l'œuvre devient suspecte. Mais ce second paradigme n'existe que par rapport au premier, et mon hypothèse est que les deux sont vivants et que nous avons besoin des deux. En ayant à l'esprit que la tension de ces deux paradigmes a lieu entre les beaux-arts et les médias.

Concevoir la modernité en la dégageant des débats produits par les notions de *modernisme* et de *postmodernisme*, permet de voir comment cette périodisation a stérilisé ou enfoui les problèmes les plus vifs et les plus féconds soulevés par l'art moderne. Il n'est peut-être pas inutile de revenir ici sur ces termes. Le modernisme connaît deux acceptions différentes correspondant à deux moments historiques et concernant respectivement deux scènes artistiques différentes. Le modernisme désigne premièrement une conception de l'art européen de l'entre-deux-guerres fortement marqué par les débats suscités par l'architecture de cette époque et tristement observée rétrospectivement comme une succession de promesses non tenues. Celles de la construction d'une société idéale, fidèle dans son organisation et ses réalisations urbaines aux utopies des artistes des avant-gardes radicales annonçant un monde et un homme nouveaux. Ce modernisme, qui visait à une diffusion symphonique de l'art dans la vie, se serait effondré avec la montée des totalitarismes et la seconde guerre mondiale. On pourrait considérer qu'il fut, d'une certaine manière, relancé négativement par une partie de l'art conceptuel des années 1970, en écho aux manifestations et luttes politiques agitant l'opinion occidentale. Le second modernisme est strictement américain. Théorisé par Clement Greenberg, il inverse la tendance du premier modernisme à l'œuvre d'art totale en proposant une stricte séparation des arts ainsi qu'une séparation tout aussi radicale de l'art et de la vie. Ce modernisme fonde son insularité sur un travail d'essentialisation : une réflexivité exclusive réclamant à chaque catégorie artistique de se « purifier » en se tournant vers ses spécificités propres, à savoir les particularités qu'elles ne partagent avec aucune autre (la peinture devait ainsi se concentrer sur le plan, la sculpture sur son propre poids, etc.). Derrière cette opération apparemment formaliste se dissimulait une opération idéologique précise, visant à montrer que si la puissance capitaliste américaine étendait son hégémonie, portée par le règne de la marchandisation du monde, elle ouvrait aussi des espaces à un art capable de produire des artefacts susceptibles de transcender cette dimension de marchandise par leurs simples propriétés esthétiques. Ces mêmes propriétés étaient également supposées leur permettre de se distinguer des objets ordinaires. Quel que soit la définition que l'on se donne du postmodernisme (et elles sont nombreuses), cette notion s'est pensée comme l'ouverture d'une nouvelle période historique faisant suite à l'un et/ou l'autre de ces modernismes. Par un effet d'extrapolation, le postmodernisme est devenu le mot emblématique d'une croyance dans le fait que la modernité était, non pas, comme le voulait Habermas, un « processus inachevé », mais bien plutôt une séquence historique close. Aidé par les visions restrictives des modernismes qu'il avalisait en se définissant par rapport à elles, le postmodernisme fait couple avec le modernisme pour perpétuer une conception biaisée de l'art moderne où les tensions et les contradictions ont été comme anesthésiées. Parce qu'elle est plus inclusive et moins marquée idéologiquement la mention « d'art contemporain » a fini par être privilégiée et est devenue le nom (impropre : contemporain de quoi ?) de l'art de ses trente dernières années. Mais cette terminologie n'insinue pas moins l'idée que l'art actuel s'est détaché de l'art moderne. En arrêtant artificiellement son processus dans le temps, ces deux dénominations de postmodernisme et d'art contemporain ont ainsi donné le sentiment que l'on avait une connaissance achevée de ce qu'était la modernité. Avec les conséquences que l'on sait : déclarer que la modernité est achevée revient à dire que nous avons épuisé ses ressources et que nous ne pouvons plus que la convoquer sous des formes dévitalisées de *lamento* ou d'opérette.

## Déplacements

Penser l'art moderne comme un processus en cours conduit en revanche à reconnaître que l'on en méconnaissait encore des potentialités et que l'on peut raviver ses tentatives et soumettre à nouveau ses enjeux à examen. Cette perspective est aussi bien esthétique que politique. Elle nécessite de faire un pas de côté par rapport à la *doxa* du récit institué sur l'histoire de l'art moderne. Et de rouvrir les dossiers scellés par les « ismes » de l'art. C'est à cela que s'emploie Chevrier, même si l'on peut regretter la faible présence de jeunes artistes dans ces cinq recueils et déplorer qu'il convoque si rarement d'autres historiens et théoriciens qui lui sont contemporains[54]. Cela n'empêche pas que son travail peut nous servir à penser les liaisons entre la modernité et la démocratie à partir du moment où nous concevons également cette dernière comme un processus, avec ses tensions, ses contradictions et ses remises en cause perpétuelles. Et cela, à l'encontre des visions utopiques d'un monde refait à neuf et des visions cyniques d'un monde qui court à sa propre destruction. Tous ces points s'éclaireront sûrement dans le septième volume *Œuvre et Activité*. Mais il nous semble déjà possible de dégager certaines amorces de ces problèmes en observant les déplacements subtils que Chevrier opère dans son repérage de certains points remarquables de la modernité jusqu'ici mal observés. On ne peut faire plus ici que de donner quelques exemples. Comme celui de s'intéresser, à travers le couple formé par Hans Arp et Sophie Taeuber à une construction plastique qui se concentre sur la « mobilité » plutôt que sur le « dynamisme » plastique. Si ce dernier était conçu par les théoriciens du constructivisme comme une figuration métaphorique de la construction progressivement ascendante d'une société idéale prédéterminée, la première peut être comprise comme la métaphore d'une construction politique incluant le jeu, sans programme rigide ni visée proclamée. C'est donc d'abord dans les œuvres que s'expérimente et se présente la conception poétique et politique d'un « constructivisme non autoritaire »,

54. Nous n'avons pas eu le temps de parler, ce jour-là, de ce qu'il pense, par exemple, de l'histoire sociale de l'art et de penseurs comme T. J. Clark avec lequel il partage certains objets de recherches.

Hans Arp, *Horloge*, 1924, bois peint, ovale, 65,7 × 57 cm

qui ne s'abîmerait pas dans un dogmatisme ascétique[55]. Cette mobilité plastique à l'œuvre chez ces deux artistes inclassables ne reste pas lettre morte puisque Chevrier la retrouve étonnamment dans une autre situation, sans lien *a priori*, celle de la « mobilité du regard » de la photographe américaine Helen Levitt, longtemps ignorée également par le monde de l'art (jusqu'à la documenta 10). Dans ses images qui saisissent les jeux des enfants des rues des quartiers populaires de New York, Levitt a, écrit-il, « privilégié la mobilité lyrique sur le dynamisme plastique[56] ». Et il ajoute : « Levitt se situait du côté de la naïveté néoromantique d'Arp plutôt que du côté de la rage critique de [Carl] Einstein. Mais ces deux attitudes communiquent : l'appel au naïf est une sorte de révolte[57] ».

La naïveté qui revient plusieurs fois sous la plume de Chevrier est pour lui visiblement une réponse à la terreur et au cynisme, une manière de désarmer le pouvoir. Elle est à concevoir aussi bien dans la ligne du dadaïsme du Cabaret

---

55. « Sophie Taeuber. L'instinct ornemental », in Jean-François Chevrier, *La Trame et le Hasard*, *op. cit.*
56. « Helen Levitt. Jouer, tracer », in *ibid.*, p. 143.
57. *Ibid.*, p. 135.

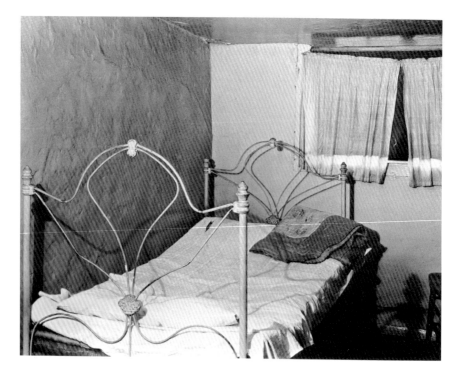

Walker Evans, *Hudson Street Boarding House Detail*, New York, 1931, épreuve sur papier argentique, 15,1 × 19,5 cm

Voltaire, par lequel Hugo Ball voulait « faire du candide contre l'époque[58] », que comme une manière d'esquiver les postures polémistes de la critique institutionnalisée propre à une bonne part de l'art d'aujourd'hui (qu'il relève du postconceptuel, du radical chic ou de l'esthétique relationnelle). De même, à la notion de *projet*, qui fit les grands jours des programmes architecturaux d'urbanisme rationnel et techniciste et qui contraint aujourd'hui les artistes contemporains à présenter préalablement leurs réalisations à venir sous une forme écrite et administrative avant même qu'elle ne soit expérimentée, Chevrier oppose la notion de *tentative* empruntée à Fernand Deligny qui travaillait avec les autistes dans les Cévennes et dont la pensée servit de « ligne d'erre » aux réflexions du séminaire et de l'exposition collective « Des territoires[59] ». Il s'agit, avec la *tentative*, de renouer, contre le fonctionnalisme de notre époque, avec une « pensée de l'improvisation et du bricolage » prenant en compte « le jeu des circonstances ». De même que le futur antérieur énoncé par Chevrier comme le propre de l'opération photographique préserve de toute illusion de *contemporanéité*, la figure de l'énigme, qui revient souvent dans ses écrits, a probablement aussi pour fonction de nous confronter à la méconnaissance constitutive de notre rapport au monde et à nous-mêmes. Repérer sa récurrence dans l'histoire de l'art nous permet de nous prémunir d'une conception de l'œuvre d'art comme communiquant des énoncés de savoir ainsi que de toute anticipation des effets de l'art sur la foule, distincte du public.

58. Hugo Ball, *La Fuite hors du temps, Journal 1013-1921*, préface de Herman Hesse, Paris, éditions du Rocher, 1993, p. 139.
59. *Cf.* « Pour suivre », in Jean-François Chevrier, *Des territoires, op. cit.*, p. 24-31.

Entre le constructivisme non autoritaire de Sophie Taueber-Arp, l'action restreinte de Mallarmé ou encore l'intimité territoriale, on perçoit les accents politiques que Chevrier donne à sa recherche. Quand la société est, comme c'est le cas aujourd'hui, non plus indifférente à l'art d'avant-garde, mais au contraire en demande d'un art contemporain distrayant, provocant ou spectaculaire, produisant aussi bien pour les kermesses institutionnelles et autres événements urbains que pour l'échelle mondiale des réseaux de diffusion, le problème devient celui de la capacité de prendre au sérieux la possibilité de donner corps à des enjeux fondamentaux pour chacun et pour tous à travers l'art. *Œuvre et Activité* devrait être l'occasion de se confronter à cette relation délicate entre « l'œuvre d'art et la chose publique[60] » et de tisser des liens entre l'art moderne et l'espace démocratique occidental où il se déploie. Dans son célèbre texte de 1984, « Qu'est-ce que les Lumières ? », Michel Foucault estimait qu'il fallait « envisager la modernité plutôt comme une attitude que comme une période de l'histoire[61] ». Cette attitude est, poursuit Foucault, « un peu, sans doute, comme ce que les Grecs appelaient un *êthos*. Par conséquent, plutôt que de vouloir distinguer la "période moderne" des époques "pré" ou "post"-moderne, je crois qu'il vaudrait mieux chercher comment l'attitude de modernité, depuis qu'elle s'est formée, s'est trouvée en lutte avec des attitudes de "contre-modernité"[62] ». Convoquant le texte de Baudelaire sur « Le peintre de la vie moderne » (qui occupe une place fondamentale dans le travail de Chevrier) pour caractériser cette attitude de modernité, Foucault dit que la tâche de l'artiste est celle de la « transfiguration qui n'est pas annulation du réel, mais jeu difficile entre la vérité du réel et l'exercice de la liberté[63] ». Et il termine ce passage en écrivant : « La modernité baudelairienne est un exercice où l'extrême attention au réel est confrontée à la pratique d'une liberté qui tout à la fois respecte ce réel et le viole[64]. » On retrouve cette polarité dans les réflexions de Jean-François Chevrier sur le champ perceptif. Ce dernier interroge autant la description mécanique du monde que l'hallucination du regard et cherche leur corrélation. L'artiste, souligne-t-il incessamment, travaille aussi bien dans l'observation du monde qu'à « l'intérieur de la vue[65] ».

Le mot *vue* a un double sens, une amphibologie qui désigne aussi bien la *veduta* que la vision. La lecture de *La Vue* de Raymond Roussel a été pour moi fondamentale.

---

60. Voir Jean-François Chevrier, *L'Any 1967, l'objecte d'art i la cosa publica : O els avatars de la conquesta de l'espai / The Year 1967, from Art Object to Public Things : Variations on the Conquest of Space*, Barcelona, Fundacio Antoni Tàpies, 1997.

61. Michel Foucault, « Qu'est-ce que les Lumières ? » (1984), in *Dits et Écrits*, Paris, Gallimard, 1994, t. IV, p. 568.

62. *Idem.*

63. *Ibid.*, p. 570.

64. *Idem.*

65. Notion à laquelle il consacre un de ces cahiers d'images et de citations où la pensée et la contemplation se font dans les jeux d'écho entre les œuvres. Voir « À l'intérieur de la vue », in Jean-François Chevrier, *Des territoires*, *op. cit.*

Cette dialectique se retrouve dans son incitation à « laisser la "vision" ou, du moins, l'imagination, s'introduire dans l'espace de la description ».

Une des premières expositions organisées par Chevrier (avec James Lingwood) s'intitulait « Matter of Facts ». Cette *matière des faits*, Chevrier aime à la déployer et à la décrire. De nombreux textes disséminent des réflexions sur des éléments du réel chargées d'expériences et de significations : les miasmes, le seuil, le terrain vague, le lieu narcissique, le contact insolite, etc. Il faut y voir une fidélité au « parti pris des choses » cher à Francis Ponge, l'un des trois auteurs de langue française (avec Proust et Artaud) que Chevrier a le plus pratiqués. Cette façon de faire est probablement à mettre en relation avec sa passion pour la photographie. À condition de voir comment, déjà dans la photographie, ce « parti pris des choses » ressort d'une attention aux processus de subjectivation et s'accompagne de ce que Francis Ponge, à nouveau, appelait, d'une formule que Chevrier aime à citer, une « rage de l'expression ».

Michelangelo Pistoletto, *Oggetti in meno*, 1965-1966,
vue de l'exposition *Continents de temps*, Musée d'art contemporain de Lyon, 8 mars – 6 mai 2001

Playground designed
by Aldo van Eyck,
Dijkstraat,
Amsterdam, 1954

# Meeting Jean-François Chevrier

*Paul Sztulman*

For two years, a portion of Jean-François Chevrier's work has been the subject of a large-scale editorial project by the publisher L'Arachnéen, in which a total of seven volumes will eventually be published. The first five volumes compile old, recent and previously unpublished essays, many of them reviewed and revised especially for the occasion. The two forthcoming volumes are complete, fully-fledged books. The one published in September 2012, which is 700 pages long, is titled *L'Hallucination artistique – de William Blake à Sigmar Polke* (The Artistic Hallucination – William Blake to Sigmar Polke). Chevrier who began working on this project after his book and exhibition on "L'Art moderne selon Mallarmé" (Modern Art According to Mallarmé), first realized the importance of hallucination while writing his text on Odilon Redon included in the aforementioned book. The last part of the seven volumes, planned for 2013, will be entitled *Œuvre et activité* (Work and Activity); it will deal directly with the relationship between art and politics. Although he is best known as a photography critic and historian, the full range of Chevrier's interests and works will be evident in these publications, though it will come as no surprise to those who have attended his lectures at the École Nationale Supérieure des Beaux-Arts in Paris. Chevrier has taught there since 1988 and, as he confides: "[My] real job is professor of art history. That's fundamental. I believe that teaching is the true vehicle of cultural transmission today."

On July 17, 2012, Catherine Chevalier—who was meeting Chevrier for the first time and I who followed his teaching and worked with him on various projects in the 1990s—visited him at his house in Montreuil. We originally planned to publish a long interview on his first five books, but the fruit of the conversation, which continued late into the night, proved too plentiful, convoluted and winding to be reproduced as such. Hence, at Chevrier's suggestion, the solution we came up with for this text expresses our impression of his work as well as what he has to say about his method, how he positions himself, his conception of modern art, and his practice of theory. Unless otherwise specified the comments by Chevrier that appear throughout this text are from the transcript of the interview conducted on that day.

## Photographs

Before becoming interested in photography, the beginnings of Chevrier's research go back to the literary realm, which he began to frequent when he arrived in Paris, in 1973. Several encounters, and notably his friendship with Roland Barthes (who commissioned his first text) and with Jean Thibaudeau (who had already left the publication *Tel Quel* by then) would play a decisive role. An essay from this time on William Burroughs's illustrated story "Cobble Stone Gardens" is already a proof of Chevrier's passion for the relationship between writing and the visual arts; that text is reproduced in *La Trame et le Hasard* (Structure and Chance).[1]

> Yet, I soon felt uneasy in the French literary and artistic world of that time, which was dominated by the *Tel Quel* network. The reigning cult of writing exhausted me. And, for me, the line followed by Deleuze couldn't be a response to Derrida. Photography—in its banality, in its contact with daily reality, social reality, etc. seemed to me like a very sane thing. It perfectly offset the feeling of literary, theoretical and ideological saturation I was experiencing. And, as I believe that modern art is always renewed by outside influences—that is the logic of modern art, which is why distinguishing it from contemporary art makes no sense to me, photography then seemed like such a breach in the institutional definition of art. This was the main reason I began working on photography, the secondary being an observation that I made while reading art history texts. Photography was never mentioned in nineteenth-century art history (with the exception of Aaron Scharf's book).[2] That's why, between 1979 and 1989, I fanatically spent all my time on photography.

In his first published work, which—dated 1982—is on *Proust and Photography* (Proust et la Photographie),[3] Chevrier asserts the importance of the link between modern art and literature, particularly in French culture, and the way this link is bound to illustration—a genre that combines text and image according to the romantic idea of the brotherhood of arts that was extremely popular in the *nineteenth* century. Moreover, this study on Proust contains numerous references to photography and its mechanisms in Proust's discovery of involuntary memory. This essay was also written as a reaction to *Camera Lucida* (La Chambre claire) by Roland Barthes, which was published two years previously. Unlike Barthes, who observed photography by placing himself on the side of the spectator, Chevrier analyzes photography by positioning himself as the operator. Replacing Barthes' famous conception of the "this-has-been" to describe the photographic effect with the idea of "this-will-have-been," which reflects the complex relationship to time established by the one taking the photograph. The future perfect tense, described in another text[4] as "the tense of the unconscious,

1. Jean-François Chevrier, "Cobble Stone Gardens of William Burroughs," in *La Trame et le Hasard* (Paris: L'Arachnéen, 2010).
2. Aaron Scharf, *Art and Photography* (London: Penguin Books, 1974).
3. Republished by L'Arachnéen in a revised and expanded edition, *Proust et la Photographie,La Résurrection de Venise, avec une lettre inédite de Marcel Proust; des daguerréotypes, gravures et aquarelles de John Ruskin* (Paris: L'Arachnéen, 2009).
4. Jean-François Chevrier, *La Trame et le Hasard*, op. cit., 18.

grounded in the present," captures effectively the three tenses of the photograph: the present, mainly when it is taken, the future of the photographic print and the revelation of the past that has already been lived.[5] This tangle of temporalities facilitates an exploration of all the possibilities of transformation enabled by mnemonics, which is photographic registering, in one "mnemography." Chevrier dedicated a text to this concept, which relates the photographic operation to writing. It sheds light on the work of various artists (from Delacroix to Ahlam Shibli and Sigmar Polke, as well as the film directors Amos Gitaï, Rithy Panh, and Straub and Huillet).[6]

Since the beginnings of his research on photography, Chevrier has revisited the first texts written around the time of the medium's invention and defined the two main debates it incited. One relates to photography's duality (reproduction versus recording), the other to the effects of plausibility it produces in the viewer (revealing thereby the conventional system by which the fine arts operate in relation to the representation of the body and nature). In this way, Chevrier, from the beginning, uses the perspective of an historian, and refuses to adopt the main semiological tools with which photography in the field of art is usually tackled, in particular by Rosalind Krauss[7] who was inspired by Peirce's theory of signs to develop her thesis of the photograph as index. Although this approach to photography has been largely abandoned today, the term was used as standard and consensus (if not mantra and conjuration) for many years in all theoretical approaches to photography. According to Chevrier, this notion of the photograph as "index" in no way reflects how photography was perceived at its inception: "It all occurred in the context of the tension between reproduction and recording, which the notion of the index completely invalidates, just as it destroys nineteenth-century photography's fields of reception." The picture tableau, the document of experience—distinctive or remarkable within a huge field of cultural documents—and the collage-montage processes are the three elements that Chevrier uses in an analysis that provides a more inclusive understanding of photographic practice and its role in modern art. Since misunderstandings tend to endure, it may be useful here to recall that the defense of the tableau long associated with Chevrier's work is absolutely not a panegyric for the large-scale photograph—or for anything else: "what has always fascinated me is the small-scale image's power to expand"—let alone a recourse to its supposed ability to channel authoritatively the experience of form in modern art.

5. As noted on the back cover of the reprint published by L'Arachnéen.

6. Jean-François Chevrier, "Mnémographies," in *Entre les beaux-arts et les médiasmédias: photographie et art moderne* (Paris: L'Arachnéen, 2010).

7. Chevrier commissioned the translations of Rosalind Krauss' first text into French in 1975–76, before publically disagreeing with her at a roundtable on her work on Surrealism and photography, *L'Amour fou: Photography & Surrealism* (London: Arts Council, 1986), which he considered to be theoretically forced, historically inaccurate and speculatively unfruitful. This dispute did not abate when considering Krauss' other works and Chevrier has always maintained a distance from Krauss' review in *October*, which he considers derivative of *Tel Quel*.

I emphasized the idea of the tableau for various reasons, one of them being to fit photographic practice into the history of modern art which has always included the fine art system. Even though this system has been largely disregarded, as is well known: nothing is ever lost, everything is renewed. And so the data from this system continues to exert an influence. The tableau is an idea defined by its differences from other ideas: the sketch, the study, etc. On the one hand, that's what interested me and, on the other, the tableau was, for me, the form that brought the photographic image into the present, into the present of perception, which is the present of the pictorial field. Both the tableau and the photographic image, in my view, interact and, in my book *The Artistic Hallucination*, I also associate them with the hallucinatory field of presence that replaces the current tangible perception with another reality that has as much authority as perception, but that we describe as "objectless perception." In any event, for me a photograph treated as a tableau reflects the immediacy of the viewer's perception rather than the eternal "souvenir image."

One text gives Chevrier the opportunity to explore the whole range of ideas related to the tableau and the document of experience, which is at the heart of his study of photography.[8] The tableau is a historical, conventional form, which is always in a process of transformation—beyond the domain of painting—but which is invariably presented as a defined and autonomous form: a frontal plane that invites the viewer to an experience based on the vertical stature of the human body. Yet, and this is the essential point: "the flatness of the image, along with its edges, produce *another* space, a fictional space. [...] But this fictional place that the tableau *presents* to the viewer distinguishes the tableau from the objects with which it coexists. The tableau brings the fictional space into the space of the human community, onto which cultural forms are grafted. The viewer is therefore led into a dual experience of recognition and strangeness: the tableau offers him a familiar image of himself, of his belonging to the human race, by proposing *another view* that disorients him."[9] The document of experience, of which Chevrier retraces a broad history, cannot be reduced to the function of documentation because it is "endowed with an exemplary nature and a character which links it to the work. [...] Any document is a cultural document. But its importance, which generally goes hand-in-hand with its singularity and rarity, connects it to the work, a distinctive trait of which is transcultural permanence in the vast domain of artifacts, that is, the multiplicity of interpretations which it incites in a heterogeneous public, removed by time."[10] Although for Chevrier "the tableau is not the only key to the document of experience,"[11] the "document produced in the form of the tableau" establishes "a new examination of judgment" in contemporary creation.[12]

8. "Le tableau et le document d'expérience," in *Entre les beaux-arts et les médias: photographie et art moderne*, op. cit., 142-153.
9. Ibid., 144.
10. Ibid., 146–147.
11. Ibid., 153.
12. Ibid., 145.

Chevrier has had enough of "being known as Monsieur Tableau," since his work has extended well beyond that initial idea. To understand the importance of the tableau form though, one must go back to the artistic scene and photographic works that he discovered in the 1980s. In a text on "L'Image-Objet et le modèle de la nature" (The Image-Object and Model of Nature),[13] Chevrier retraces the panorama of relationships between art and photography at that time, and how he found his own path. The debate on photography's place inside or outside modern art must seem absurd and obscure to younger generations.[14] It was, however, raged at the time and the subject of a bitter dispute between the two camps. Chevrier's commitment to the hypothesis that photography was a part of modern art would play a major role. Significantly, he didn't restrict himself to writing about photography as a historical object or as art and technique, but was committed to photographers whom he saw as further developing this tableau form (John Coplans, Suzanne Lafont, Thomas Struth, Jeff Wall, Jean-Marc Bustamante, etc.) and he curated exhibitions (some with the English theorist James Lingwood) that presented and put their work into perspective within a history of art and photography that was in the process of being rewritten. Two of these exhibitions from the late 1980s were particularly important milestones: "Une autre objectivité" (Another Objectivity) and "Photo-Kunst" (Photo-Art.)[15] They did not show a new group of photographers (even though the key players in the French scene knew each other well) or a new tendency, but rather tried to describe a common situation, one where each artist approached the same issues and forms differently. Despite all that, the exhibitions defended a conception of photographic practice where the salience of the thing seen was linked to a requirement for realism, and where the primacy of perception was linked to the model of nature. These exhibitions were also opposed to the aesthetic appropriations of cultural signs and operations once called simulationism, the success of which would grow in the USA, especially through the artists championed by the gallery Metro Pictures (Cindy Sherman, Richard Prince, Sherrie Levine, Robert Longo, etc.).

During that period, I began a polemic debate against appropriation art and Metro Pictures' photographs, which I dismissed as semiologico-pop. It was, and still is, everything I do not like in art. I remember, while in the United States, having been impressed by artists about whom I had not written on, such as Francesca Woodman and the first projection of Nan Goldin's "The Ballad of the Sexual Dependency." I much preferred these

13. "L'image-objet et le modèle de la nature," in *Entre les beaux-arts et les médias: photographie et art moderne*, op. cit.

14. Even though, in a certain way, it may still be current. The fact that we see photographs as part of contemporary art has not led theoretical thought on art to integrate with and question the history of photography, which has taken place outside modern art institutions.

15. Jean-François Chevrier and James Lingwood, "Une autre objectivité," Centre National des Arts Plastiques, Paris, March 14–April 30, 1989. "Photo-Kunst, Arbeiten aus 150 Jahren.Du XXᵉ au XIXᵉ siècle, aller et retour," Staatsgalerie, Stuttgart, November 11, 1989–January 14, 1990.

artists to the appropriationists because they were engaging in lyrical pho-tographic practices. Nevertheless, one must remember that the practices of the artists associated with Metro Pictures were in keeping with a certain type of behavior, one that was encouraged, if not produced, by photography itself: aesthetic appropriation. The aesthetic model of photography is based on the Claude glass that creates an image of the world by appropriating it aesthetically by means of this artificial method.[16] But when, thanks to the availability of portable cameras, photography went from being an elitist, high-society practice to being a popular one, this behavior became socially widespread, with the resulting problem that the world was reduced to the image we can make of it to the point of forgetting the world itself. I understood then, that photography is a tool that artists must contravene, in its commonplace usage and in its intended effects.[17] With semiologico-pop art, aesthetic appropriation moves into the background. Thus, we find ourselves using a logic where the image is too important in relation to reality, whether that is the reality of the environment or of artistic material (as with collage). The appropriation that interests me places itself alongside experience and alongside the physical aspect of environment and materials. In opposition to this semiologico-pop model, I was therefore drawn to putting together all sorts of theoretical ideas and reusing the terms, some of which—like "experience"—are difficult to perceive theoretically. At the time of the exhibition "Une Autre Objectivité," another exhibition called "Forest of Signs" took place in Los Angeles.[18] The exhibitions were so antithetical that the director of MOCA noticed and organized an exhibition with one of the curators of "Forest of Signs," Ann Goldstein, and myself. The result was "A Dialogue about Recent American and European Photography," which formulated a confrontation between the two approaches.[19]

The notion of appropriation is, of course, not rejected outright. In other contexts and practices, Chevrier sees it in a positive light. In fact, throughout his

16. A small convex mirror, tinted gray and named after Claude Le Lorrain, was used by English tourists visiting the Lake District to frame picturesque landscapes. Its convex shape reduced the size of the image and the gray tint mitigated the colors. To see the landscape behind, the user had to avoid seeing his own reflection in the glass. See Marie-Madeleine Martinet, *Art et Nature en Grande-Bretagne au XVIIIᵉ siècle, de l'harmonie classique au pittoresque du premier romantisme* (Paris: Aubier-Montaigne, 1992).
17. Charles Baudelaire understood this perfectly, thus the importance of the title of the essay "Le public français et la photographie," of which Chevrier reminded us in the interview, which it is not a critique of the photographic operation but of its effects on how the public perceives art.
18. "A Forest of Signs: Art in the Crisis of Representation," The Museum of Contemporary Art, Los Angeles, May 7–August 13, 1989. Exhibition organized by Ann Goldstein, Mary Jane Jacob, and Catherine Gudis (London, Cambridge: MIT Press, 1989).
19. "A Dialogue about Recent American and European Photography": Dan Graham, Craigie Horsfield, Larry Johnson, Suzanne Lafont, Hirsch Perlman, Jean-Louis Schoellkopf, Allan Sekula, Cindy Sherman, Thomas Struth, Patrick Tosani. Exhibition organised by Jean-François Chevrier and Ann Goldstein, The Museum of Contemporary Art, Los Angeles, July 28–October 27, 1991 (Los Angeles: The Museum of Contemporary Art, 1991).

writing he constantly emphasizes that the artist should always work dialectically to observe both the world and perception itself. This facilitates an understanding of a type of appropriation where the artist's perception of the appropriated image is made visible; an appropriation where the manipulation of images is carried out by experience rather than via a discourse on signs. This is the case, for example, with Warhol in the 1960s, whose work Chevrier relates to Walker Evans' production. Here, the colorful banality obtained by how the silkscreen medium treats the appropriated (and assembled) image, restitutes in its lack of depth and substance, the void of the viewer's experience. The events reported by the mass media reduce the audience's possibility to almost nothing to effect a reasonable assimilation. The rhetorical repetitions, the prefabricated sensibility and the false intelligibility of the media, to which Warhol wed deadly logic, are brought to their ultimate consequences. Warhol thus pushed the experience of the absence of reality to the extreme, to its limits, which makes the mechanism more shocking. But, according to Chevrier, such intensity cannot be found in the works of artists called postmodern; those who prevailed in the United States during this period. The discourse surrounding them, like Jean Baudrillard's theses in which they were fairly steeped (not without misinterpretation), was based on what Chevrier calls a "semiologico-pop model that confuses image and sign, and implies that semiological analysis allows critical distance." In fact, they merely play the role

Sigmar Polke, *So sitzen Sie richtig (nach Goya und Max Ernst)*, 1982, acrylic on fabric, 78.74 × 70.86 in

Walker Evans,
*Subway Portrait*,
1938-1941
(*Many Are Called*),
photograph in
black and white

of a critic within the system, through which capitalism pretended to question itself in order to impose itself more resoundingly. The wholesale rejection of this group of artists may cause a reaction. The work of Jack Goldstein, for example, could in no way be confused with that of Robert Longo, no more than Louise Lawler's work could be confused with Barbara Kruger's. But, for Chevrier, the methods of appropriation used by this group of artists in general were too narrow, whereas artists like, for example, Sigmar Polke who "constructs a picture plane that expands in all directions and manages to integrate the image of the illustration, which is the path to communication between literature and the visual arts."

All Chevrier's ideas about the relationship between photography and modern art at this time rested on a hypothesis—now a thesis—formulated by the title of the volume in which it is put forth. Photography is a model for considering modern art as located between the fine arts and the media (*Entre les beaux-Arts et les médias*).[20] "Photography as the primary technique for recording had a fundamental, even defining, effect on modern art. Modern art developed with photography as being located between the fine arts and the media, where 'between' is understood in both senses of the word: an intermediary space as well as on both sides." This thesis is put to the test in the studies of works by Gerhard Richter and Michelangelo Pistoletto, as well as by Patrick Faigenbaum, Becher, Matisse, Bonnard, John Heartfield and Josef Albers.

Though the other volume on photography is a monograph, it is within a set of crossed perspectives. "Walker Evans dans les temps et dans l'histoire" (Walker Evans in Time and History) is dedicated to the famous American photographer, who

20. *Entre les beaux-arts et les médias : photographie et art moderne*, op. cit.

109

since the early 1990s has grown more central to Chevrier's studies. Paradoxically, if only in appearance, that was exactly when his research moved away from photography. Walker Evans represents for Chevrier a perfect example of a literary artist, interlinking the descriptive style of Flaubert and the objectivist lyricism of William Carlos Williams.[21] The photographer who coined the over-used phrase "documentary style"[22] also explicitly declared that photography was a literary art. As the title indicates, in this volume Evans's work is explored in two temporal dimensions. The texts detail, through inspired descriptions and analysis, Walker's images, series and books, while placing the work of the photographer in its history as well as in the long history of modern art. One text compares the work of Evans to that of Henri Cartier-Bresson, another to the Conceptual artist Dan Graham. But the most striking essay is perhaps the one that draws a parallel between the anonymous subjects of photographs taken in the New York subway (which Evans did not publish until thirty years after they were taken)[23] and the portraits that Andy Warhol made in the 1960s. The Pope of Pop Art seems at least as displaced by this comparison as his counterpart in photography. In this juxtaposition with Evans's sooty images of the closed faces of passengers in the nocturne strip of the subway, the Pop Art colors of early Warhol give way to the funereal halo, which haunts the faces of the celebrities, frozen grins geared solely towards the image.

## Structure and Chance

The first two volumes, which tackle different aspects of photography, were published simultaneously, and a third, shorter volume, entitled *La Trame et le Hasard*, acts in a certain way as a preface to the seven volumes. The themes and issues that reoccur in all seven volumes can be found here, as well as an introduction on, as Chevrier describes, "the essential relationship between art and literature via narrative though not to the exclusion of poetry. And then the constructive idea, as well as the field of architecture, also had to be introduced."[24] One can easily imagine how very difficult it must have been for Chevrier and his publishers to link the texts after the fact. Certain texts—several, in fact—have taken numerous paths and could easily have been included in volumes other than the ones in which they were

21. William Carlos Williams reviewed Evan's famous book *American Photographs* on October 12, 1938 for the weekly publication *The New Republic* in an article entitled *Sermon with a Camera*. The text can be found at the following address: http://www.ericmarth.com/newtwine/sermonwithacamera.pdf
22. During an interview with Leslie Katz for *Art in America*, in April 1971, Evans explained the idea of "documentary style" that he had used since the 1930s: "You see, a document has use, whereas art is really useless. Therefore, art is never a document, though it certainly can adopt that style." Leslie Katz, "An interview with Walker Evans," *Art in America* (March–April 1971).
23. *Many Are Called* is the title of the book in which Walker Evans published this series of portraits of a crowd with an outdated look. Their isolated faces, captured without their knowledge in the whiteness of silver salts stand out from the inky night where they are plunged into the twists and turns of the subway.
24. According to Chevrier, the following quote from Walter Benjamin, which is used as a frontispiece inscription in *La Trame et Le Hasard*, provides the key to the whole seven-volume project: "According to Proust, it is a matter of chance whether an individual forms an image of himself, whether he can take hold of his experience."

Josef Albers,
*Hoteltreppen Genf,*
1929, photo collage,
11.61 × 16.14 in

ultimately placed. This interchangeability is particularly patent and deliberate in the case of the two volumes that were published together after the first three: *Des territoires* (*Territories*) and *Les Relations du corps* (*Relationships of the Body*).[25] The latter includes a text that might have been very well suited as an opening to *La Trame et le Hasard*: it is Chevrier's interview with the independent art historian Jurgis Baltrušaitis, who was an important influence during Chevrier's university years. This Lithuanian intellectual—anecdotally, Chevrier had André Chastel introduce him as the first Structuralist historian on a television program—often met with Chevrier when he was a young student at the École Normale Supérieure, and in return Chevrier prefaced the revised edition of Baltrušaitis' *Art sumérien, art roman* (*Sumerian Art, Roman Art*) by an extensive portrait.

> Jurgis taught me three tenets of method: go to the source,[26] be suspicious of "isms"[27] and never forget the validity of Granet's edict: "Method is the road only after one has traveled it." I absorbed all that: a sort of false or constructivist empiricism, except I was more suspicious of theory than of method (a distinction that Jurgis would not make), a little too much I realize.

25. Jean-François Chevrier, *Des territoires* and *Les Relations au corps* (Paris: L'Arachnéen, 2010).
26. Thanks to his dual nationality, Baltrušaitis was able to cross the South Caucasus and follow the path of the works (both small-scale works which went from pocket to pocket and monuments), which caused the migration of the form of Sumerian Art to Roman Art. He traveled on the back of a donkey for many kilometers to carry out this investigation and his studies of form.
27. Chevrier told us that, for Baltrušaitis, all "isms" bore the stench of Communism whose terror and suffering he had tragically observed first-hand. This led him to conceal for a long period the influence of Constructivism on his training in favor of Symbolism. A misjudgment that, ironically, he would only admit to Chevrier later, after having read the text that Chevrier had written about him. Thitherto Chevrier had been afraid to mention this heritage for fear of hurting his friend.

Photograph by Jurgis
Baltrušaitis, 1928

Chevrier would take from Baltrušaitis' first tenet that a confrontation with the work is necessary to the historian, as are original texts. Understanding the studied phenomena requires to imagine being in the moment and the situation where the object of research has been created. Chevrier favored, therefore, source documents and was above all wary of describing artistic situations with entrenched concepts and fixed historical syntheses. This was one way of proceeding with art theory, a way that was gaining ground especially after the human sciences and paraphilosophical theories invaded the field of art criticism. This, as we will see later, is a subject that we discussed extensively. Chevrier refuses to write texts tied up in theory, preferring to describe winding historical frescoes. The long text that gives *La Trame et Le Hasard* its title and opens that volume is an example of this sort of work, revealing the way Chevrier envisions the work of art in a history of modern art that goes from the Surrealism of Ernst and Arp to Mike Kelley and Sigmar Polke, by way of Ellsworth Kelly during his Parisian years and the influence of John Cage and writers such as Mallarmé, Musil and Walser. This polarity between structure and chance as a way of understanding transhistorical artistic tension is a testimony to Chevrier's constant search for a path between the poetry of the works, the experience of the world, and what constitutes the subject. If structure leads as much to the intrigue of a history as to the urban setting or the self-narrative, chance is just as much an auxiliary to artistic creation as an event producing a break in a historical sequence or a way for a subject to conceive life outside all notions of salvation or destiny. The interview with Jacques Herzog (one of the architects of the Herzog & deMeuron partnership) that closes the volume reveals the second constituent relationship of certain works that Chevrier studies throughout: the

The Walker Art Center
designed by Herzog
& de Meuron in 2005

relationship between structure and ornament. In both cases, Baltrušaitis' influence is evident: the interview echoes Baltrušaitis' study *La Stylistique ornementale romane* (Ornamental Roman Stylistics)[28] (clearly a text about structure and ornament) as well as the way, evident in most of Baltrušaitis' books, that he weaves the forgotten historical threads with particular attention to the unexpected events that modify the regularity of the course of history. In his writing, Baltrušaitis would demonstrate triumphant awakenings of marginal artistic works that had formerly gone unnoticed, as well as migrations of form that allow the transposition of one artistic system to another.[29] There is no doubt that *L'Hallucination artistique* will continue this tradition. Its interest in the aberration of the perception of realism is parallel to Baltrušaitis' interest in the aberration of corrupt perspectives and in similarity revealing itself (the "demon of analogy" of which Mallarmé speaks). Aberrations and extravagances in "the life of form"(to use the expression of Henri Focillon, of whom Baltrušaitis was the son-in-law) are

28. Jurgis Baltrušaitis, *La Stylistique ornementale romane* (Paris: PUF, 1931). Excerpt translated in Wylie Sypher (ed.), *Art History: A Anthology of Modern Criticism* (Gloucester, MA: P. Smith, 1975), 116-131.
29. "Baltrušaitis only wrote one text on method in which he explained a Structuralist method for art history. Working in parallel with him in the 1920s was a certain Bernheimer, a critic who wrote on the influence of Sumerian art on Roman art. Bernheimer, using a "comparative-impressionist" method, compared things term by term. But Baltrušaitis' interest did not lie in comparing one element to another element, but in comparing two systems, two structures and showing how it was possible to go from one to the next. For him, it was through the migration of form that this transposition of structures was possible. *Art Sumérien, Art Roman* is one of three or four books crucial to 20th-century art history because it shows that the Sumerian system affected the Roman art system, that there is a structural homothety between the two and that, if one could be transposed onto the other, it was the migration of form that ensured the transfer. That's how Baltrušaitis studied the Transcaucasian Highway."

objects of passion for Chevrier, an aspect of his research that is too often over-looked in superficial readings, which gave rise to his work on photography.

It is perhaps in Chevrier's text about Anni Albers' rediscovery of Mexican miniatures and the place they have in her work that his project becomes clearer. "For both of them—Josef from painting (and photography) and Anni from textile—the creations of ancient South American cultures were a revela-tion and a confirmation: the same ornamental complexity can link monuments and objects, visual structures and surface patterns, pictography and abstraction, without necessarily resorting to the unifying effects of a 'style' (in the sense of an 'International style' of the sort used to define modern architectural princi-ples). This complexity was, in their eyes, obvious. They would also find it in the contemporary environment, as Josef Albers' photographic montages attest. It could be transposed onto the intuitive and scholarly language of geometry and color."[30] As he later writes, Chevrier is searching for a notion of perma-nence in art, which is not the same as Arendt's permanence of a work of art. It is, rather, the "*permanence* of patterns and devices of experience in forms."[31] The term "form" was of course to be understood very loosely (as much the drawing as the tableau, the collage as the book, etc.) This permanence consti-tutes a "memory of form" that facilitates dialogue and transmission by artists. Indeed, this permanence, which is about transmission by experience, is more likely to facilitate a incorporation of the vast work that modernity has created and is still involved in, as it attempts to participate in a transformable world, than the permanence of the work of art, which is about transmission of knowledge and culture. One might try to understand this in relation to what artists themselves try to do—whether Kandinsky in his *Der Blaue Reiter Almanach* or the protean work[32] of John Coplans, who was one of Chevrier's closest friends and the sub-ject of long discussions. This permanence becomes tangible in some of the vol-umes through what we might call "montage journals." These show Chevrier's interest not only in interpreting, analyzing and commenting on the works, but also in showing them and showing the relationships between them via the con-ception and installation of an exhibition. This practice is deployed throughout the pages of these journals. These small exhibitions appear like miniature echoes of a Benjaminian project for a book made solely of a montage of quotations.

Body And Territories

The ambiguity of Jean-François Chevrier's terminology is sometimes problem-atic: important terms are often resituated in their historical origin and contex-tual usage. When we questioned him about the term "experience," he admitted

---

30. "La mémoire des formes," in *La Trame et le Hasard*, op. cit., 81.
31. Ibid., 84.
32. This term is to be understood in every sense to represent the different aspects of the artist's pho-tographic work as well as his many activities in the field of art: he was the director of *Artforum* and an art critic who has left a rich body of literature.

Rémi Zaugg,
*Furkapass*, 1988,
performance

that it is steeped in a certain vagueness, a constituent indefinition. "It is perhaps best that way. The point of this word may well be to contrast it with other words, and to present a sort of vagueness. It is one of those terms that functions by contrast. I had already realized that the notion of "realism" only makes sense within a framework of contrasts (realism versus idealism, the picturesque, naturalism, etc.) that gives it definition. The notion of experience may perhaps be in the same category."

This notion of experience plays a fundamental role in the fourth and fifth volumes—*Les Relations du corps* and *Des territoires*—which were published simultaneously for apparent reasons that Chevrier underlines in one of them: "The notion of territory is in fact inseparable from the experience of the body."[33] Echoing one of the meanings of the name of the Arachnéen publishing house (arachnidan), the image of the spider that weaves its own territory is used as the ultimate point of interrelation between these two notions and, as such, as a representation of a human being's dream.

This pattern of the spider web refers to the interest of Chevrier in the outline in space, a common place of modern art.

> The outline, within its psychographical dimensions has always seemed to me to be the basis activity proper to modern art, beyond the drawing defined in the fine art system as the common denominator of painting, sculpture, and architecture. That's why also I am so interested in the pattern of the spider web. There is for me here a counter-model to the incantatory celebration of networks.

33. "Des territoires (L'Intimité territoriale)," in *Des territoires*, op. cit., 12.

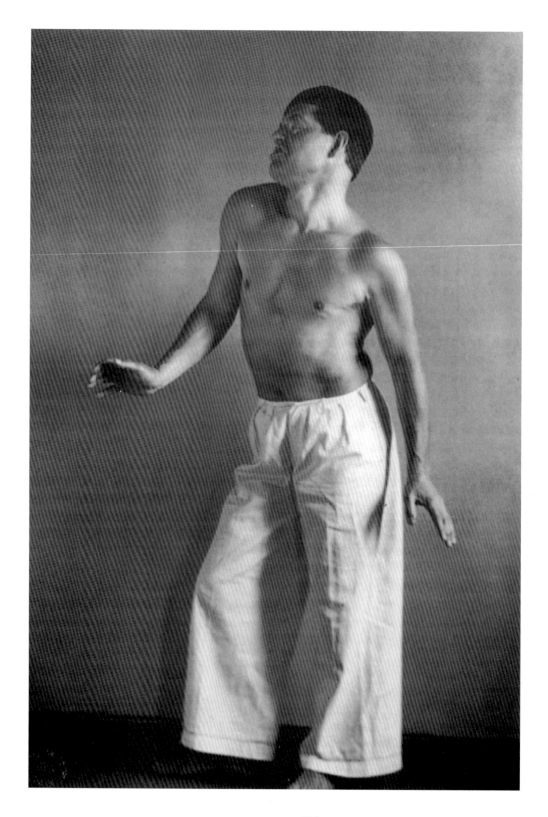

Left: August Sander,
*Raoul Hausmann als Tänzer*,
1929, silver gelatin print,
11.22 × 9.56 in

Hélio Oiticica,
*Nildo de Mangueira with
Parangolé P 16 cape 12*, 1964,
performance

117

Two texts by Raoul Haussmann pertain to the same thought through body and photography[34]. Likewise, a long study on Matisse examines both the relationship between artist and its models and the hold of the "outline" in compositions where the relationships of attraction and repulsion between bodies are distributed around the disorganized verticality of the plumb line[35]. This text, published at the beginning of the *Relations du corps* (Relationships of the body) dialogues with the one dedicated to Barnett Newman,[36] which ends *Des territoires* (On territories). The exchanges between the two volumes are continuous. They draw out many aspects on the relationship between Œuvre et Activité (Artwork and its activity) which forms the title of the last publication planned for 2013. Because although these two notions, body and territory, may seem heterogeneous to the art object, they are, in fact, a consubstantial part of artistic activity. And Chevrier's essays make particularly patent an experience—in my opinion is fundamental—that which has been revised by modern art, but that is still very misunderstood and little observed: artistic activity filters through and reveals itself in the art object it produces. This activity may be rendered noticeable in a direct fashion by evidencing how the work was made; or it may be stated by the artist himself as he presents his action (with or without mediation), or it may be distilled by disparate elements which facilitate a self-narrative presented by the artist.

> Activity is anti-institutional. It can be defined as that which does not give rise to a work.It can also be defined with Konrad Fiedler, the German theorist who adapted early nineteenth-century Romantic theory to the reality of his time. The third definition of activity can be defined in a way that allows the avoidance of action-contemplation distinction so common in Western history (cf. Hannah Arendt). Activity is as present in action as it is in contemplation, which is not, contrary to what one might say, passive: it must be understood that activity is part of passivity. The fourth definition can be found in Marx's *Theses on Feuerbach*. This updating of activity is the fulcrum of Marxism as a philosophy of praxis.

For Chevrier, the work of art is by no means independent from the existence of the artist. So it is hardly surprising that he is currently working on "the biography," which will accompany an exhibition at Madrid's Reina Sophia Museum, whose director Manuel Borja-Villel has already worked with Chevrier on several occasions. Neither is it surprising that this project about biography derives from a research that refuses to separate art from literature, especially from the perspective of the psychoanalytical "self-narrative" as revised by Freud.

---

34. "Les relations du corps, Gal amant de la reine," in *Les relations du corps*, op. cit.
35. "Henri Matisse. L'attraction des corps," in ibid.
36. "L'espace intégral selon Barnett Newman," in *Des territoires*, op. cit.

Freud was interested in what happened in people's lives. He didn't put himself in the position of a positivist doctor who observes and diagnoses an illness in order to intervene mechanically to heal the pain. Freud believed that the subject's illness was the product of his biography and that the subject had to work in relation to that illness. Psychiatry, which is based on psychophysiology, used systems of classification where biography was of almost no relevance. The importance of biography seems so awkward to the world of medical science that Lacan felt the need to remind people of the biographical dimension.[37] While working on all that, I realized that one of the central methods for biographical writing in modern art—particularly in the twentieth century though there were important precedents in the nineteenth century such as Nerval—is "individual mythology," an expression used for the first time by Albert Béguin in reference to Nerval. We're not talking about autobiography here. Max Ernst talks about himself in a legendary mode, which distinguishes itself from autobiography. Both the interior and the exterior gaze are at play, communicating with each other. The two threads in our work on biography consist of two opposing approaches: that of "construction" and "individual mythology," both of which are driven by the same dynamic. Unlike biographism which functions according to the classic model of the linear narrative of a life and work of art, we are creating biography's spatialization by articulating a construction and an individual mythology. Biography uses a construct with various elements, whereas individual mythology extracts official data and basic information from the biography of an individual to project it onto what we might call another space. And it is the image of the body that is at play here.

Since his concern is activity, Chevrier is more interested in discussing the body and territories than the traditional pairing of figure and place.[38]

Territorial Intimacy

It was at the occasion of an essay on the photographic work of Marc Pataut, whose subject matter is the homeless of the Cornillon industrial wasteland (before they were thrown out in order to build the Grand Stade de France stadium) that Chevrier formulated the idea of "territorial intimacy." This ambiguous idea can be understood in several ways.

In terms of urbanism, the notion of territorial intimacy might seem like an oxymoron. It is an alternative to the private-public distinction, one that arose from the crisis in the private-public duo. This crisis can take on several guises, the most striking of which is exclusion. One can also take the

37. See especially Jacques Lacan, *Le Mythe individuel du névrosé ou Poésie et vérité dans la névrose*.
38. Pierre Francastel, *La Figure et le lieu: l'ordre visuel du Quattrocento* (Paris: Gallimard, 1967).

Jeff Wall,
*War Game*, 2007,
silver gelatin print,
97.2 × 119.1 in

expression "territorial intimacy" at face value and consider its two elements: "intimacy" and "territory." At that point we come back to a territory that is endowed with certain qualities of intimacy that relate it to the domestic life model. It is above all the first interpretation that I wanted to signify, but here is another marvelous example of ambiguity.

Resolutely distinct from the territories of intimacy, the notion of "territorial intimacy" describes relatively simply the intimate relationship experienced with a territory (see *Le Territoire de Kotzsch* [Kotzsch's Territory]) but, beyond this literal definition, it refers more widely to an experience of territories as distant from the private domestic space as it is from a public space experienced in a normative and regulated way. This idea "describes an experience of appropriation that alters, or even subverts, the private/public distinction on which are based the separation and discrimination of functional, homologous spaces. [...] The experience—or even the production—of territorial intimacy requires on the other hand a permanent redistribution of the private/public relationship with its interior/exterior correlation, which takes us back to the structure of the body itself. Hence the importance of the effects of the threshold and liminal thought in general, which should not be reduced to boundary games."[39] Marc Pataut and Jeff Wall's photographs of people without legal homes, people whose existence is displaced to a generally residual public territory, illustrate this idea of territorial intimacy very well. Even though territorial intimacy is not reducible to the homeless condition, it does require, in one form or another, an experience of exclusion. That is necessary for a different experience of the environment, one resulting from an investment in the territory of life beyond the domestic shelter or, rather, when that shelter is itself a vehicle for—rather than a break with—the environment."[40]

For several years, Chevrier's thinking on modern art has comprised of his conception of the urban, the city and architecture. Chevrier has established an analogy between the image and the urban through their respective relationships to the tableau and to the city: "The tableau is not—or is no longer—the truth of the image, just as the city is no longer the truth of the urban; it is, rather, its homologous historic form. The tableau allows the image to be kept at a distance. It establishes a place within the space. It produces a threshold of visibility that participates in the ritualization of the image. But this threshold is also a frontier, a zone rather than a pure line of division. The image cannot be contained within the tableau, just like the urban cannot be contained within the city."[41] This analogy helps us to understand the pleasure that Chevrier takes in the work of Jeff Wall, which he has extensively discussed: "Jeff Wall, within the framework and focus of the tableau, deals with the expansion specific to urban imagery."

The 1990s And Globalization

Although Chevrier wrote for *Galeries Magazine* during the late 1980s and early 1990s, he always avoided writing texts of any sort for galleries themselves. He also refused to contribute to *October*, *Parkett*, and *Artforum*. When questioned about this particularly defiant position with regard to magazines, he gave several reasons from his low regard for the way they theorize art to his criticism of how, in his view, they are often wedded to market forces. He considers it preferable to work at a distance from the places of occupation and war machines that these magazines constitute, rather than to try to infiltrate them in the hope of making a different voice. At the risk of withdrawing to a restricted working community, in 1994 Chevrier became involved in establishing a seminar on the relations between art, society and the economy, entitled "Des territoires" (Territories) at the École des Beaux-Arts. In 2001, this project led to an exhibition at the school's art center.[42] Guests from all backgrounds

39. *Des territoires*, op. cit., 23.
40. Ibid., 20.
41. "Note sur le lieu urbain," in ibid.,132.
42. The presentation, history, and current news on the seminar can be found on the site http://www.desterritoires.com/

have participated in the seminar over the years in order to discuss their theories and experiences with the audience. It has thus provided an opportunity to communicate local experiences without resorting to the current standards and institutional hierarchy, which are too often dictated by power interests. From this perspective, Chevrier is probably more interested in the development of solidarity networks than in the creation of Radiant Cities (Cités radieuses). Nevertheless, the seminar now seems to suffer from a certain degree of isolation, which tends towards insularity.

Very soon after the seminar was established, Catherine David, in charge of Kassel *documenta X* (1997) asked Chevrier to work with her on that exhibition and its catalogue. This project ended badly pursuant to disagreements with David; Chevrier quit before the event opened or the editorial for the accompanying book was complete. The conception of the catalogue was more or less finished but, since it was far too long, certain portions had to be taken out. It contains some very important interviews (with Benjamin Buchloh, Jacques Rancière and Gayatry Spivak), mostly conducted by Chevrier, who also devised the book's framework:[43] it is broken into large sections that correspond to periods from art history starting in 1945 (the date of the first edition of *documenta*) to 1989, in eleven-year cycles.[44] The *documenta X* was placed under the auspices of the Marcel Broodthaers, from whom it borrowed the expression of the political world crossed out and replaced by the poetic world.[45] The catalogue for the documenta (a summa on the history of art and thought since the Second World War), the exhibition (which connected living artists with historical figures), as well as the organization of one hundred days of conferences, were intended to evidence the assessment and open-mindedness of that particular moment of transformation.

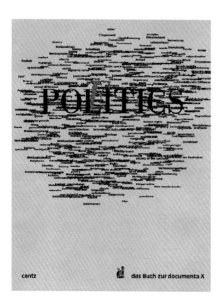

The 1990s were years of intense transformation, the most obvious of them being: the globalization of capital,[46] the Balkan Wars, the establishment of both Neo-Liberalism and Neo-Conservatism, the spread of the mass media on the internet, and the beginning of a reconfiguration of the world political map that continues today. Indeed, that reconfiguration has meant the undeniable emergence of geopolitical issues (mostly involving north-south disputes) that had been kept at bay by the Cold War, giving rise to

Cover of *Politics: Politics-Poetics, Documenta X–the book* (Ostfildern-Ruit: Cantz, 1997)

43. Catherine David (ed.), *Politics: Politics-Poetics, Documenta X–the book* (Ostfildern-Ruit: Cantz, 1997).
44. Numerology plays a secret role in Chevrier's ideas.
45. Broodthaers, a fundamental figure for Jean-François Chevrier, has not yet found a place in the volumes that have already been published. He, along with Oyvind Fahlström—about whom Chevrier has written an important essay—is not mentioned here.
46. Economist François Chesnais was one of the first guests at the seminar and conference on the globalization of capital; his visit had a catalytic effect. See his book: François Chesnais, *La Mondialisation du capital* (Paris: Syros, 1994).

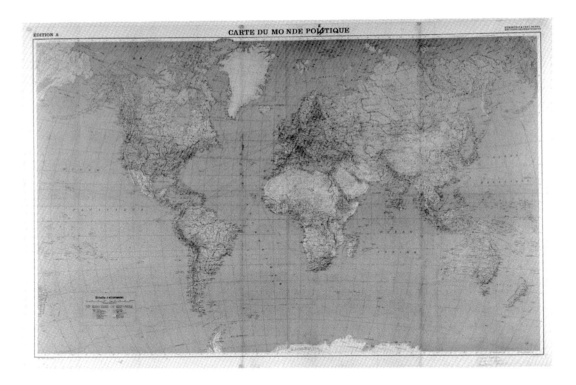

numerous conflicts and wars of intervention. These years when Europe was being reconstructed at a quickening pace witnessed various manifestations of nationalist pressure, growing fundamentalism and an isolationist withdrawal into identity. The texts in the two volumes on the body and territories, which were originally written in parallel with the seminar and *documenta*, reflect upon these changes in an oblique way and encourage a conception of territories shielded from any theological-political exploitation. Free from any sort of exclusive ownership, this conception posits instead bodies communicating through play and experimentation rather than identity, performance or possession.[47]

It is in the context of the 1990s—when connections between artistic activity and the human and social sciences saw a staggering growth—that one questions the possibility of a globalized culture or theory.[48] It is also during those years that the relationship between art and theory underwent a transformation wedded to the very notion of theory.[49] Theory became an idea as inclusive as it

Marcel Broodthaers, *Poetic map of the world*, 1968, paper on canvas, 45.66 × 71.25 in

47. The practices of Lygia Clark and Klaus Rinke converge with those of Raoul Hausmann and Marina Ballo Charmet, as well as the photographic work of Helen Levitt, Robert Adams and Rem Koolhaas' *The Generic City*. Indeed, Chevrier did a surprising interview with Rem Koolhaas, which appears next to *L'Espace intégral selon Barnett Newman* (Integral Space According to Barnett Newman) in the volume.

48. This was the question posed by Étienne Balibar during his conference as part of the 100 days of *documenta*. The conference, entitled *Une culture mondiale?*, was published in Étienne Balibar, *Droit de cité, culture et politique en démocratie* (La Tour d'Aigues: Éditions de l'Aube, 1998).

49. I take the liberty of referring to my own text on this point: "L'Art et la Critical Theory," *Critiques*, no. 759-760, (August-September 2010).

was seductive; its vastly heterogeneous discourse was appropriated by works of art and commentary on them, using a sort of conceptual paraphilosophical bricolage that borrowed from a number of disciplines and thinkers. Beyond the French corpus (Lacan, Baudrillard, Foucault, Deleuze, Derrida, Bourdieu, Rancière, etc.) and the German corpus (Benjamin, Adorno, Arendt, Marcuse etc.), a whole wave of thinkers from different backgrounds were engaged in theoretical reflection on the state of the world and new social and political issues (Judith Butler, Édouard Glissant, Edward Saïd, Fredric Jameson, David Harvey, Giorgio Agamben, Mike Davis and Gayatri Spivak, to name but a few). Yet, neither of these players, nor the heterogeneous French School (once called the poststructuralists), nor the melancholic and negative Critical Theory instituted by the Frankfurt School would really recognize their own characteristics, which were often deformed in the joyous eclecticism of references and quotations in texts (on culture and society) that drew from concepts formulated in Critical Theory. Indeed this term refers not only to the works of the authors cited above, but also to theoretical practices that involve assembling, like a patchwork, ideas from their artworks as well as the human and social sciences. Although these practices demonstrate an openness and a fruitful dialogue that inspired debates and yielded beneficial effects, they also tended to fix concepts in definitions that threatened to make them spin on their own axes like a theoretical hamster wheel.[50]

Yet, this irrepressible bricolage—whose adherents included professors and militant collectives, well-established media commentators and art critics—was a response to the need to imagine a world that was becoming globalized and homogenized under the influence of capital. This gave rise to a permanent mobilization of theoretical discourse dealing with varied subjects on power relationships in the current world—whether they took the form of the commodification of life or the alienation of work, minority identity politics or cultural decolonization, the control of knowledge or the manufacture of opinion, etc. There again the effects of this bricolage were ambiguous. On the one hand, the use and appropriation of certain concepts put those concepts to the test and required that they be rearticulated in different situations. On the other, the risk of incessant circulation and recycling was to rip from their roots thoughts and concepts elaborated in a specific work and context, and thus, strip them of their incisiveness.

How possible is it really to engage in criticism in a world with giant dimensions, a world dominated by the generic city described by Rem Koolhaas?[51] And how should these accumulations of explanations be perceived, as they pour into the world and travel to the four corners of the planetary network like so many trails of gunpowder attempting (often in vain) to make their way to fuses and detonators?

50. Leafing through the dictionary that serves as a reference to Critical Theory in the English speaking world is enough to note these two points: David Macey, *The Penguin Dictionary of Critical Theory* (London: Penguin, 2011).
51. "Changements de dimensions, entretien avec Rem Koolhaas" in *Des territoires*, op. cit., 48–75.

There is one difference between theory and method. For someone like me, loyal to his Marxist heritage, theory goes hand in hand with practice; without practice, theory is at best speculation and at worst delusion (a delusion that is unlikely to become creative). Theory should clarify and guide practice, it should not be judged with regard to itself but with regard to practice. What displeases me enormously today in theoretical practice is that it replaces social practice, especially in the social sciences. It is astonishing to witness, on the one hand, the staggering number of explanations for the crisis and the development of globalization, etc. and, on the other, the tiny number of actions taken by those who write those explanations. The discrepancy is truly astounding, and the old adage that those who go through a situation of social domination know more about it than those who observe it from the outside has shown itself to be true. I myself feel the lack of participation in a collective practice (outside my teaching). As my capacity for intervention is restricted, I refuse to engage in this theoretical compensation that I criticize others for. In my texts, therefore, I reduce the possible satisfaction I could derive from creating fine theoretical objects, even if I produce theory and concepts—which, incidentally, is what we have talked about for this entire interview. Only those models are never presented as such, but rather in connection to historical, critical or educational practice.

Art, History, Theory, Criticism

Chevrier's distance from theory is paradoxical to say the least. One might be tempted to point out to him that he has an impressive capacity for theorizing. But his suspicion of theory seems aimed at essays where conceptual manipulations obstruct precise analysis of complex situations, works that flatten rather than provide greater depth by assigning socio-political commentary or, on the contrary, engaging in a mystifying sacralization. Due to the effects of theory, artists' drive to action is often turned into a desire to give meaning or to transcend. It is still unclear why such methods should monopolize the use of the term "theory." Just as one could temper the distinction between doing and signifying or being—easier to do in language than experience—one could also criticize Chevrier's radically overstated defiance of theory, which is observed harshly from the perspective of history whose authority is based on facts. A theoretical invention sometimes provides clarification and renewal of an element from the past that has gone unnoticed in later analysis. Kant emphasized that thinking is not an activity linked to knowledge but rather an exercise in freedom. This is why a legitimate suspicion of all positions that declare a rejection of theory—which Chevrier doesn't conform to in these texts—must be understood more as a caution in the face of the misleading effects of intelligibility and an insistence on historicization. From this perspective, without crossing out the vitalizing effects that Critical Theory could (and still can) produce, we

Raoul Hausmann,
*20. Februar 1932*,
1932, photograph
in black and white,
6.69 x 9.21 in

can understand its participation in the art of a problematic substitution that Chevrier describes in the following terms:

> The relationship between artistic activity and the human and social sciences has replaced the fine art system. This change has not been sufficiently recognized, though it should be glaringly obvious. In the background, there is the model of nature, which has been succeeded by what we might simply call life (even though the model of nature is currently being reinvested, especially in architecture). This promotion of vitalism over nature in modern art had at least two milestones: the work of Odilon Redon (of whom André Masson spoke using the term "fantastique biologique") and the work of Edvard Munch. Today, the rise of political ecology has brought about a reinvestment in the model of nature, though we cannot yet see exactly how (because there is a problem with the flow of skills in the face of the current abstraction of natural sciences). And it is for these reasons as well that the fine art system, or what is left of it, has become one of the most important other places of the sort that modern art needs to feed and reassess itself. Of course, I reject any notion of restoring the fine art system, but I also refuse to deny the ongoing presence of some of its elements. I try to identify them in an effort to guard them from being both relegated and misused by reactionary theorists.

The drafting of the last book, *Œuvre et Activité*, which deals with the relationship between art and politics, confronts Chevrier to an even greater extent with the problem of exposing his method and his relationship with theory. But the ideas of work and activity, and the connections between them, have already

126

shed light on Chevrier's work. The texts brought together in these first five volumes have been, for the most part, the fruit of circumstance. Although they are a testimony to Chevrier's historical and critical activity, it is only in retrospect that their revision, with rewriting, additions and montages, makes up the work. They also demonstrate an intense writing practice, which borders on the graphomania that Chevrier finds so fascinating in the work of Artaud, in Robert Walser's micrograms or in a page by Nerval saturated of genealogical speculations. Critical, historical and theoretical production is, for Chevrier, inseparable from the activity of writing, with its process of concentration and the inscription of an a priori formless thing, mainly thought. His recognizable style is particularly pithy. He examines his subject with subtle and tight wording. The sobriety of his writing excludes the effects of style without excluding obvious pleasure in qualification and restrained lyricism. His writing rests on transitional research, even if it often condenses and links complex thoughts that oblige the reader to follow it carefully. Chevrier's texts can be disorientating. Never an end in themselves, they do not result in the solution of a problem or in the end of the story. They are instead conceived as paths to be walked, sometimes at the risk of getting lost. Faithful to the tradition of ekphrasis, Chevrier's writing operates through descriptions, definitions, qualifications, comparisons and discriminations, so that, by means of intersection and association, different aspects of the works and ideas surface. But his writing is also driven by a closed conception of the critical exercise. In the interview with Rem Koolhaas, Chevrier formulates a definition that he credits to the Dutch architect but that is pertinent to his own work as well: the attempt to "free the critical gaze from all melancholic bitterness, giving it a hold on the present from which it tends to divert." He also speaks of "combating idealism with idealization" and adds that the critical view "becomes a way of isolating the present from itself," "rather than a way of remaining isolated from the present."[52] This latter concept, which is relatively condensed, echoes Mallarmé, whose words act as an epitaph for all seven books: "He who would proclaim himself his own contemporary is misinformed."

## No Postmodernism

For Chevrier, the umbrella term "contemporary," that for around thirty years has been used to describe art today does not include the idea of "after modern art," or a new artistic era. We are still within modern art, which it must be understood, is not a historic period but a process:

> It can be noted that institutional art history in France has never included modern art as a process that encompasses the current. It has always been considered a period in art history. I have always felt passionately that art is

52. Ibid., 62.

a process. Unless we think about it this way and stop distinguishing modern art from contemporary art, nothing will be right. Modernism/postmodernism has, alas, established and fixed an erroneous vision, which is why I don't use this theoretical duo in my work. It's not that I particularly like the expression "modern art," but, since I haven't found a better one, I continue to use it. I would say that the history of modern art as a process has been reinvented three times or, rather, I have observed three inventions of modern art. The first was in 1747, with the publication of the first critical review of a salon written by Étienne La Font de Saint-Yenne. It was the first time that a critic had commented on works presented to an undetermined, open public: the modern public. And thus a paradigm for modern art was invented, one that could be expressed as: "work–presentation–commentary." The artist makes a work that is presented and then subject to a commentary. This was the first paradigm of modernity because it was the first time that art was addressed to a public. Obviously, this idea remains active and decisive in the practice of art today. The second invention of modernity took place in the nineteenth century with photography, which falls "between the fine arts and the media." The third invention of modern art took place in the twentieth century, creating the second paradigm: "activity–information–debate." Artists carry out an activity that may or may not produce a work: the work is not necessary. Therefore, there is information about this activity, then a debate; a debate mostly about what art is, a debate on the definition of art. This new paradigm appeared during the First World War with Cabaret Voltaire, Dada and Duchamp, and the acknowledgement of the failure of the bourgeoisie—which was incapable of working in the interest of the public. This break with the liberal bourgeois model and the destruction of its value system meant that the work became suspect. But it is my hypothesis that the second paradigm only exists in relation to the first; both are still relevant, and we need both—keeping in mind that the tension of these two paradigms takes place between the fine arts and the media.

Understanding modernity outside the limiting debates on modernism and postmodernism makes evident how this association has sanitized and buried the most important and fruitful issues raised by modern art. It is perhaps vain to revisit these terms here. Modernism had two different meanings at two different moments in history as it dealt with two different artistic scenes. Modernism first represented a particular understanding of European art between the two World Wars; marked by the debates surrounding the new architecture of the time. Unfortunately, modernism has come to be seen retrospectively as a series of broken promises: the construction of an ideal society that was faithful, in its organization and urban construction, to the utopias of the radical avant-garde artists, heralding a new world and new mankind. This modernism, which aimed at a symphonic diffusion of art into life, would secede with the rise of totalitarianism and the Second World War. One might consider it to have been renewed in a rather negative way by some of the conceptual art of the 1970s, echoing the demonstrations and political battles taking place in the West at that time. The second modernism is strictly American. Theorized by Clement Greenberg, it reversed the first modernism's tendency towards the total work of art, proposing instead a strict separation of the arts, as well as a radical separation between art and life. The insularity of this modernism was founded on essentialism: an exclusive reflexivity for each field of the arts that demanded that artistic categories be "purified," each emphasizing its own specificity on the basis of characteristics specific to it and no other (painting should concentrate on the picture plane, sculpture on weight, etc.). A precise ideological operation was hidden behind this apparently formalist operation, one that aimed to show that if the hegemony of American capitalist power spread—and it had, due to the reign of commodification—it would open up spaces for an art capable of producing artifacts that transcended this commodity-like aspect by virtue of their aesthetic properties. These same properties, it was thought, would distinguish art from ordinary objects. Whatever definition we give postmodernism (and there are many possible definitions), it is always seen as a new historical period that follows one or another (or several) of these modernisms. Through the effect of extrapolation, postmodernism came to symbolize a belief that modernity was not, as Habermas had wanted it to be, an "incomplete project," but rather a closed historical sequence. Postmodernism—with the help of restrictive visions of modernism that it assimilated and defined itself in relation to, enjoined modernism to perpetuate a distorted understanding of modern art, in which tensions and contradictions have been dumbed down. Because it is more inclusive and less charged ideologically, the term "contemporary art" has ultimately been favored; it has become a proper name (or rather, an improper name: contemporary of what?) for art from the last thirty years. But this terminology implies the idea that current art is detached from modern art. By artificially freezing the process in time, the terms "postmodernism" and "contemporary art" give the impression that we have learned what modernity is. The consequences of this are familiar to us: declaring that modernity has been achieved amounts to saying that we have exhausted its resources and that it can only come to us in the weakened forms of *lamento* or Operetta.

Shifts

Thinking of modern art as an ongoing process means recognizing that we are still unaware of its potential and that we can revive its efforts and re-examine its concerns from both an aesthetic and a political perspective. This requires stepping outside the *doxa* of the established narrative of the history of modern art and reopening the archives sealed by the "isms" of art. This is just what Chevrier sets out to do. Even if we might regret that young artists are not really represented in these texts and that he cites so rarely other historians and

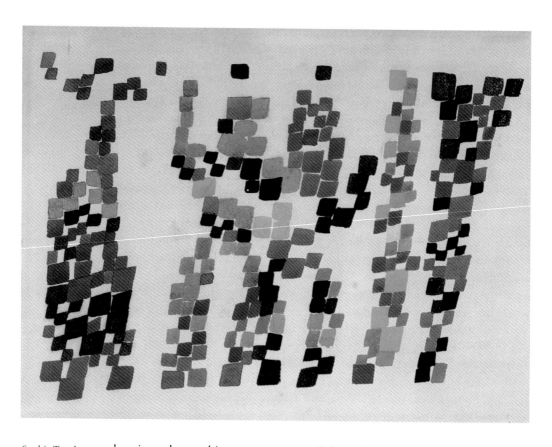

Sophie Taeuber-Arp, *Taches quadrangulaires évoquant un groupe de personnages*, 1920, gouache over pencil on paper

theorists who are his contemporaries,[53] he still helps us to explore the links between modernity and democracy, as long as we think of the latter as a process as well; with the tensions, contradictions, and constant challenges which that implies. This runs counter to both a utopian vision of a world that has been renewed and a cynical vision of a world headed for destruction. All of this will undoubtedly become clearer in the seventh volume, *Œuvre et Activité*. But these issues can already be felt in the subtle shifts that Chevrier proceeds with when observing certain traits of modernity, ones that have hitherto been neglected. There is room for only a few examples here. For instance, Chevrier is interested in ductile constructions characteristic of the joint work of Hans Arp and Sophie Taeuber, which focuses on "mobility" rather than visual "dynamism." Although the latter was conceived by Constructivist theorists, as a metaphorical figuration of progressively ascending construction in an ideal and predetermined society, the former may perhaps be understood as a metaphor for political construction that includes play, without a fixed agenda or declared aim. It is above all in the works that the poetic and political conception of "non-authoritative Constructivism,"[54] unharmed by ascetic dogmatism, is presented

53. We did not have time on the day of the interview to talk about what Chevrier thinks about the social history of art and of thinkers such as T. J. Clark with whom he shares certain research subjects.
54. "Sophie Taeuber. L'Instinct ornamental," in *La Trame et le Hasard*, op. cit.

Helen Levitt,
*New York*, 1938,
gelatin silver print

and experienced. The visual mobility at work in these two unclassifiable artists is not a dead letter since, surprisingly, Chevrier discovers it in another context that does not, initially, appear to be related: the perspective of American photographer Helen Levitt, a figure long overlooked by the world of art until *documenta X*. Chevrier writes that her images of children playing in the streets of New York's working-class neighborhoods "favor lyrical mobility over visual dynamism."[55] He adds: "Levitt places herself alongside Arp's Neo-Romantic naïvety rather than the critical rage of [Carl] Einstein. But both these attitudes communicate: the call of the naïve is a form of revolt."[56]

The theme of naïvety recurs several times in Chevrier's texts. For him, it is clearly a response to terror and cynicism, and a way of disarming their power. Naïvety is to be understood as much in the approach of Cabaret Voltaire's Dadaism—about which Hugo Ball wrote "This is our *Candide* against the times"[57]—as a way of avoiding the sort of polemicist postures found in so much institutional critique of today's art (which comes from Postconceptualism, radical chic and relational aesthetics). Similarly, the notion of "project"—whose

55. "Helen Levitt. Jouer, tracer," in *Les relations du corps*, op. cit., 143.
56. Ibid., 135.
57. Hugo Ball, *La Fuite hors du temps*, Journal 1913–1921, preface by Herman Hesse (Monaco: Éditions du Rocher, 1993), 139.

heyday was rational and technicist architectural programs for town-planning—means that today contemporary artists are forced to present their future works in written form in an administrative fashion, even before they have been experienced. In response to the project, Chevrier posits the notion of "attempts" borrowed from Fernand Deligny who worked with autistic children in the Cévennes and whose thinking served as a direction for the discussions that took place at the seminar and the collective exhibition *Des territoires*.[58] Against the functionalism of our time, the "attempt" places "emphasis on improvisation and bricolage," taking into account "the play on circumstance." Just as the future perfect tense that Chevrier declared specific to the photographic operation safeguards the illusion of "contemporaneity," the enigmatic figure, which reappears in Chevrier's writing, may well serve to confront us with the basic ignorance underlying our relationship to the world and ourselves. The reoccurrence of this figure in art history allows us to protect ourselves from a conception of the work of art as a conveyer of statements of knowledge, and from anticipating the effects of art on the crowd, which is distinct from the public.

## In Conclusion

From Sophie Taueber-Arp's non-authoritative Constructivism, to Mallarmé's restrained action or territorial intimacy, one can perceive the political undertones of Chevrier's research. When society is not, as it is today, indifferent to avant-garde art but demands distressing, provocative or spectacular contemporary production—by, for instance, creating networks for distribution that range from the local funfair and other urban events to a worldwide system—the problem becomes how to take seriously art's potential to make fundamental issues real for the individual or for the collective. *Œuvre et Activité* will be the opportunity to confront the subtle relationship between "the work of art and the public thing"[59] and to make connections between modern art and the Western democratic space where it is deployed. In his famous 1984 text: "Qu'est-ce que les Lumières?" (What is Enlightenment?), Michel Foucault maintained that it was necessary to "envisage modernity rather as an attitude than as a period of history."[60] This attitude is, Foucault goes on, "A bit, no doubt, like what the Greeks called an ethos. And consequently, rather than seeking to distinguish the 'modern era' from the 'pre-modern' or 'postmodern,' I think it would be more useful to try to find out how the attitude of modernity, ever since its formation, has found itself struggling with attitudes of 'counter-modernity.'"[61] Echoing Baudelaire in *Le Peintre de la Vie Moderne* (The Painter of Modern Life)—which also occupies a fundamental place in Chevrier's work—when he

58. "Pour suivre," in *Des territoires*, op. cit., 24–31.
59. Jean-François Chevrier, *L'Any 1967, l'objecte d'art i la cosa publica: O els avatars de la conquesta de l'espai* (Barcelona: Fundació Antoni Tàpies, 1997).
60. Michel Foucault, "What is Enlightenment?," in ed. P. Rabinow, *The Foucault Reader* (New York: Pantheon Books, 1984), 38.
61. Ibid., 568.

describes this approach to modernity, Foucault says that the task of the artist is "transfiguration, [which] does not entail an annulling of reality, but a difficult interplay between the truth of what is real and the exercise of freedom."[62] And he ends this passage with: "Baudelairean modernity is an exercise in which extreme attention to what is real is confronted with the practice of a liberty that simultaneously respects this reality and violates it."[63] We find this same polarity in Chevrier's thinking on the field of perception. Chevrier questions as much the mechanical description of the world as the hallucination of the gaze, and he seeks their correlation. The artist, as Chevrier continually underlines, works in the observation of the world just as he works in "the interior of the view."[64]

"The word 'view' has a double meaning, an amphibology that in fact means 'veduta' as well as 'vision.' Raymond Roussel's work *La Vue* (The View) was fundamental to me."

This dialectic can also be found in Chevrier's incitement to "let the 'vision,' or at least the imagination, be introduced into the space of the description."

One of the first exhibitions organized by Chevrier (in conjunction with James Lingwood) was titled "Matter of Facts." Chevrier likes to use and describe this "matter of facts." Several of his texts include thinking about components of reality imbued with experience and meaning: miasmas, thresholds, the *terrain vague* (wasteland), the narcissistic place, unusual contact, etc. This faithfulness to the "voice of things" was so dear to Francis Ponge—one of the three French-speaking authors (along with Proust and Artaud) that Chevrier has most cited. This method should undoubtedly be seen in relation to Chevrier's passion for photography, as long as one sees how, in photography, this "voice of things" depends on heeding processes of subjectification, and accompanies that which Ponge once again called, in an expression that Chevrier likes to quote, "a rage of expression."                    *Translated from French by Jane Brodie and Karen Simon*

62. Ibid., 570.
63. Ibid.
64. Notion to which he dedicated one of his notebooks of images and quotes where thought and contemplation appear through an echoic interaction between the works. See Jean-François Chevrier "À l'intérieur de la vue," in *Des territoires*, op. cit.

# 54, boulevard Raspail

*Stefan Germer*

Cet article a été initialement publié en allemand dans le numéro 9 de la revue *Texte zur Kunst* (mars 1993).

Les échanges théoriques internationaux ont jusqu'ici largement ignoré un groupe d'auteurs français qui s'intéressent aux questions de la représentation du pouvoir et du pouvoir de la représentation, des rapports entre les images et les textes et de l'autoréflexivité des médias visuels. À part une réception ponctuelle en Angleterre, aux USA et aussi en Allemagne, les écrits de Louis Marin, Hubert Damisch, Daniel Arasse et Georges Didi-Huberman sont ignorés et sont restés sans influence sur la critique d'art et l'histoire de l'art. Avec un double inconvénient : alors qu'une forme de réflexion philosophique qui pense le visuel comme critique du discursif a pris ses distances avec l'histoire de l'art et la critique d'art, l'isolement des théoriciens français par rapport au courant principal des échanges internationaux les a conduits à une forme d'autosuffisance intellectuelle qui fait peser un doute sur la pertinence de ses objets. La difficulté de situer ces auteurs commence dès la terminologie employée : le terme de sémiologie s'est imposé de manière générale, sans que cela donne vraiment une idée du travail poursuivi. Je ne suis même pas sûr que l'on doive parler d'un groupe. Les convictions des auteurs pris individuellement diffèrent nettement des unes aux autres, et pour une part elles se contredisent. Ce qui réunit ces auteurs, c'est moins un ensemble théorique commun que leur position dans le champ universitaire. Tous travaillent à l'École des hautes études en sciences sociales, c'est-à-dire : au-dehors de l'hostilité qu'en France, l'histoire de l'art nourrit envers la théorie et le positivisme. Par opposition à cette étroitesse d'esprit, il y a à l'École une sorte de culte du non-disciplinaire. Dans *Dissemblance et Figuration*, Didi-Huberman argumente cette manière de faire : « Pour y comprendre quelque chose, écrit-il [il faut] penser de telles catégories *au contraire* de leur acception courante dans le monde actuel des spécialistes de l'art[1]. » La pulsion anti-disciplinaire s'appuie sur la conviction que l'histoire de l'art déplace son objet, qu'elle le réduit à un fragment de savoir discursif, qu'elle ne rend pas justice à sa complexité et à ce que cet objet oppose comme résistance aux tentatives de l'histoire de l'art pour le saisir et l'expliquer. L'histoire de l'art – c'est le reproche de Didi-Huberman – transforme les images en concepts, ou pour être plus exact, occulte tout ce que l'on ne peut pas réduire à des concepts. « Les livres d'histoire de l'art néanmoins savent nous donner l'impression d'un objet véritablement saisi et reconnu sous toutes ses faces [...] Notre question est donc celle-ci : quelles obscures ou triomphantes raisons, quelles angoisses mortelles ou quelles exaltations maniaques

---

1. Georges Didi-Huberman, *Fra Angelico. Dissemblance et Figuration*, Paris, Flammarion, coll. « Champs », 1995, p. 10.

ont-elles bien pu amener l'histoire de l'art à l'adoption d'un tel ton, d'une telle rhétorique de la certitude[2] ? » À l'École, on contrecarre cette rhétorique de la certitude par un intérêt pour les phénomènes visuels qui ne se laissent pas réduire à un concept. Ce qui sert de guide, c'est la conviction que le texte et l'image représentent des ordres de signes différents, et que l'on ne peut pas simplement et sans reste passer de l'un à l'autre. C'est pourquoi l'on concentre souvent son intérêt sur des aspects qui, dans une perspective universitaire, paraissent secondaires, voire insignifiants, mais qui dans l'analyse des sémiologues se révèlent symptomatiques parce qu'ils mettent en question, minent ou liquident les systèmes de représentation et de signes. Le credo des sémiologues, c'est que douter de la représentation est inhérent à la représentation. Hubert Damisch l'a montré en prenant comme exemple les effets troublants des nuages dans la peinture occidentale[3]. Didi-Huberman l'a montré à partir de la fonction que remplissent les parties non figuratives de la peinture de Fra Angelico[4]. On reprend cette manière pour aborder les œuvres du *minimal art*[5], surtout pour les œuvres de Tony Smith et de Robert Morris. Didi-Huberman commence par l'impression de « présence[6] », que les minimalistes tenaient pour la qualité particulière de leurs œuvres, et Michael Fried – leur critique le plus acéré – pour la marque de leur théâtralité avide d'attention. Didi-Huberman ne se range ni à l'avis des artistes, ni à celui du critique, mais démontre dans un long parcours intellectuel, partant du « fort-da » de Freud pour arriver à Derrida, en passant par les images dialectiques de Benjamin, que dans la sculpture minimaliste, il ne s'agit pas de présence, mais des traces d'une disparition du sujet, et de la représentation inquiétante du retour de ce qui a disparu[7]. La thèse n'est ni étonnante ni remarquablement neuve à la grande époque du minimalisme, Rosalind Krauss et Annette Michelson avaient déjà énoncé le même postulat, et mis en évidence la supériorité particulière des œuvres minimalistes sur la tradition des sculptures européennes, fondée sur l'effet de présence. Même si Didi-Huberman donne beaucoup d'arguments de manière plus exhaustive, qu'il les enracine de manière plus complète dans l'histoire des idées, et qu'il les pense jusqu'à leur terme de façon plus conséquente, son passage en force présente les traits d'un donquichottisme intellectuel : il imagine des adversaires où il n'y a que de vieux moulins théoriques. Ses réflexions sur le caractère tautologique de la représentation de la présence (ou de l'immanence de Ad Reinhardt « *Art is Art, everything else is everything else* ») ont beau être justes, on a beau avoir envie de l'approuver quand il dit qu'il ne peut y avoir de présence pleine (ni dans l'œuvre d'art ni nulle part ailleurs) parce que celle-ci est toujours traversée par le souvenir, l'absence,

2. Georges Didi-Huberman, *Devant l'image. Question posée aux fins d'une histoire de l'art*, Paris, Les Éditions de Minuit, coll. « Critique », 1990, p. 11.
3. Hubert Damisch, *Théorie du nuage. Pour une histoire de la peinture*, Paris, Seuil, 1972.
4. Georges Didi-Huberman, *Fra Angelico. Dissemblance et Figuration, op. cit.*
5. Georges Didi-Huberman, *Ce que nous voyons, ce qui nous regarde*, Paris, Les Éditions de Minuit, coll. « Critique », 1992.
6. *Ibid.*, p. 37.
7. Georges Didi-Huberman, *Fra Angelico. Dissemblance et Figuration, op. cit.*, p. 68.

le refoulement et l'oubli, et il reste la question de savoir pourquoi nous devrions, une fois de plus, prendre en compte les courts-circuits théoriques de la fin des années 1960 et du début des années 1970. Le sentiment de frustration avec lequel nous reposons le livre de Didi-Huberman a pour origine qu'il ne parvient pas à rendre plausible la pertinence de son objet. Ou pour être plus exact : qu'il ne pense pas cet objet de manière historique. Le *minimal art* devient un type idéal construit hors des circonstances de sa constitution et de sa réception. C'est fatal, car Didi-Huberman évite ainsi un détail. La garantie de « présence » des œuvres a été nettement moins philosophique qu'institutionnelle. Il est naïf d'interroger la « présence » sans évoquer le contexte muséal qui a fait de Smith, de Judd et de Morris des artistes importants, et de leurs œuvres, des œuvres « présentes ». Le *minimal art* – vendu lors de sa naissance comme *quintessential American* – doit sa survie aux musées allemands. Ce n'est qu'avec sa muséalisation (et avec la spectacularisation croissante de l'activité des musées décrite par Rosalind Krauss dans le numéro 6 de *Texte zur Kunst*, 1992) que le *minimal art* est devenu cet objet de réflexion que Didi-Huberman croit trouver en toute simplicité. L'occultation de l'Histoire, le renoncement à une réflexion sur les conditions institutionnelles font partie des faiblesses qui caractérisent les théoriciens dont il est ici question ; il y a dans leurs réflexions une autosatisfaction qui fait étonnamment abstraction du monde réel, et leur capacité à voir les choses en est amoindrie. Le fait que les sémiologues soient isolés des échanges théoriques internationaux est sans doute l'une des raisons de cet écart, mais cela ne peut le justifier complètement. On peut sans doute l'expliquer par les conditions spécifiques dans lesquelles se mène en France le débat sur l'art contemporain. L'effondrement du marché spéculatif dans les années 1980 a définitivement poussé dans les bras de l'État la scène artistique, dont l'organisation était déjà fort étatique – l'existence de l'art contemporain est organisée par l'État –, cela ne résout pas la question de sa pertinence, mais reporte cette résolution *sine die*. En conséquence de quoi, les débats sur l'art contemporain manquent d'acuité et de thématique. À titre de compensation, on se dispute à propos du retour du religieux dans l'art, ou bien l'on prête l'oreille à un réactionnaire qui peut écrire dans *Le Monde* que Andy Warhol est un corrupteur de la jeunesse, une affirmation à laquelle, naturellement, le public réagit vivement… On n'a plus qu'à espérer que le récent surgissement de publications nouvelles, et que la création fébrile de revues, de *Documents* à *Purple Prose* en passant par *Bloc-Notes*, ramène le débat dans la réalité. *Traduit de l'allemand par Gérard Briche*

# 54, boulevard Raspail

*Stefan Germer*

This text was originally published in German in the journal *Texte zur Kunst*, no. 9 (March, 1993).

The international exchange of theory has, as yet, largely ignored a group of French authors that deals with questions on the representation of power and the power of representation, with the relationship between images and texts, and the self-reflexivity of visual media. Aside from selective reception in England, the U.S., and Germany, the writings of Louis Marin, Hubert Damisch, Daniel Arasse, and Georges Didi-Huberman are still unknown and without any influence on art criticism and art history. This has occurred as a double disadvantage: while art history and art criticism have evaded a form of philosophical reflection that understands the visual as a critique of the discursive, the isolation of French theoreticians from the mainstream of international discourse has led to a form of self-referentiality; which at times has cost the relevance of their study. The difficulty in situating the authors begins with terminology: the term "semiologists" is generally applied to these authors, without it really ever saying anything about their work. I am also not sure that one should consider them a group. The convictions of the individual authors clearly vary from one another; they are in part contradictory. What connects them is not the shared commonality of their theories but rather their position within the academic field. They all work at the École des Hautes Études en Sciences Sociales, which means: outside the art history field cultivated within France's universities, characterized by positivism and an animosity towards theory. This insularity is countered at the École by a kind of cult of the non-discipline. "To be able to understand anything," Georges Didi-Huberman justifies in his *Dissemblance et Figuration*,[1] "one must think the opposite of the specialist's accepted categories." The anti-disciplinary impulse is based on the conviction that art history misrepresents its subject, reducing it to a piece of discursive knowledge; it is unable to do justice to its complexity and that which resists attempts at appropriation and explanation. Art history, according to Didi-Huberman's reproach, changes images into concepts, or, more accurately, ignores all that which evades signification. "Art history books still want to give us the impression of having truly described an object and examined it from all angles [...] Our question is, then, what are the obscure or triumphant reasons, which deathly fears or manic tensions have caused art history to take on such a tone, such a rhetoric of absolute conviction?"[2] The École counteracts this rhetoric of absolute conviction

1. Georges Didi-Huberman, *Fra Angelico, dissemblance et figuration* (Paris: Flammarion, 1990).
2. Georges Didi-Huberman, *Devant l'image. Questions posées aux fins d'une histoire de l'art* (Paris: Éditions de Minuit, 1990).

through an interest in visual phenomena that can not be defined by a concept. Guiding these ideas is the conviction that text and image present different categories of signs, which cannot be easily and fully transferred one into another. Interest is thus often directed at aspects that, from an academic perspective, appear superfluous, perhaps even meaningless; yet are shown to be symptomatic in the semiologist's analysis because they call into question, undermine, or dissolve systems of representation and signification. Skepticism of representation is inherent in representation, according to the creed. Hubert Damisch has shown this through the example of the confusing effect that clouds have had in western painting;[3] Didi-Huberman demonstrates this through the functions that are ascribed to the non-figurative aspects of Fra Angelico's painting.[4] In *Ce que nous voyons, ce qui nous regarde*,[5] this is also applied to the works of Minimal art,[6] above all to the works of Tony Smith and Robert Morris.

Didi-Huberman begins with the impression of the "present-ness"[7] that the Minimalists take as the particular quality of their works, and Michael Fried—their sharpest critic—takes as evidence of their attention-begging theatricality. Didi-Huberman does not agree with artists nor critic; instead, demonstrates in a lengthy, intellectual trajectory, from Freud's "Fort-Da" through Benjamin's dialectic images to Derrida, that Minimalist sculpture is not concerned primarily with present-ness, but rather with the traces of a vanishing subject and the disturbing concept of the return of the vanished.[8] This concept is hardly surprising, nor especially new: Rosalind Krauss and Annette Michelson had already postulated the same idea at the height of Minimalism and revealed it as a particular feature of Minimalist works vis-à-vis the tradition of European sculpture, based on the effect of present-ness. Although Didi-Huberman conveys this in much more detail, grounds it more firmly in the history of ideas, and carries it more consistently to conclusion; his tour de force exhibits the traits of quixotry: he wrongly imagines opponents who at best clatter the old theory mills.

As accurate as his thoughts on the tautology of the idea of present-ness may be (or the immanence of Ad Reinhardt's "Art is art. Everything else is everything else") and as much as one wants to agree with him that there can never be a full present-ness (neither in art work nor anywhere else), because it is thoroughly pervaded by memory, absence, repression, and forgetting, the question remains: Why must we again conjure up the theoretical short-circuits of the late 1960s and early 1970s? The unsatisfying feeling with which one sets down Didi-Huberman's book stems from the fact that it fails to make

3. Hubert Damisch, *Théorie du nuage* (Paris: Seuil, 1972).
4. Georges Didi-Huberman, *Fra Angelico, dissemblance et figuration*, op. cit.
5. Georges Didi-Huberman, *Ce que nous voyons, ce qui nous regarde* (Paris: Les Éditions de Minuit, 1992).
6. Ibid.
7. Ibid., 37.
8. Georges Didi-Huberman, *Fra Angelico. Dissemblance et Figuration*, op. cit., 68.

plausible the relevance of his object. Or, more precisely, that it doesn't think his subjects historically.

Minimal art is constructed as an ideal-type, outside of the context of its creation and reception. That is fatal, because Didi-Huberman fails to recognize that the "present-ness" of the works he discusses has been guaranteed not so much philosophically as it has institutionally. It is naïve to inquire about the "present-ness" without considering the context of the museum, through which Smith, Judd, and Morris emerged as relevant artists and through which their works became "present." Minimal art—marketed at its birth as "quintessentially American"—owes German museums for its survival. It was first the institutionalization of Minimal art (and the corresponding spectacularization of the museum industry, which Rosalind Krauss describes in *TzK*, no.6, 1992) that allowed it to become the object of reflection that Didi-Huberman believes to have discovered. The negation of history, and the denial of a reflection on the institutional conditions belong to the characteristic weaknesses of the theorists discussed here; it gives their thinking a strange, ivory tower self-satisfaction, and limits their accessibility.

The isolation of the semiologists from international theory-exchange may have been one of the reasons for their compartmentalization, yet it cannot completely explain it. It most likely is understood from the specific conditions of the contemporary art debate in France. The collapse of the speculative market of the 1980s drove the art scene, which had always been strongly government-aided, completely into the arms of the state. The existence of contemporary art has been organized by the state for this reason, which does not entirely put to rest the question of relevance, but postpones it for later.

Consequently, contemporary art debates are lacking in sharpness and issues. As an example, one argues about the return of the religious in art, or listens to a reactionary who is able to accuse Andy Warhol in *Le Monde* of having corrupted youth, which the public dutifully contradicts, of course. One can only hope that the latest publicity breakthrough and the fever surrounding the recent founding of journals such as *Documents*, *Bloc-Notes*, and *Purple Prose*, will lead the debate back to reality. *Translated from German by Charlotte Eckler*

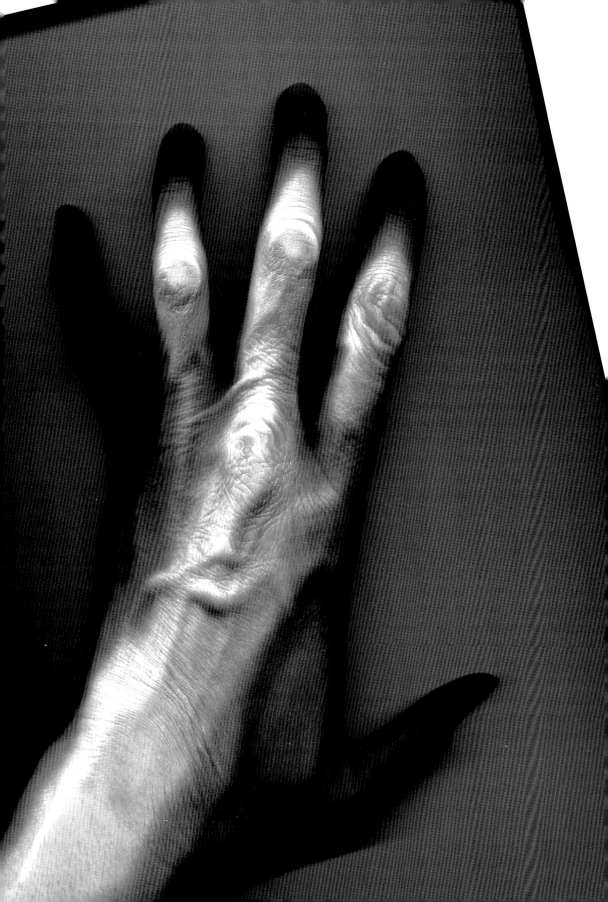

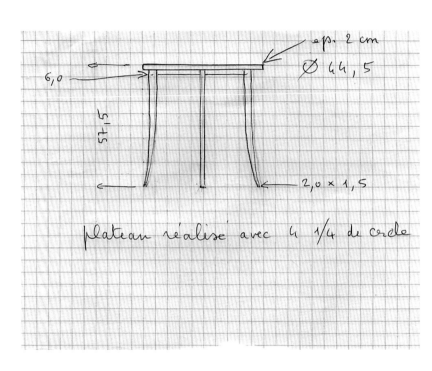

ep. 2 cm

Ø 44,5

6,0

57,5

2,0 × 1,5

plateau réalisé avec 4 1/4 de cercle

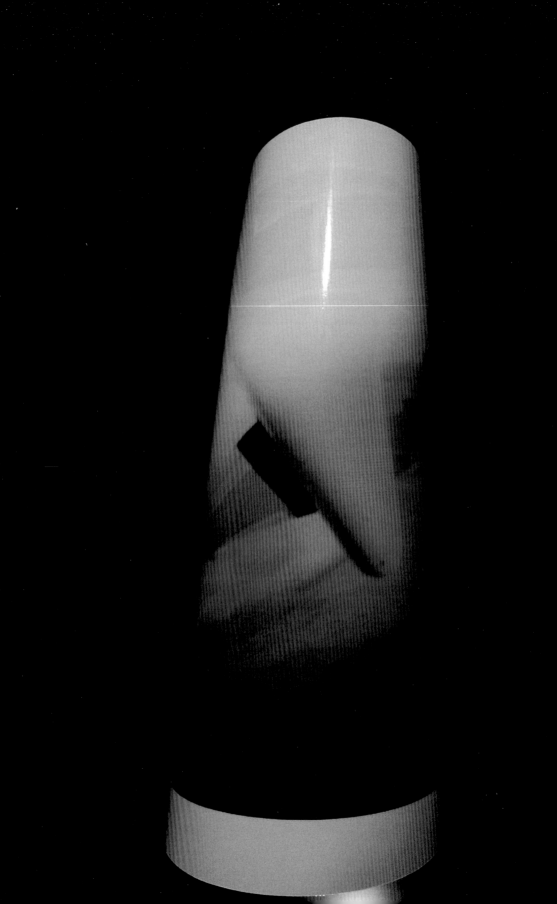

# Biarritz vu par Georges Ancely
## photographies (1880-1895)

*Nicolas Ceccaldi*

*Biarritz vu par Georges Ancely – photographies (1880-1895)*
Le Bellevue, Biarritz
30 juin – 29 septembre 2012

Depuis une fenêtre de l'ancien casino Bellevue, je peux voir la foule estivale profitant du soleil sur la Grande Plage de Biarritz, appelée autrefois la Côte des fous en raison des pèlerins convalescents à qui l'on avait prescrit les bienfaits de la houle et des vents marins. Aujourd'hui encore, les vagues vigoureuses de cette station balnéaire de la Côte basque et son climat tempéré, idéal pour les rhumatismes, attirent retraités, surfeurs et autres rescapés de quelque ciel oxydé et mer de gazole. Mais retranché dans mon poste d'observation, je m'aperçois que les rires d'enfants et le brouhaha de la foule qui se mêlent au roulement des vagues ne proviennent pas de la plage qui s'étend pourtant à quelques mètres un peu plus bas, au pied de la colline : la fenêtre est scellée hermétiquement et la rumeur estivale est en fait un enregistrement sonore qui accompagne une reconstitution « grandeur nature » d'une scène de bain sur la Grande Plage, à la Belle Époque. Cette mise en scène avec mannequins en costumes d'antan, antiquités, accessoires, et bac à sable est l'un des dispositifs ludiques et immersifs servant de contexte aux photographies aujourd'hui présentées au casino Bellevue (ancien casino reconverti en musée et centre de congrès) dans le cadre de l'exposition *Biarritz vu par Georges Ancely – photographies (1880-1895)*. Choix de programmation tout indiqué pour inaugurer la nouvelle saison estivale, cette sélection de clichés d'archives pris à Biarritz au XIXᵉ siècle propose à l'afflux annuel de vacanciers une amorce de contenu historiographique et pédagogique centré sur la municipalité, tout en conservant la vocation muséale des lieux en annexant la figure centrale d'un auteur-photographe, qui plus est, peu connu à l'extérieur de la région Aquitaine-Midi-Pyrénées. Homme du « Grand Sud-Ouest », né à Toulouse en 1847, Georges Ancely fut sous-lieutenant des artilleries mobiles en Afrique, commerçant (la famille Ancely possédait à Toulouse une horlogerie et un hôtel particulier) et bien sûr, photographe amateur éclairé. Il a vingt-cinq ans lors de l'invention de la plaque de verre au gélatino-bromure d'argent, et développe aussitôt une passion durable pour ce nouveau procédé photographique « ultra rapide ». Jusqu'à la fin de sa vie, il réalise des documents sur les membres de sa famille, la bonne société de sa ville natale et la vie quotidienne des contrées environnantes jusqu'aux stations thermales des Pyrénées,

Georges Ancely,
*Intérieur de mon salon*,
1893, tirage d'après
plaque de verre
au gélatino-bromure
d'argent

et ce, à l'occasion de multiples excursions souvent en compagnie de son ami Eugène Trutat, fondateur du Muséum d'histoire naturelle et de la société de photographie de Toulouse.

Le XIXᵉ siècle fut pour Biarritz une résurrection inespérée pour ce sol aride, maudit par deux siècles de pauvreté. Antérieurement, la dernière période de prospérité remontait au XIᵉ siècle alors que la baleine de Biscaye abondante dans le golfe de Gascogne constituait la principale source de revenus. Au cours du XVIIᵉ siècle, l'Eubalaenae Glacialis (dès lors représentée sur les armoiries de la ville) se fit de plus en plus rare et les pêcheurs du vieux port (l'anse où l'on dépeçait jadis ces gigantesques mammifères) durent s'en remettre à la petite pêche pour subvenir aux besoins de leurs familles. Deux siècles plus tard, Biarritz est encore une petite bourgade isolée au charme brut. L'abbé Lagarde, de Bayonne, aura connu ce petit coin de pays dans son état d'innocence, avant « l'impitoyable envahissement de l'industrie[1] ». Dans un opuscule aujourd'hui introuvable publié en 1859, il décrit avec nostalgie les traditions et mœurs simples d'autrefois, le cachet local du petit village d'antan, sous le pseudonyme d'« un habitué des bains de mer de Biarritz » : « […] si, dans les beaux jours d'été, les flots adoucis venaient caresser mollement le sable de ses rivages, si les rayons

1. Abbé Lagarde, « Une saison d'été à Biarritz », in *Atalaya*, nᵒ 24, juin 2009, p. 8.

brillants d'un soleil d'Italie se jouaient avec bonheur sur la crête de ses falaises, seule, avec quelques privilégiés de la ville voisine, la population indigène jouissait de ces faveurs d'un ciel clément ; seule elle aspirait cette atmosphère pure, seule elle se plongeait dans ces ondes salutaires[2]. »

À cette époque, les plages de Biarritz sont encore le secret bien gardé d'une poignée de « bons bourgeois de Bayonne[3] » bien informés, si ce ne fut d'une certaine comtesse de Montijo, future impératrice Eugénie. Enfant, elle passa à Biarritz plusieurs étés dont sans doute aura-t-elle gardé un souvenir idyllique, puisque quelques années plus tard le couple impérial y établira sa résidence secondaire. C'est donc en 1854, date clef dans l'histoire de la ville, que Napoléon III y fit construire la villa Eugénie (l'actuel hôtel du Palais) en forme de E, en l'honneur de son auguste compagne. Biarritz devint alors la station balnéaire favorite du gotha européen : têtes couronnées et aristocrates pouvaient s'y retrouver dans un relatif anonymat loin des pressions mondaines de leurs cours respectives, tandis que l'absence de véritable règlement municipal leur permettait de construire selon leurs fantaisies d'extravagantes résidences sur des terrains encore peu exploités (de préférence à proximité du palais impérial).

Réalisée à partir des archives de la famille Ancely et du Musée Paul-Dupuy de Toulouse, l'exposition se concentre sur les images prises à Biarritz et le long de ses rivages, en privilégiant les trois plages principales et le rocher de la Vierge, selon le registre standard établi par une industrie déjà florissante de la carte postale balnéaire. Mais c'est toujours en simple amateur qu'Ancely opérait, à partir d'une nécessité intérieure et selon une démarche rigoureusement personnelle dénuée d'ambition commerciale aussi bien qu'artistique. Il posait son trépied là ou d'autres auraient posé leur chevalet suivant la richesse de point de vue pittoresque qu'offre le littoral. La fermeture en ciseaux du golfe de Gascogne (dont le centre axial ferait de la gare de Perpignan le centre du monde, selon Salvador Dalí) et la dérive des continents ont laissé à Biarritz une géomorphologie telle que les tentatives ultérieures de mise en valeur du territoire amorcées en 1854 par le couple impérial seront toujours esthétiquement redondantes. Et malgré les chantiers de construction qui se multiplièrent au fil des ans, le front de mer de Biarritz aura subi un défigurement relativement modéré. Ainsi, au cours de sa visite, l'historien amateur s'amusera à comparer en détail ses endroits familiers à l'état dans lequel ils se trouvaient à la fin du XIXe siècle, époque charnière où la municipalité avait déjà solidement établi sa réputation de station balnéaire à la mode. Certes, le visiteur attentif saura reconnaitre ici un ouvrier prenant le bain avec ses enfants, exhibant des bras musclés et bronzés, ou là, Eugène Trutat nous faisant signe de la main depuis une embarcation, assis entre deux pêcheurs. Mais quoi qu'il en soit pour chaque vendeur de beignets ambulant, il y a une cohorte de gamins en uniforme de marin ; et pour chaque prince de Galles photogénique sortant de sa voiture, du casino ou en promenade sur la Grande Plage, il existe une foule indifférenciée dissimulée sous autant de hauts-de-forme et ombrelles en dentelle. Se

2. *Ibid.*, p. 5.
3. *Idem.*

laissant aller encore une fois à ses souvenirs de jeunesse, l'abbé Lagarde ajoute : « Ah ! il y a un abîme de dix siècles au moins entre les exigences d'alors et celles d'aujourd'hui entre le franc et modeste laisser-aller de cette époque [pré-1854] et les modernes caprices de la mode orgueilleuse qui veut que de nos jours on n'aille plus au bain qu'en robe de soie, mantelet de dentelles et souliers de satin[4]. »

D'abord la population indigène, puis les convalescents, le couple impérial, l'aristocratie, la bourgeoisie, et enfin les classes moyennes (surfeurs, etc.) : il serait possible d'établir une trame chronologique où s'ordonnerait les différents segments démographiques dominants qui choisirent Biarritz comme lieu de villégiature. Chaque tendance-consommateur correspondrait aux catégories suivantes : innovateurs, adeptes précoces, majorité précoce, majorité tardive, puis (dans un sens non péjoratif) les « trainards », selon le principe des cycles d'adoption des technologies d'Everett Rogers. Dans son étude de 1957, Rogers décrit un modèle de diffusion des nouvelles technologies en milieu rural et leur adoption en fonction de leur profil psychologique et démographique en partant des innovateurs – plus éduqués, prospères et prônes au risque – jusqu'aux « trainards » – moins éduqués, conservateurs et possédant de plus petites fermes. La technologie dont il est ici question serait la station balnéaire à la fois comme commodité et dispositif productif : l'acte de consommation, qui commence dès les premières migrations estivales, produit de nouveaux touristes qui à leur tour alimentent la valeur et la réputation de la station balnéaire choisie. En tant qu'usagers de la technologie balnéaire, Ancely et Trutat appartiennent à la majorité précoce. En revanche, dans le domaine de la photographie, ils s'illustrent comme innovateurs, puisqu'ils sont parmi les tout premiers à adopter la plaque de verre au gélatino-bromure d'argent, bien que confinée à la sphère domestique du loisir. Cet usage privé, voire occulte de la photographie, est corollaire de la figure du dandy fin-de-siècle portée par Charles Baudelaire, vers un aventurisme flâneur, curieux d'un monde extérieur, qu'il parvient néanmoins à dominer en y opposant sa propre intériorité souveraine. Mais dans la mesure où le tourisme pratiqué par Ancely est *lettré* ou *raisonné*, sa photographie est quant à elle *illettrée* : d'abord par comparaison à la conscience de soi qui caractérisera ultérieurement les développements modernistes du médium, et enfin par rapport aux techniciens spécialistes du daguerréotype qui le précédèrent et dont le rôle hérité de la tradition picturale était encore de renforcer l'aura d'immuabilité de leurs clients. De telles circonstances font qu'Ancely incarne le point de rencontre des deux technologies qui contribueront à l'avènement d'un nouvel ordre mondial : d'une part, la station balnéaire comme technologie de circulation, et d'autre part la photographie comme outil de recensement et de contrôle. En s'aventurant dans le monde extérieur muni de son appareil, il fait courir inconsciemment à ses semblables un péril auquel ils seront de toute façon tôt ou tard condamnés : leur dissolution ultime dans la multitude informe et la barbarie marchande. Il est à la fois témoin et à l'origine des premiers signes de déclin de l'âge d'or dont il est issu.

4. *Ibid.*, p. 6.

Ce n'est pas un hasard si les lolis gothiques de Harajuku puisent sans retenue dans les placards *victoriens* et *Belle Époque* de leurs arrière-grands-parents, engendrant à l'occasion des excroissances *steampunk* : de toute évidence, la fin est proche. La désintégration imminente du monde classique se lisait déjà sur les visages flous des vacanciers, et la mine légère de l'heure du bain dissimulait avec peine ce vague sentiment de terreur, à moins que ce ne soit la crainte d'un raz-de-marée, ou d'un cancer de la peau. Contrairement aux mœurs actuelles, où dès les premiers jours de juin la foule se répartit sur la totalité de l'espace de plage disponible et maximise son périmètre personnel, les plagistes de 1890 restent quant à eux groupés et entièrement vêtus, même dans l'eau. C'est dans cet écart entre les tenues de plages d'époque et celles d'aujourd'hui que se trouve un morne *punctum*, matériel neutre et isolant, mais qui assure néanmoins le contact entre nos deux époques et par la même occasion, apporte une ligne de fuite vers la toute dernière salle de l'exposition qui s'ouvre littéralement sur le présent grâce à une rangée de fenêtres donnant sur la Grande Plage. Souvent, la présence de fenêtres dans un lieu d'exposition pose problème, car elles infligent un anéantissement de ce qui se trouve à l'intérieur en invitant à la méditation sur le monde réel. Mais ici, les fenêtres ont été intégrées ostensiblement et avec succès. Le long du mur central, se succèdent par alternance des agrandissements d'après tirages originaux et des fenêtres au format identique. Le potentiel d'identification refait surface et atteint sa cible : ce qui est perdu en caractère auctorial et autoritatif se gagne du côté de l'accessibilité émotionnelle. L'aura muséale, évacuée en faveur d'une pédagogie

Georges Ancely,
*Établissement de bains au Vieux Port*, 1886, tirage d'après plaque de verre au gélatino-bromure d'argent

à tendance ludique invite à l'empathie et à un rapprochement vers la substance réelle, vers le vécu. Mais dans ce cas précis, l'identification aux sujets photographiés ne procède pas directement de l'effort pédagogique, mais relève plutôt par effet pervers d'une certaine mise à distance convulsive. Si le dispositif d'exposition au complet tend à s'évaporer dans les réseaux d'aération climatisée de la matrice du réel, la responsabilité revient au « visiteur averti » de sauver les apparences en tenant le tout à bout de bras, à distance sanitaire d'observation. En regardant par la fenêtre, le mouvement de l'âme qui me rapproche de la plage de 2012 en cache un second, plus profond cette fois, et qui me rapproche des malheureux spectres qui habitent les images d'Ancely. Dans ce va-et-vient de mouvements de l'âme, la fenêtre est une porte magnétique où s'engouffrent les intensités émotionnelles, et devient par la même le véhicule allégorique du super-ego des bourgeois fin-de-siècle qui atteint son incarnation finale dans cette dernière salle d'exposition : il s'agit d'un point de retranchement tout indiqué pour trouver refuge, soit en son for intérieur, soit en faisant demi-tour, dans la reconstitution grandeur nature d'une scène de bain sur la Grande Plage, un siècle auparavant. En surplomb, c'est aussi l'endroit idéal pour déclamer son extériorité à ce monde tout en scrutant l'horizon avec ressentiment – le ressentiment du rêveur prisonnier de sa propre clairvoyance, condamné à faire face à la descente inévitable de la société dans la barbarie cybernétique. Mais cette plongée en avant se heurte avant tout à un vitrage hermétiquement sécurisé qui me renvoie ma propre image : qui suis-je ? Un aigle (un vautour ?) au regard perçant qui « survole le champ de bataille » ? Un clone maintenu en vie par des machines à vapeur ? La foule est-elle terrifiante ? Une expérience authentique du présent me sera-t-elle encore un jour accordée ?

# "Biarritz by Georges Ancely Photographs 1880–1895"

*Nicolas Ceccaldi*

"Biarritz by Georges Ancely—Photographs 1880–1895"
Le Bellevue, Biarritz
June 30 – September 29, 2012

Standing at a window of the Casino Bellevue, I gaze at the panorama that stretches over the Grande Plage, the central beach of Biarritz formerly known as "Côte des Fous" in reference to the convalescents who had been prescribed the benefits of the ocean swell and salty breeze. This seaside resort, known for its vigorous waves and tempered climate ideal for treating rheumatisms, still attracts to this day a varied population of pensioners, surf enthusiasts, and other gasoline-sea and oxidized-sky survivors. Entrenched in my lookout post, I notice that the sound of crashing waves blending into children's laughter does not arise directly from the actual beach, which lays a mere few meters down the hill. The windows are sealed and the summery whisper is in fact a pre-recorded soundtrack; an ambient background that completes a "life-size" reconstitution of a beach scene on the same Grande Plage at the Belle Époque. Spread out over a man-made stretch of sand, mannequins in period clothing and surrounded by antiques such as umbrella-tents compose one of the many playful environments meant to provide a visually-immersive context for the exhibition "Biarritz by Georges Ancely—Photographs 1880-1895" at the former casino Bellevue, now converted into a museum and conference center. An opportune choice to open the new Summer season, this selection of nineteenth century archive photographs of the Basque seaside resort proposes a primer of pedagogic and historical content to the yearly influx of vacationers and, at the same time, manages to secure the museum's vocation by honoring an author-cum-photographer whose renown has remained mostly confined to the Aquitaine and Midi-Pyrenees regions. Born in Toulouse in 1847, Georges Ancely had been sub lieutenant of mobile artillery in Africa, merchant (his family owned a clock-making business and a townhouse in Toulouse) and of course, an enlightened enthusiast of photography. He is twenty-five when the gelatin silver process is invented; an innovative, "ultra fast" technique which prodded his lifelong passion: until the end of his life, he relentlessly documented his immediate surroundings, immortalizing the members of his own family, the local high-society, or daily life in nearby villages and Pyrenean spas throughout the many outings he shared with his friend Eugène Trutat, founder of Toulouse's Natural History Museum and Photography Club.

At the time of Ancely, Biarritz had undergone a mutation that began in the mid-nineteenth century; a miraculous resurrection of these arid, desolate soils that had been plagued by two hundred years of oblivion and poverty. From the eleventh century, the area prospered from whaling; the Eubalaena glacialis of the Bay of Biscay was abundantly carved up at the Old Port until the seventeenth century when specimens grew scarcer crippling the formerly thriving industry, forcing the impoverished inhabitants to resort to small-scale fishing in order to survive. About two hundred years later, the isolated hamlet still hadn't lost a bit of its rugged picturesque charm. Indeed, very little is known of the place's state of innocence as only a few curious visitors had the privilege to experience it. Father Lagarde from Bayonne is one of them. In a rare opuscule published anonymously in 1859, he fondly recounts his donkey-back trips to neighboring Biarritz before chastising the "inexorable invasion of the industry"[1]: "[. . .] if, during the gentle summer days, the soothing undulations

1. Abbé Lagarde, "Une saison d'été à Biarritz," *Atalaya*, no. 24 (June 2009), 8.

of the sea softly caressed the sandy shores, if the warm sunrays playfully glistened on the edges of the cliffs, it was the indigenous population alone, with the exception of a few lucky neighbors, who would enjoy the favors of such a benevolent sky; alone they would breathe such pure atmosphere; alone they would dive into these salutary waters."[2]

In those days, the beaches of Biarritz still remained the well-kept secret of a few in-the-know bourgeois from the nearby town of Bayonne, lest we forget a certain Countess of Montijo, the future Empress Eugénie. In her younger years, she had spent many summer holidays in very much the same Biarritz described above by Lagarde. She undoubtedly had kept fond memories of these childhood retreats since a few decades later the imperial couple chose the former fishing village as their main holiday resort: in 1854—which marks a turning point in the history of Biarritz—Napoleon III orders the construction of the Villa Eugénie (the current hôtel du Palais) on the edge of the beach; an E-shaped palace in honor of his august spouse. At this point, Biarritz became the number one favored seaside destination of the European nobility: monarchs and aristocrats could gather there and mingle in peace, far from the social pressures of their local scenes. The absence of real-estate restrictions allowed them to build the most extravagant summer houses wherever they pleased yet never too far away from the gravitational pull of the Imperial Palace.

Drawing from the archives of both the Ancely family and the Paul-Dupuy museum in Toulouse, the exhibition retained pictures taken in Biarritz with a strong emphasis on some of its classic postcard motifs such as the three main beaches or the Rocher de la Vierge (an oddly-shaped rock adorned by a statue of the Virgin Mary). Nevertheless, Georges Ancely always proceeded from his own inner desire, chaste of any artistic or commercial ambition, as a simple hobbyist. He therefore put down his tripod where others before him had put their easels, taken by the wealth of scenic views that abound along the littoral. The tectonic motion of the Iberian peninsula that shaped the Gulf of Gascony (the pivot axis of which Salvador Dalí located precisely inside Perpignan's train station, thus making it the center of the universe) left on the coast such a fortunate geomorphology that the inexorable course of urban development initiated in 1854 by the imperial couple will always remain redundant when it comes to aesthetics of the place. But despite the exponential increase of construction sites over the years, the seafront in Biarritz remains relatively not so disfigured. This is why upon visiting the exhibition, the dilettante historian will find enjoyment in comparing familiar places to the way they looked 130 years prior, a time when Biarritz had already firmly established its reputation as a trendy resort. Surely, an acute observer will be able to identify here, a worker and his family bathing in a tank top or there, Eugène Trutat waving at us while sitting on a boat between two fishermen. But at the end of the day, for every donut-peddler rambling across the beach, there is a swarm of Victorian children in sailor uniforms;

2. Ibid., 5.

BIARRITZ
Le Palais Impérial (ou la Villa Eugénie).

Paris,E.Morier édit.r.S¹André des Arts,52.                    Imp.Becquet à Paris.

and for every photogenic Prince of Wales exiting a car, entering the casino or strolling down the promenade, there is a faceless multitude concealed beneath just as many high-tops and lace umbrellas. Surrounded by the vapors of his youthful memories, Father Lagarde makes sense of all this: "Ah! There is an abyss of at least ten centuries between the demands of yesteryear and those of today. Between the frank and modest abandon of times past (pre–1854) and the modern diktats of arrogant fashion wherein nowadays, one shall not go swimming without wearing silk dresses, lace mantles and satin shoes."[3]

Jean–Baptiste Arnout, *Biarritz, Imperial Palace* (also called Villa Eugénie), lithograph series published in *La France en miniature* (Paris: E. Morier, undated)

First came the "indigenous" population, the sick, then the imperial couple and the nobility, followed by the bourgeoisie, and finally the middle-classes (surfers, etc.). Starting from the origins, the dominant demographics who chose Biarritz as their holiday destination could be classified along a chronological thread, with each category corresponding to the following consumer profiles; innovators, early adopters, early majority, late majority and laggards, according to the principle of diffusion of innovations proposed by Everett Rogers. In his 1957 study, Rogers described the way new technologies are gradually adopted in a rural environment in relation to these psychological and demographical profiles; from the innovators, usually more educated and risk-prone, down to the laggards usually less educated, more conservative or risk-averse, and owning smaller farms. Here, the first technology through which we will discern

3. Ibid., 6.

such profiles would be the seaside resort—both as a consumer good and a productive device: the act of consumption, which begins with travel and just enjoying oneself on holiday, concurrently mass-produces tourists-subjectivities, who in return help maintaining the aura that surrounds the holiday destination. As users of the "summer resort" technology, Georges Ancely and his friend Eugène Trutat belong to an early or perhaps late majority. But in the field of photography they are innovators, counted amongst the firsts to use the gelatin silver plate even if it was a pastime. This private, even occult usage of photography (restricted to the family circle) is quintessential of the late-nineteenth century bourgeois figure with its Baudelairean ethos: prone to idle adventurism and curious about an outside world upon which it will ultimately prevail by holding up against it a deeper, sovereign interiority. This pro-active inquisitiveness, which makes Ancely's tourism "literate," is also what makes his practice of photography "illiterate". First in comparison to the self-awareness that will later characterize the modernist developments of the medium, but also next to the specialized daguerreotypes technicians who came before him, and who inherited from portrait painting the mandate of promoting the aura permanence and stability upon which the depicted ruling class had laid its foundations. These circumstances make of Ancely the embodiment of a node, a point of convergence between the two technologies that would become responsible for the incoming new world order: the seaside resort as a circulation-enhancer and photography as a tool of census and control. By venturing out in the wild equipped

Georges Ancely,
*La Grande Plage*,
1895, gelatin silver
glass plate print

with his camera and pointing it at his brethrens as they bask in their natural environment like hippos in a pond, nodal Ancely inoculates the seed of decline, heralding the imminent dawn of a golden age of which he is the very product.

It is no coincidence if Harajuku's gothic lolis forage unabashedly through their Victorian great-grandmothers' wardrobes, eventually developing steampunk outgrowths: by all means, the end is near. The disintegration of the classical world can already be read on the holyday-goers' blurred faces, their cheerful grins hardly concealed the fearful prescience of looming peril while waiting for bath-time, whether from drowning or skin cancer. Today, from the first days of June we spread evenly across the whole surface of the beach, setting up camp to maximize each other's perimeter of privacy (partial or full nudity is common) whereas the vacationers of 1880, on the other hand, tended to huddle together fully clothed, even inside the water. This disparity between our two eras is the dull punctum that thumps beneath the soles of our feet and steers our visit to its ultimate vanishing point: the last room of the exhibition, brightly lit by a row of windows which literally open up on present times. Windows in exhibition rooms are generally a constraint to work around. In some cases, they impose a deeper sensitization to the problems of the real, of the present moment at the expenses of what happens to be on view on the inside. In that regards, the exhibition at the Casino Bellevue exemplifies a straightforward yet successful integration of this constraint: all along the main wall, a series of enlarged snapshots of the Grande Plage dated 1886 are hung in a line, interspersed with windows of exactly the same dimensions. Most importantly, they offer a breathtaking panoramic view over the very same beach. On no other occasion has the empathic identification towards lived-experience been so palpable. The basic strategy being that whatever amount of authorial and authoritative gravity is lost will be recovered in emotional tenor, in the same way that the aura of the museum, once defused, foregrounds a festive tendency to harpoon viewers with realness. The resulting emotive magnetism however, (such as the ability to identify closely with the nameless subjects in Ancely's pictures) does not proceed directly from the pedagogic or documentary effort; it comes instead as the consequence of a built-in, convulsive reflex of distantiation: as the exhibition apparatus is about to evaporate into the air-conditioned networked hallucination, it becomes the responsibility of the viewer to "save face" by holding it tightly at arm's length, at a safe distance of observation. Looking through these sealed windows, the superficial movement that draws me nearer to the 2012 beach of Biarritz belies a deeper one that brings me closer to the ill-fated specters of Ancely's photographs. As a gateway through which these divergent movements of the soul pass back and forth, the window enables the eruption of this classical bourgeois super-ego whose origins ark back at least to the Second French Empire (1852–1870) and who ends up reincarnated in full potential inside this final room. It is the ideal location to proclaim from above one's inexorable foreignness to this world while searching the horizon with resentment—the resentment of the misunderstood dreamer, condemned to his own lucidity and who has to face the inevitable decline of the world into cybernetic barbarism. It is the ideal vantage point from which to seek safety by migrating inside one's inner conscience or by turning around 180 degrees to a life-size reconstitution of a sea-bathing scene set in 1880. What started with a metaphorical leap through the window precipitates into soaring introspection: Who am I? An eagle (a vulture?) with a penetrating eye flying above the battlefield? A fifth generation clone kept alive by steam-engine technology? Is it still possible to capture again an authentic experience of the present?

# "Ecstatic Alphabets/Heaps of Language"

*Tom McDonough*

"Ecstatic Alphabets/Heaps of Language"
MoMA, New York
May 6 – August 27, 2012

In the fall of 1979, at the dawn of the decade that would come to define postmodernism in the visual arts, American critic Craig Owens published an essay entitled "Earthwords" in the journal *October*. His subject was Robert Smithson specifically, the "eruption of language into the field of the visual" in the art of the later 1960s and early 1970s more generally.[1] For Owens, artists' texts of that moment—a category that might include phenomena as diverse as Conceptual art, artists' writings, diaristic modes of art-making, and textual documentation of ephemeral works—were distinguished from earlier apparitions of language in art by their refusal of a secondary or supplemental relationship to the visual. Earlier in the twentieth century, language had been something of a trespasser within the sacrosanct visual order of modernism. The eruption of the linguistic, signaled so clearly in Smithson's work and in his own activity as a writer—one thinks of his drawing *A Heap of Language* (1966) and the related essay "LANGUAGE to be LOOKED at and/or THINGS to be READ" (1967)—, had dislocated the visual hierarchies of modernism and, for Owens, prepared the textual space of postmodernism, in which language would be understood as wholly imbricated within art and in which the old boundaries that separated distinct categories or genres or mediums would be irrevocably blurred. In 1989, a decade after Owens's essay appeared, fellow critic Hal Foster returned to some of these same questions in an essay we might consider a closing coda to the decade of postmodernism. In "Wild Signs: The Breakup of the Sign in

1. Craig Owens, "Earthwords," *October*, no. 10 (Fall 1979), 122.

Seventies' Art," he also took up the problematic of textuality, but historicized the poststructuralist narrative of progressive abstraction of sign from referent, and later of signifier from signified, that Owens had mobilized in the name of dismantling modernist hierarchies.[2] This process of linguistic abstraction was now aligned, in Foster's account, with the deterritorializing operations of capital itself. As Fredric Jameson had already argued:

> In a first moment, reification 'liberated' the sign from its referent, but this is not a force to be released with impunity. Now, in a second moment, it continues its work of dissolution, penetrating the interior of the sign itself and liberating the signifier from the signified, or from meaning proper. This play, no longer of a realm of signs, but of pure or literal signifiers freed from the ballast of their signifieds, their former meanings, now generates a new kind of textuality in all the arts.[3]

Foster's explanation of the ambivalence attendant upon the eruption of language in art develops from this recognition of the capital relation penetrating language itself, disarticulating its component elements—a process coextensive with exchange value's eclipse of use value in the realm of objects.

One could argue that the decade bracketed by these two essays forms the constitutive absence of Laura Hoptman's recent overview of language's encounter and fusion with the visual realm, "Ecstatic Alphabets/Heaps of Language." For the 1980s are surely absent, a blank space between the two sections that make up this exhibition, namely, a wide-ranging historical survey tracing an arc of twentieth-century art that experimented with language—beginning with Guillaume Apollinaire's *Calligrammes* and Filippo Tommaso Marinetti's "*parole in libertà*," continuing through the concrete poetry of the 1950s, and even encompassing visual poets of the following decade like Fluxus' Emmett Williams before arriving at Minimal and Conceptual practices of the 1960s and 1970s—and the main segment, composed of works by twelve contemporary artists/collaboratives. The historical section—comprised almost exclusively of works on paper from MoMA's collection—is arranged along the long walls of a corridor-like space, a drum roll of the historical and neo-avant-gardes whose rapid cadence is dictated by Ferdinand Kriwet's *Walk Talk* (1969), installed here as a lengthy carpet. Its trajectory abruptly ends around 1980, in other words, at precisely the moment of language's definitive eruption into the visual field of modernism and its final displacement of the latter's protocols of opticality. The elision of these postmodern practices from Hoptman's exhibition was nowhere signaled more clearly than in her curious choice to close her selection of historical works with two that are, in fact, relatively recent: Rirkrit

2. See Hal Foster, "Wild Signs: The Breakup of the Sign in Seventies' Art," *Social Text*, no. 21 (1989), 251-262.
3. Fredric Jameson, "Periodizing the 60s," in *The 60s Without Apology*, ed. Sohnya Sayres, et al., (Minneapolis: University of Minnesota Press, 1984), 200.

Tiravanija's video *untitled 2008 (john giorno reads)* (2008)—somewhat puzzlingly considered "historical"—shows the poet and performance artist reading selections from his writings; while Dutch graphic design trio Experimental Jetset's series of posters, *Zang! Tumb Tumb (If You Want It)* (2003), merges the militarism of Futurist sound poetry of the early twentieth century with the pacifism of Yoko Ono and John Lennon's famous poster of the early 1970s, *War Is Over! If You Want It*. The placement of these works at the end of the eclectic "historical" corridor conjoins the two segments of the exhibition and at the same time elides the whole troubling episode of postmodernism and its recognition of the ambivalences of textuality diagnosed by Foster—we leap, in other words, straight from the late 1960s/early 1970s to the present. But the inclusion of Smithson's drawing *A Heap of Language*, whose significance is indicated in the very title of the show, reminds us that language did not simply enter the domain of art as a material to be manipulated like paint or clay, or as an artistic medium like any other—it entered as a mechanism for the undoing of established boundaries, for better and for worse. Rather than the celebratory tone heralded by Experimental Jetset, we might better take our cue from the relentlessly necrotic tenor in which Smithson concludes his 1967 essay on language:

> A word outside of the mind is a set of 'dead letters.' The mania for literalness relates to the breakdown in the rational belief in reality. Books entomb words in a synthetic rigor mortis, perhaps that is why 'print' is thought to have entered obsolescence. The mind of this death, however, is unrelentingly awake.[4]

Entering the galleries devoted to contemporary works, we might note a divergence between those artists who, at least in broad terms, seem to share the curatorial premise of language-as-a-medium-like-any-other—as in, say, Tauba Auerbach—and those whose works engage in one form or another with the ambivalent legacy of the breakup of the sign, as in the selection of works from Shannon Ebner's photographic series of "Dead Democracy Letters." Begun in the wake of the American invasion of Afghanistan and the run-up to the war with Iraq, it documents temporary, outdoor installations of six-foot-high cardboard letters that she propped up to spell words and phrases of frequently enigmatic import. "LANDSCAPE INCARCERATION" is seen from behind in the middle distance of the scrubby landscape at the edge of Los Angeles, like a derelict version of the Hollywood sign (*Landscape Incarceration*, 2003); or "RAW" in large black letters at the edge of one of the La Brea tar pits, so that its reflection is visible in the viscous liquid below (*RAW WAR*, 2004); or a more recent iteration, in which the word "AGITATE," its white letters propped against a

---

4. Robert Smithson, "LANGUAGE to be LOOKED at and/or THINGS to be READ" (1967), in *Robert Smithson: The Collected Writings*, ed. Jack Flam (Berkeley: University of California Press, 1996), 61. For a relevant reading of Smithson's drawing, see Richard Sieburth, "'A Heap of Language': Robert Smithson and American Hieroglyphics," in *Robert Smithson*, ed. Eugenie Tsai (Berkeley: University of California Press, 2004), 218-223.

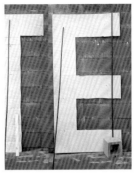

cinderblock wall, seems to echo—or in this case, foretell—the language of Occupy Wall Street (*AGITATE*, 2010). The series title tellingly combines two phrases: "democracy letters," suggesting Ebner's interest in the vicissitudes of contemporary public speech, and "dead letters," which are both undeliverable missives and, more generally, things no longer considered relevant or worthy of attention, as Smithson had reminded us. These precarious, lonely protests or warnings are an expression of the artist's verdict on the state of the American polity in the early twenty-first century—poetic reflections on the very absence of public speech that might define a properly democratic space.[5]

If the "Dead Democracy Letters," those "involuntary sculptures"—to take up Ebner's punning reference to Brassaï's photographs of 1933 in her *Sculptures involuntaires* (sic) (2006), which shows the wooden box into which she had packed her cardboard letters in the midst of a typically desolate southern California landscape—mimed the insecurity or instability of contemporary language, her later invention of a modular cinderblock alphabet, in its blunt physicality, reasserts the "thingness" of language as a position from which to defend linguistic autonomy against its conscription within late capitalist reification (a Smithsonian "heap of language" attesting to the crude materiality of the discursive). MoMA's exhibition featured Ebner's looped video *The Ecstaticalphabet* (2011), in which her cinderblock alphabet is animated for the first time, the letters coming quickly, flashing momentarily on the wall at a speed almost too fast to process and asking, "when is a photographic sentence a sentence to photograph?" The implied reversibility in this question—in rhetoric we would call it antimetabole, the repetition of words in successive clauses, but in transposed grammatical order—is a longstanding practice of the artist, already evident in some of the "Dead Democracy Letters." Here, however, it becomes a means of insisting on that frustration of discrete categories—photography, language, even sculpture—characteristic of the generalized textuality of contemporary culture while attempting to wrest that process of abstraction away from the conventions of exchange within a universalized market that has penetrated the linguistic itself.

Shannon Ebner, *AGITATE*, 2010, four chromogenic color prints, each: 63 × 48 in, the set: 63 × 192 in

5. For more on Ebner's work, see "Concrete Poetry," *Artforum* 48, no. 8 (April 2010), 148-155, 218.

Something similar is at work in the experimental practice of English artist and designer Paul Elliman, whose open-ended *Found Fount* project (1989–ongoing)—represented at MoMA by two large collections elegantly displayed on giant tables, *Dead Scissors* (2004–ongoing) and *Wild Asters* (1996–ongoing)—seeks to discover an infinitely variable typeface in the detritus of the human object-world. At the opposite pole from Ebner's cinderblock monumentality, Elliman's *Found Fount* is composed of elements, like the broken scissor handles on view here, that are small enough to fit in the mouth or be passed from hand to hand, like money. The echoes of Samuel Beckett's Molloy, with his sucking stones, are clear, and perhaps Elliman takes inspiration from this literary figure to assemble a font characterized precisely by the same purposive inefficiency. Typography becomes a Deleuzian desiring-machine, referencing the standardized tokens of generalized exchange but by simultaneously insisting on the infinite variability of characters, undoing the functionalist drive toward goals, efficiency, and systematic unity.

For Hoptman, this is also a matter of "frustrating" reading, of complicating the act of interpretation and emphasizing the impractical aspects of language use; it is intimately connected with what Roman Jakobson called the "poetic function." In poetry, language calls attention to its own medium, promoting the palpability of signs—in other words, we do not look *through* the text to reach understanding, we look *at* the text, at the materiality of its component signs. Something of this radical self-referentiality is apparent in Ei Arakawa and Nikolas Gambaroff's *Two-Alphabet Monograms* (2009-2010), consisting here of over 300 canvas flags onto each of which two letters have been superimposed rather than placed side by side. Language is thereby translated into an image and that image is performed

Installation view of *Ecstatic Alphabets/ Heaps of Language*

as a new language in the accompanying sound piece, with each monogram being awkwardly pronounced. In this overlaying the alphabet is both radically multiplied beyond its twenty-six letters and rendered dysfunctional. Arakawa and Gambaroff's tatty flags punctuate the exhibition, sometimes folded into neat piles placed in a corner, sometimes unfurled for reading, and always looking quite out-of-place in the pristine galleries of MoMA. Karl Holmqvist achieves another sort of poetic materiality in his performances, acting as a kind of receiver for snippets of text whose sources range from the historical avant-gardes to Beyoncé and Boy George, which he delivers repetitively in a voice deadpan and hollow, rhythmic and world-weary. His incantations are equal parts humorous and ominous, and offer a profound symptomatology of the present—inhabiting the language of reification in order to find a way out through the other side: "it's more fun to compute," as he says, repeating Kraftwerk. If his installation of wallpapered texts, *Untitled* (2012), proved visually rather inert, his sound piece, *Untitled (A=T=O=M=I=Z=E=D)* (2012), reveals a shamanic ability to conjure the diverse discursive fields of our mediasphere into his collage-like persona.

One is almost tempted to say the curatorial choice to elide the 1980s in "Ecstatic Alphabets/Heaps of Language" is premised on the belief that, in the present, poetry has come to replace theory as the key means to critically interrogate postmodernism's ambivalent liberation of the signifier. Adam Pendleton's "Black Dada" works—whose title derives from an Amiri Baraka poem of the mid-1960s—certainly occupy this terrain. At MoMA he shows a wall-spanning four-diptych painting, *Black Dada (Expanded Field)* (2011-2012), which characteristically amalgamates enlarged photographic details of a Sol LeWitt *Incomplete Open Cubes* silkscreened on a black ground with capital letters drawn from the words "BLACK DADA." He also is exhibiting *Black Dada (Ian Berry, couple dancing, independence celebration Congo, 1960)* (2008/2012), in which a photograph by the British photojournalist famed for his work in southern Africa—which Pendleton discovered in the catalogue for Okwui Enwezor's "Short Century" exhibition—is silkscreened onto nine sheets of Mylar and overprinted with the text of the artist's Black Dada manifesto, written in 2008 (itself an concatenation of unattributed source material compiled from existing manifestoes and other texts, including the artist's own, which extend from the Dadaists to today). Berry's photograph, of dancing to celebrate Independence Day in Belgian Congo, June 30, 1960—referenced in Pendleton's title by a set of keywords, as if drawn from a digital archive—is loosened from its historical moorings to become part of the mythology of Black Dada. "This is an image that was taken in 1960, during a celebration of independence in the Congo," the artist has explained, "but I don't think that's what you think about when you look at that image. I don't think you say, 'Oh my God. They're free.' You know? It could be anything really."[6] To understand what he means, we might point to one of the lines in his manifesto, visible in this work: "Black Dada is

6. Adam Pendleton quoted in M. Miller, "Adam Pendleton Brings Black Dada to MoMA and Pace," *GalleristNY* (April 16, 2012).

a way to talk about the future while talking about the past. It is our present moment"—a conjectural history that opens up a space for his hybrid production. For Pendleton, the critical encounter with the past is performed not as a mnemonic device—the re-inscription of memory within an amnesiac spectacle-culture—but as a return to the future, what he has called "a future dynamic where new historical narratives and meanings can exist."[7] Hence the significance of experimental poetry for him, which in its refusal of narrative works to break down the received meanings, and to hand back the work of signification to the reader. History, like language, is neither fatality nor prison-house, but a material to be manipulated and composed in the construction of "our present moment." Black Dada in this sense continues the project of decolonization, extending it to the domain of language—both literary and visual—itself.[8]

Pendleton produced *Black Dada (Ian Berry ... )* with two frequent collaborators, graphic designers Jaan Evart and Marc Hollenstein, graduates of the renowned experimental program Werkplaats Typografie, in the Netherlands, and "Ecstatic Alphabets" features a number of such interdisciplinary partnerships between artists and designers. Indeed, graphic design would appear to be a particularly fruitful space from which to pose the questions about the material qualities of language that are at the heart of the exhibition. As such, the design workshop Dexter Sinister—founded in 2005 by American David Reinfurt and his English colleague Stuart Bailey—occupies a particularly significant, if somewhat eccentric place, in Hoptman's show. This is the case not least because some of the artists in "Ecstatic Alphabets" have worked with Dexter Sinister in the past, and because its own exhibition "The Serving Library"—seen in 2011 at the Walter Phillips Gallery in Banff and later at Artists Space in New York—examined a set of themes that closely overlap those being explored at MoMA, this graphic design workshop casts a long shadow over the show. Within the gallery, it is represented by a modest video displayed on a monitor, but this is merely a "trailer" for its primary contribution: the latest number of their biannual *Bulletins of the Serving Library*, titled *Ecstatic Alphabets/ Heaps of Language* (2012). This third bulletin serves as exhibition catalogue, although it exists semi-autonomously from the show itself, its essays taking up a typically diverse range of subjects that in one form or another address issues of communication—from author Andrew Blum on internal debates within MoMA during the 1960s on the institution's abbreviation ("MOMA" or "MoMA"?) to the late French director Pierre-André Boutang on the making of *L'Abécédaire de Gilles Deleuze*, to sociologist Bruno Latour examining a key to an apartment in Berlin that opens up questions of the imbrication of objects and the social. Reading its pages feels like sitting in on a particularly dense, and enthusiastic, graduate seminar in design—a statement that

7. Gillian Sneed, "Interview with Adam Pendleton," *The Highlights*, no. 9 (2008): http://thehighlights.org/wp/interview-with-adam-pendleton#interview-with-adam-pendleton.
8. For more on Pendleton's work, see "The Parallax View," *Artforum* 50, no. 3 (November 2011), 230-235, 294.

169

might be taken to indicate both the strength and the limitations of its project. For all its wide-ranging curiosity about language and its visual instantiations, the *Bulletin* can seem frustratingly closed off from a wider social world of linguistic practice, and curiously deaf to issues of race, class, and ethnicity raised by an earlier generation of designers that had helped to root their critical practices in the realm of the everyday.

"Ecstatic Alphabets/Heaps of Language" roots the return to language that it traces in the contemporary information overload, to which artists have responded by insisting on the material qualities of communication. But that has been an endemic condition for at least a half-century and is certainly too broad to account for the shifts evidenced in the exhibition. And this is where the elision of the 1980s becomes a critical problem, since it is only with reference to the advent of a generalized textuality that we can come to understand the particular importance of the work on display here. What this generation of artists and designers—while there is a relatively wide age range, most were born in the 1970s and 1980s—seems to have inherited from the decade of postmodernism is the recognition that the dereferentialization of language, which was at one time the legacy of modern poetry, has since become the very project of financial capital, that the separation of word from referent, and then of signifier from signified, is coextensive with the fungible nature of the contemporary market. Even more, we can say that our postfordist, information-based economy has a fundamentally linguistic basis in its mobilization of intellectual, "immaterial" labor; capital is no longer simply a force external to language, but inheres profoundly within its syntax and grammar.[9] Hence, for the artists in "Ecstatic Alphabets" it is not a question of restoring referentiality, of somehow repairing this rift, but of experimenting with various means of diverting the condition of textuality toward critical ends, of withdrawing language from the circuits of capital; not an escape into language as a thing-in-itself, but inhabiting the linguistic necrosis, "the mind of this death," that Smithson had diagnosed already in 1967.

9. This idea is explored in Franco "Bifo" Berardi's forthcoming *The Uprising: On Poetry and Finance* (New York: Semiotext(e), 2012).

Marcel Duchamp, *Disk Inscribed with pun* for use in the film Anémic Cinéma, produced by Duchamp with Man Ray and Marc Allégret, 1925–26: Mosquitoes domestics [half-stock] requested for a nitrogen cure on the Côte d'Azur, 1926, white letters pasted on cardboard, painted black, mounted on phonograph record, 11 ' ¼" diam

170

# Ecstatic Alphabets / Heaps of Language

## Tom McDonough

*Ecstatic Alphabets / Heaps of Language*
MoMA, New York
6 mai – 27 août 2012

À l'automne 1979, à l'aube de la décennie qui allait définir le postmoder-nisme dans les arts visuels, le critique Craig Owens publiait un essai intitulé « Earthwords » dans le magazine *October*[1]. Son sujet d'étude était principalement Robert Smithson, en particulier l'irruption du langage dans le champ visuel de l'art de la fin des années 1960, et plus généralement celui du début des années 1970. Pour Owens, les textes d'artistes de cette époque – catégorie qui incluait des phénomènes aussi divers que l'art conceptuel, les écrits d'artistes, les car-nets de travail, ainsi que la documentation des œuvres éphémères – se distin-guaient des apparitions antérieures du langage dans l'art par leur rejet d'une relation au visuel accessoire ou additionnelle. Au début du XXᵉ siècle, le lan-gage avait fait en quelque sorte figure d'intrus dans l'ordre visuel sacro-saint du modernisme. L'irruption de la linguistique, si nettement visible dans l'œuvre de Smithson et dans sa propre activité d'écrivain – on pense à son dessin *A Heap of Language* (1966) et à l'essai qui s'y rapporte, *Language to be Looked at and/or Things to be Read*[2] (1967) – avait bouleversé les hiérarchies visuelles du modernisme et, selon Owens, préparé l'espace textuel du postmodernisme, où le langage serait étroitement lié à l'art, et où les anciennes frontières qui séparaient les catégories, les genres ou les médiums étaient devenues irrévo-cablement floues. En 1989, une décennie après la parution du texte d'Owens, son collègue, le critique Hal Foster revenait sur quelques-unes de ces mêmes questions dans un essai qui peut être considéré comme une *coda* finale à la décennie du postmodernisme. Dans son article « Wild Signs: The Breakup of the Sign in Seventies'Art », il s'intéressait également à la problématique de la textualité, mais il historicisait le discours poststructuraliste de la soustraction progressive du signe du référent, et plus tard du signifié et du signifiant, mobi-lisés par Owens au nom des hiérarchies modernistes démantelées[3]. Ce pro-cessus de soustraction linguistique s'alignait désormais, selon Foster, sur les

---

1. Craig Owens, « Earthwords », in *October*, nº 10, automne 1979, p. 122 .
2. Robert Smithson, « Language to be Looked at and/or Things to be Read » (1967), in *Robert Smithson: The Collected Writings,* Eugenie Tsai (éd.), Berkeley, University of California Press, 2004.
3. Hal Foster, « Wild Signs: The Breakup of the Sign in Seventies'Art », in *Social Text*, nº 21, *Universal Abandon: The Politics of Postmodernism*, Durham, Duke University Press, 1989, p. 251-262.

opérations de déterritorialisation du capital même. Fredric Jameson avait déjà remarqué ce phénomène :

> Dans un premier temps, la « réification » a « libéré » le signe de son référent, mais c'est une libération qui ne peut se faire en toute impunité. Aujourd'hui, dans un second temps, elle poursuit son œuvre de dissolution, en pénétrant au cœur du signe, et en libérant le signifié du signifiant, ou du sens propremement dit. Cette manipulation, qui n'est plus du domaine des signes, mais des signifiés littéraux délestés de leurs signifiants, de leurs significations premières, génère dorénavant un nouveau genre de textualité dans tous les arts[4].

L'ambivalence due à l'irruption du langage dans l'art est développée et expliquée par Foster à partir de ce constat du capital pénétrant au cœur du langage, désarticulant les éléments qui le composent – un processus coextensif à l'éclipse de la valeur d'usage dans le monde de l'échange. On pourrait avancer que la récente exposition de Laura Hoptman se constitue justement sur l'absence de la décennie comprise entre ces deux essais, *Ecstatic Alphabets/Heaps of Language*, qui passe en revue la rencontre du langage et du visuel, et leur fusion. En effet, les années 1980 sont bien absentes, un vide dans cette inspection historique de grande envergure organisée en deux parties : un arc de cercle où est disposé l'art du XXᵉ siècle ayant fait des expériences avec le langage – depuis les *Calligrammes* de Guillaume Apollinaire et la *Parole* in liberta de Filippo Tommaso Marinetti, en continuant avec la poésie concrète des années 1950, englobant même les poètes visuels de la décennie suivante, tel Emmett Williams de Fluxus, avant d'arriver aux pratiques minimales et conceptuelles des années 1960 et 1970 – et la partie principale, composée d'œuvres de douze artistes contemporains ou en collaboration. La section historique – qui comporte presque exclusivement des œuvres sur papier de la collection du MoMA – est disposée le long des murs d'un espace-couloir, comme dans un roulement de tambour sur les avant-gardes historiques et la néo avant-garde, dont la cadence accélérée est imposée par le *Walk Talk* (1969) de Ferdinand Kriwet, déroulé ici comme un grand tapis. Sa trajectoire s'arrête brusquement vers 1980, précisément au moment de l'irruption définitive du langage dans le domaine visuel du modernisme et le déplacement final des protocoles d'opticalité de ce dernier. L'esquive de ces pratiques postmodernes dans l'exposition de Hoptman est d'autant plus visible qu'elle a choisi curieusement de clore sa sélection historique par deux œuvres qui sont en fait relativement récentes : la vidéo de Rirkrit Tiravanija, *Untitled 2008 (john giorno reads*, 2008) – d'ailleurs curieusement considérée « historique » – montre l'artiste poète et performer lisant des extraits de ses écrits, et la série d'affiches du trio de graphistes hollandais, Experimental Jetset, *Zang Tum Tum: if You Want it* (2003), qui amalgame le militarisme de la poésie sonore futuriste du début du XXᵉ siècle avec

4. Fredric Jameson, « Periodizing the 60s », in *The 60s Without Apology*, Sohnya Sayres et al. (éd.), Minneapolis, University of Minnesota Press, 1984, p. 200.

le pacifisme de la fameuse affiche de Yoko Ono et John Lennon, *War is Over! If You Want it,* au début des années 1970. Le placement de ces œuvres au bout de ce couloir « historique » éclectique réunit les deux parties de l'exposition tout en supprimant l'épisode troublant du postmodernisme dans son entier et sa prise en considération des ambivalences de la textualité diagnostiquée par Foster ; en d'autres termes, nous sautons directement de la fin des années 1960 et du début des années 1970 au présent. Mais l'inclusion du dessin de Smithson, *A Heap of Language,* dont l'importance est signalée par le titre même de l'exposition, nous rappelle que le langage n'a pas simplement pénétré le domaine de l'art comme un matériau manipulable – comme la peinture ou l'argile – ni comme un médium artistique parmi d'autres, mais qu'il y est entré en tant que mécanisme supprimant les frontières établies, pour le meilleur et pour le pire. Plutôt que la glorification proclamée par Experimental Jetset, on pourrait trouver un meilleur exemple dans la teneur inexorablement nécrotique par lequel Smithson conclue son essai de 1967 :

Robert Smithson,
*A Heap of Language,*
1966, dessin au crayon,
16.7 × 56.2 cm

> Un mot que l'on n'a pas en tête est un ensemble de « lettres mortes ». La manie de la littéralité s'apparente à l'échec de la croyance rationnelle en la réalité. Les livres ensevelissent les mots dans une rigidité cadavérique synthétique, c'est peut-être pour cela que l'on pense que l'« imprimé [*print*] » est tombé en désuétude. Cependant, la mémoire de cette mort est inexorablement vivace[5].

En entrant dans les salles dédiées aux œuvres contemporaines, on remarque une divergence entre ces artistes qui semblent, du moins dans l'ensemble, partager le principe curatorial du langage-médium-parmi-d'autres – par exemple, Tauba Auerbach – et ceux dont les œuvres s'engagent, d'une manière ou d'une autre, dans l'héritage ambivalent de la dissolution du signe, comme c'est le cas pour la sélection d'œuvres de Shannon Ebner, des photos tirées de sa série *Dead Democracy Letters.* Commencée au début de l'invasion américaine en Afghanistan

5. Robert Smithson, « Language to be Looked at and/or Things to be Read », in *Robert Smithson: The Collected Writings, op. cit.* Pour une analyse pertinente du dessin de Smithson, voir Richard Sieburth, « "A Heap of Language": Robert Smithson and American Hieroglyphics », in *Robert Smithson, op. cit.*, p. 218-233.

et la préparation de la guerre en Irak, cette série montre en détail des installations extérieures temporaires de lettres en carton d'1 m 80 de hauteur qu'elle a dressées pour former des mots et des phrases au sens souvent énigmatique. « LANDSCAPE INCARCERATION », vu par-derrière au second plan d'un paysage broussailleux aux abords de Los Angeles, semble être une version en ruine de la pancarte « Hollywood » (*Landscape Incarceration*, 2003) ; « *RAW* », en grosses lettres noires au bord de l'une des fosses à bitume de La Brea, est photographié de telle sorte que son reflet soit visible dans le liquide visqueux en contrebas (*Raw War*, 2004) ; dans une itération plus récente, le mot « *AGITATE* », en lettres blanches appuyées contre un mur de parpaings, semble faire écho au langage (ou le prédire, dans ce cas) de Occupy Wall Street (*AGITATE*, 2010). Le titre de la série est révélateur : il combine deux groupes de mots, « *democracy letters* », qui rappellent l'intérêt d'Ebner pour les vicissitudes du discours public contemporain, et « *dead letters* », qui évoque à la fois des missives tombées au rebut et plus généralement des choses qui ne sont plus considérées comme pertinentes, ou dignes d'attention, comme Smithson nous l'avait rappelé. Ces protestations ou avertissements isolés et précaires sont l'une des expressions du jugement définitif de l'artiste sur l'état du régime politique américain au début du XXI^e siècle – critiques poétiques sur l'absence même de discours public qui pourrait définir un espace réellement démocratique[6]. Si les *Dead Democracy Letters*, ces « sculptures involontaires » – pour reprendre le clin d'œil d'Ebner aux photographies de Brassaï de 1933 dans ses propres *Sculptures involuntaires* [*sic*] (2006), qui montrent la boîte en bois dans laquelle elle avait rangé ses lettres en carton au milieu du paysage désolé typique de la Californie du Sud – mimaient l'insécurité ou l'instabilité du langage contemporain, sa dernière création d'un alphabet modulaire en parpaings, dans sa physicalité brutale, réaffirme le langage « chosifié », comme une position d'où l'on peut défendre l'autonomie linguistique face à son enrôlement dans la récente réification du capitalisme – un « *heap of language* » smithsonien attestant de la matérialité crue du discursif. L'exposition du MoMA comprenait la vidéo en boucle d'Ebner, *The Ecstaticalphabet* (2009), dans laquelle son alphabet de parpaings s'animait pour la première fois ; les lettres défilaient, clignotant sur le mur, à une rapidité telle qu'il était presque impossible de les capter, posant la question : « Quand une phrase photographique est-elle une phrase photographiée ? » La réversibilité implicite de la question – qu'en rhétorique on appellerait une antimétabole, une répétition de termes successifs, mais dans un ordre grammatical transposé – est une pratique employée de longue date par l'artiste, et qui est déjà manifeste dans quelques-unes des *Dead Democracy Letters*. Ici toutefois, cela devient une manière d'insister sur cette frustration des catégories discrètes – photo, langage et même sculpture – une caractéristique de la textualité généralisée de la culture contemporaine, tout en essayant d'arracher ce processus de soustraction des conventions d'échange dans un marché mondialisé qui a pénétré le cœur de la linguistique. On retrouve quelque chose de semblable dans la pratique expérimentale de l'artiste et designer anglais Paul Elliman,

6. Pour un complément sur le travail d'Ebner, voir mon article « Concrete Poetry », in *Artforum* 48, n° 8, avril 2010, p. 148-155, p. 218.

dont le projet illimité *Found Fount* (commencé en 1989) – représenté au MoMA par deux grandes collections élégamment disposées sur des tables géantes, *Dead Scissors* (en cours depuis 2004) et *Wild Asters* (depuis 1996) – cherche à découvrir police de caractères variable à l'infini dans les détritus du monde des objets des humains. Aux antipodes de la monumentalité de parpaings d'Ebner, le *Found Fount* d'Elliman est composé d'éléments comme les manches de ciseaux cassés exposés ici qui sont assez petits pour être mis dans la bouche ou passer de mains en mains, comme de l'argent. Les échos du *Molloy* de Samuel Beckett, avec ses pierres à sucer, sont clairs ici, et il se peut qu'Elliman se soit inspiré de cette figure littéraire pour assembler une police caractérisée précisément par la même inefficacité délibérée. La typographie devient une machine désirante deleuzienne se référant aux signes de l'échange globalisé, tout en insistant simultanément sur la versatilité des caractères, en annulant la pulsion de fonctionnalité dirigée vers un but, une efficacité et une unité systématique.

Pour Hoptman, c'est aussi une question de lecture « frustrante » ; il s'agit de compliquer l'acte d'interprétation et de souligner les aspects peu réalistes de l'utilisation du langage, ceci étant étroitement lié à ce que Jacobson a appelé la « fonction poétique ». En poésie, le langage attire l'attention sur son propre médium, en insistant sur la palpabilité des signes ; en d'autres termes, nous ne cherchons pas à trouver une signification *dans* le texte, mais nous *regardons* le texte, la matérialité des signes qui le composent. Quelque chose de cette pratique auto référentielle radicale est visible dans *Two-Alphabet Monograms* (2009/2010) de Ei Arakawa et

Ei Arakawa et Nikolas Gambaroff, *Two-Alphabet Monograms*, 2009 ; vue d'exposition, Pro Choice, Vienne, 2009

Adam Pendleton,
*Black Dada (LK/LC/AA)*,
2008-09, sérigraphie
sur toile, deux panneaux,
chacun 121,9 × 15,2 cm ;
l'ensemble 20,3 × 15,2 cm

Nikolas Gambaroff, composé de plus de trois-cents drapeaux de toile, sur chacun desquels deux lettres sont superposées au lieu d'être posées l'une à côté de l'autre. Le langage est ainsi transcrit en image, et cette image est performée comme un nouveau langage dans la pièce sonore qui l'accompagne, chaque monogramme étant prononcé de façon maladroite. Dans ce recouvrement, l'alphabet est à la fois radicalement multiplié bien au-delà de ses vingt-six lettres tout en étant rendu dysfonctionnel. Les drapeaux miteux d'Arakawa et Gambaroff ponctuent l'exposition, parfois pliés en piles nettes placées dans un coin, parfois déployés pour la lecture, paraissant toujours déplacés dans les salles immaculées du MoMA. Karl Holmqvist réalise un autre genre de matérialité poétique dans ses performances, agissant comme une sorte de récepteur de bribes de texte dont les sources vont des avant-gardes historiques à Beyoncé et à Boy George, qu'il scande de manière répétitive, impassiblement, d'une voix caverneuse et désabusée. Ses incantations, à parts égales comiques et inquiétantes, sont profondément symptomatiques du présent – s'appropriant le langage de la réification pour trouver une issue de l'autre côté : « *It's more fun to compute* », dit-il, en citant Kraftwerk. Si son installation de textes posés comme du papier peint (*Untitled*, 2012) apparaît plutôt inerte visuellement, sa pièce sonore *Untitled* (A=T=O=M=I=Z=E=D, 2012) révèle une habileté chamanique pour faire apparaître les divers champs discursifs de notre médiasphère à travers une personnalité fragmentée. On est presque tenté de dire que le choix curatorial de supprimer les années 1980 dans *Ecstatic Alphabets/Heaps of Language* repose sur le principe que, dans le présent, la poésie en est venue à remplacer la théorie en tant que moyen clé pour critiquer la manière ambivalente dont le postmodernisme s'est libéré du signifié. Les œuvres *Black Dada* d'Adam Pendleton – dont le titre dérive d'un poème d'Amiri Baraka du milieu des années 1960 – occupent certainement ce terrain. Au MoMA, Pendleton expose sur tout un mur quatre diptyques, *Black Dada (Expanded Field*, 2011/2012), qui amalgame de manière caractéristique des détails photographiques agrandis d'un *Incomplete Open Cubes* de Sol Lewitt sérigraphié sur un fond noir avec des lettres capitales tirées des mots « BLACK DADA ». Il montre également *Black Dada (Ian Berry, couple dancing, independance celebration Congo, 1960, 2008/2012)*, dans lequel une photo prise par le photo-journaliste anglais célèbre pour son travail en Afrique du Sud – découvert par Pendleton dans le catalogue de l'exposition *Short Century* d'Okwui Enwezor – est sérigraphiée sur neuf films de Mylar et porte en surimpression le texte du *Black Dada Manifesto* écrit par l'artiste en 2008 (texte lui-même un enchaînement de matériaux dont les sources ne sont pas citées, compilé à partir de manifestes existants et autres textes, y compris celui de l'artiste ; compilation qui s'étend des dadaïstes à aujourd'hui). La photo de Berry, une danse de célébration du jour de l'indépendance du Congo belge, 30 juin 1960 – à laquelle Pendleton fait référence dans son titre par une suite de mots-clés, comme dans une archive numérique – est détachée de son ancrage historique pour faire partie de la mythologie de *Black Dada*. « Cette image a été prise en 1960, lors d'une célébration de l'indépendance du Congo », a expliqué l'artiste, « mais je ne crois pas que vous pensiez à cela en regardant cette image. Je ne pense pas que vous vous dites : "Oh mon Dieu, ils sont libres !" N'est-ce pas ? Vraiment, ce pourrait être n'importe quoi[7]. » Pour comprendre ce qu'il veut dire, on peut se reporter à une ligne de son manifeste, visible dans cette œuvre : « Black Dada est une manière de parler de l'avenir quand on parle du passé. C'est notre moment présent. » Une histoire conjecturale qui ouvre un espace à la production hybride de l'artiste. Pour Pendleton, la rencontre critique avec le passé est représentée non pas comme un moyen mnémotechnique – la réinscription de la mémoire dans une culture-spectacle amnésique –, mais comme un retour vers le futur, ce qu'il a décrit comme « une dynamique future où peuvent exister de nouvelles narrations et de nouvelles significations historiques[8]. » D'où l'importance, selon lui, de la poésie expérimentale qui refuse les œuvres narratives pour briser le consensuel et pour renvoyer le travail de signification au lecteur. L'histoire, comme le langage, n'est jamais fatalité ni prison, mais un matériau qu'il faut manipuler et composer pour la construction de « notre moment parfait ». Dans ce sens *Black Dada* poursuit le projet de décolonisation, en l'élargissant au domaine du langage même – qu'il soit littéraire ou visuel[9].

7. Adam Pendleton, cité dans Michael Miller, « Adam Pendleton Brings Black Dada to MoMA and Pace », in *GalleristNY*, 16 avril 2012.

8. Gillian Sneed, « Interview with Adam Pendleton », in *The Highlights*, n°9, 2008 ; accessible sur <www.thehighlights.org/wp/interview-with-adam-pendleton#interview-with-adam-pendleton>.

9. Pour un complément sur l'œuvre d'Adam Pendleton, voir mon article « The Parallaw View », in *Artforum* 50, n° 3, novembre 2011, p. 230-235, p. 294.

Pendleton a produit *Black Dada (Ian Berry...)* avec deux de ses collaborateurs habituels, les graphistes Jaan Evart et Marc Hollenstein, lauréats du célèbre programme expérimental Werkplaats Typografie, aux Pays-Bas, et *Ecstatic Alphabets* présente un bon nombre de collaborations interdisciplinaires de ce type, entre artistes et designers. Effectivement, le graphisme se révèle un espace particulièrement fructueux à partir duquel on peut s'interroger sur les qualités matérielles du langage qui sont au cœur de cette exposition. À ce titre, l'atelier de design Dexter Sinister – fondé en 2005 par l'Américain David Reinfurt et son collègue anglais Stuart Bailey – occupe une place particulièrement significative (pour ne pas dire excentrique) dans l'exposition d'Hoptman. L'une des raisons à cela, et pas la moindre, est que certains artistes présents dans *Ecstatic Alphabets* ont travaillé avec Dexter Sinister dans le passé ; de plus, sa propre exposition *The Serving Library* – vue en 2011 à la galerie Walter Phillips à Banff et plus tard à Artists Space à New York – a présenté un ensemble de thèmes qui empiètent sur ceux explorés au MoMA, et cet atelier de graphisme projette une grande ombre sur l'exposition. Dans le musée, il est représenté par une modeste vidéo passée sur un moniteur, mais ce n'est qu'une « bande-annonce » de sa contribution originale : le dernier numéro de leur publication biannuelle, *Bulletins of the Serving Library*, intitulé *Ecstatic Alphabets/Heaps of Language* (2012). Ce troisième numéro sert de catalogue d'exposition, même s'il existe de façon semi-autonome, ses textes couvrant un éventail de sujets variés qui, d'une manière ou d'une autre, touchent à des problèmes de communication – depuis l'auteur Andrew Blum avec les débats au sein du MoMA dans les années 1960 sur l'abréviation à donner à l'institution (« MOMA » ou « MoMA » ?), jusqu'au réalisateur français, aujourd'hui décédé, Pierre-André Boutang sur la direction de *L'Abécédaire de Gilles Deleuze* et au sociologue Bruno Latour, avec sa *Clef de Berlin* qui ouvre un questionnement sur l'imbrication des objets et du social. Lire ces pages donne l'impression d'assister à un séminaire de troisième cycle en design, particulièrement dense et enthousiasmant – cette affirmation pouvant être interprétée comme une constatation de la force, mais aussi des limites du projet. En ce qui concerne ce grand intérêt pour le langage et ses instanciations visuelles, le *Bulletin* peut paraître frustrant, car il est coupé d'un monde social plus élargi de la pratique linguistique, et curieusement sourd aux problèmes de race, de classe et d'ethnicité soulevés par une précédente génération de designers qui s'étaient employés à enraciner leurs pratiques culturelles dans le domaine du quotidien. *Ecstatic Alphabets/Heaps of Language* veut enraciner le retour au langage dont elle suit la trace dans la surcharge de notre information contemporaine, et les artistes ont répondu à cet objectif en insistant sur les qualités matérielles de la communication. Mais ceci est une condition endémique depuis au moins un demi-siècle et c'est un sujet bien trop vaste pour qu'il en soit rendu compte dans les mouvements mis en évidence dans l'exposition. Et c'est là où l'impasse sur les années 1980 devient un problème critique puisque c'est uniquement en référence à l'avènement d'une textualité généralisée que nous pouvons réussir enfin à comprendre l'apport particulier du travail exposé ici. Ce dont cette génération d'artistes et de designers – avec une fourchette d'âge relativement large, la plupart étant nés dans les années 1970 et 1980 – semble avoir hérité de la décennie du postmodernisme, c'est que le langage amputé de ses références, qui fut à une époque le legs de la poésie moderne, est devenu depuis l'objectif du capital financier, que la rupture entre le mot et son référent, puis celle entre le signifié et le signifiant est coextensive avec la nature fongible du marché actuel. Pour aller encore plus loin, on peut dire que notre économie postfordiste, qui repose sur l'information, possède une base fondamentalement linguistique dans sa mobilisation du travail intellectuel, « immatériel » ; le capital n'est plus une simple force extérieure au langage, mais il est profondément inhérent à sa syntaxe et à sa grammaire[10]. En conséquence, pour les artistes présents dans *Ecstatic Alphabets*, il n'est pas question de restaurer la *référentialité*, ni de colmater cette fissure d'une manière ou d'une autre, mais d'expérimenter, par divers détournements, la condition de la textualité à des fins critiques, de soustraire le langage aux circuits du capital ; il ne s'agit pas d'une fuite dans le langage en tant que chose en soi, mais d'habiter la nécrose linguistique, dans « la mémoire de cette mort », que Smithson avait déjà diagnostiquée en 1967.

10. Ceci est analysé par Franco « Bifo » Berardi, in *The Uprising: On poetry and Finance*, New York, Semiotext(e), à paraître en 2012.

# « Car la pensée est sombre ! »

*Clara Schulmann*

*Les arcs-en-ciel du noir*
Commissariat : Annie Le Brun
Maison de Victor Hugo, Paris
15 mars – 19 août 2012

Paru en 1922, *Le Livre des amis* de Hugo von Hofmannsthal – écrivain et auteur de la thèse *L'Évolution du poète Victor Hugo* – regroupe des notes et aphorismes écrits ou archivés au fil des années par l'écrivain. L'un d'entre eux dit ceci : « Supériorité de la langue française : de pouvoir naturellement mettre au pluriel des noms abstraits qui se rapportent à des sensations : *les fatigues, les vides, les noirs*[1]. »

1. Hugo von Hofmannsthal, « Le livre des amis », in *Œuvres en prose*, préface de Jean-Yves Masson, traductions et notices de Jean-Louis Bandet, Pierre Cimaz, Audrey Giboux, et al., Paris, Librairie générale française, coll. « La Pochothèque », 2010, p. 884.

L'exposition proposée par Annie Le Brun à la Maison de Victor Hugo rend justice à cette assertion. Les textes et les dessins de Victor Hugo trouvent ici les conditions inédites d'un dialogue dont le noir s'offre comme une « puissance génératrice[2] ». Ce que l'on gagne au choix d'une telle mise en œuvre est important, autant en terme d'expérience qu'en terme méthodologique : abstraction et sensation – termes rapportables aux textes, aux images, mais aussi à la visite de l'exposition – cohabitent avec intelligence, comme si les critères coutumiers de l'histoire de l'art n'avaient ici plus cours.

La singularité de cette exposition tient sans doute beaucoup au fait qu'Annie Le Brun est à la fois écrivain, poète et philosophe. Elle rejoint le groupe surréaliste au début des années 1960, juste avant la mort d'André Breton qui aura le temps de lui commander, pour un colloque à Cerisy, une intervention sur le roman noir gothique, sa spécialité d'alors. Demeurant fidèle à cette queue de comète surréaliste, Annie Le Brun s'intéressera ensuite à Sade, Jarry, Roussel. Avec *Les Arcs-en-ciel du noir*, elle signe, au sens propre, une exposition qui permet de mesurer à chaque pas le degré d'intimité qu'elle entretient avec les questions soulevées. Ce qu'elle propose relève de l'élaboration d'un point de vue, original, entièrement indépendant des instances académiques, des arcanes universitaires ou des horizons curatoriaux contemporains. C'est la force de ce point de vue, à la fois documenté et *éprouvé*, qui distingue l'exposition des propositions actuelles, lui conférant une envergure peu commune. Le choix du noir, envers et revers souterrains de la production hugolienne, s'affirme progressivement comme une manière, aussi, d'encourager les positions critiques marginales, et de fourbir les armes de ceux qu'intéresse le front commun de la littérature et de la production visuelle.

Les dessins, objets, fragments de textes et citations retenus constituent une sorte d'alphabet tabulaire qui exclut toute hiérarchie entre les formes présentées. Une fois la classification académique écartée, le travail de Victor Hugo, et la force de l'équation qu'il ne cesse de vérifier entre lyrisme et ténèbres s'offrent véritablement aux regards. Pour saisir l'amplitude de cette écriture que rien ne semble pouvoir arrêter et celle de ces lavis qui ne connaissent ni contours ni limite, il faut sans doute, et Annie Le Brun orchestre cela avec un évident plaisir, convoquer une méthodologie neuve. L'exposition, plongée dans le noir, supprime les cartels pour laisser flotter textes et dessins, formulant ainsi une nouvelle acception de la chambre noire. Le noir devient un outil critique, qui accepte et encourage, plutôt que de lisser les contradictions. Chapitrée, mais aussi mise en scène, l'exposition se visite comme un son et lumière, faisant paradoxalement du noir et de l'obscurité des conditions de regard. La connaissance qui en découle relève des gouffres et du désastre, affectant l'écriture autant que l'activité graphique et c'est le relevé, précis, de ces altérations, que l'exposition prend en charge.

Que le pluriel commenté par Hofmannsthal comme une spécificité de la langue française ne surprendra pas le visiteur : c'est en effet à une multitude d'occurrences du noir que nous sommes confrontés, bien qu'elles demeurent fidèles à la chronologie.

---

2. L'expression est d'Annie Le Brun (citations extraites des informations données dans l'exposition).

Victor Hugo, *Vieux burg dans l'orage*, 25 août 1837, plume et lavis d'encre brune, papier vélin

Le noir gothique (*Notre Dame de Paris*, 1831) et exotique (*Bug-Jargal*, 1823) des premiers textes qui abordent déjà la question de la peine de mort (*Le Dernier Jour d'un condamné*, 1829). Le noir théâtral des passions : celle de la représentation, du drame romantique, qui convie mise en espace, décors, accessoires, costumes, en construisant des mondes parallèles mettant à mal la perspective. C'est ce chapitre qui accueille d'ailleurs la figure de Juliette Drouet, révélant les extraits de la correspondance passionnée, pleine d'humour, que la comédienne engage avec Victor Hugo, ainsi que leurs dessins conjoints. Le noir des voyages qui permettent d'affuter dans les dessins les silhouettes de châteaux en ruine, des paysages inquiétants aux contours flous. Cette rêverie faite d'errance et de fantasmes se durcit dans le chapitre suivant, « Noir comme la liberté », qui suit la trajectoire politique de Victor Hugo et notamment son exil, que l'écrivain transforme rapidement en une force capable d'accroître ses désirs d'écriture en même temps qu'elle compromet sa liberté de mouvement. C'est à Hauteville House, la maison qu'il meuble et modifie constamment à Guernesey qu'est consacrée la salle suivante, qui couple avec beaucoup d'esprit ce « théâtre mental » qu'est la maison, plongée dans l'obscurité, et le fantôme de Shakespeare à qui Victor Hugo consacre un texte en 1864, faisant de lui son double. L'exposition se conclut autour de deux salles, « Noir comme l'infini » et « Noir comme l'éblouissement » qui indiquent les deux faces d'un processus de création autant aux prises avec l'insaisissable, les ténèbres qu'avec la lumière, l'éclair et le surgissement.

Ces différentes occurrences du noir permettent d'échapper à un formalisme trop strict. Le noir devient, au fil de l'exposition, l'endroit d'une configuration esthétique qui permet de poser, dans un même mouvement, des questions politiques, sociales ou historiques. C'est sans doute dans cet effet de tressage, dont l'exposition nous convainc résolument, que gît « l'énormité poétique[3] », selon les mots d'Annie Le Brun, du projet Victor Hugo : l'incroyable capacité qu'a Hugo de commenter, tout en les accompagnant, en les brassant, les intempéries de son temps. Ce projet, soumis à la diversité de ses propres formats de production, grandiloquence des textes et miniature des dessins, esquisses de décors ou maquette pour maison d'enfants, trouve ici une étonnante forme de domestication. Loin d'un asservissement, il faudrait plutôt entendre ici l'établissement d'un nouvel espace d'application : plus intime et moins océanique, le travail de Hugo connaît ici une forme de relance. À cette échelle, celle que propose l'exposition, le trouble qu'il aura transmis à l'écriture comme au dessin semble momentanément mesurable. C'est donc que le noir comme unité de mesure et de démesure fonctionne : si la question de l'échelle est sans doute centrale pour saisir Hugo, c'est à l'aune des ténèbres qu'il faut établir cette dernière. « Je resterai un monstre et un loup-garou[4] », écrit Baudelaire à Hugo dans une lettre d'allégeance étourdissante. Comme si Hugo raccordait son entourage, ou le monde qui l'entoure, à l'immense examen qu'il a choisi d'entreprendre et dont il énonce l'impossible protocole dans *Les Travailleurs de la mer* : « L'obscurité nocturne est pleine d'un vertige. Qui l'approfondit s'y submerge et s'y débat. Pas de fatigue comparable à cet examen des ténèbres. C'est l'étude d'un effacement[5]. »

3. *Ibid.*
4. *Ibid.*
5. Victor Hugo, *Les Travailleurs de la mer*, Paris, Flammarion, coll. « Folio », 1980, p. 374.

# "Because Thought is Dark!"

*Clara Schulmann*

---

"The Rainbows of Black"
Maison de Victor Hugo, Paris
March 15 – August 19, 2012

---

Hugo von Hofmannsthal's[1] "Book of Friends," published in 1922, consists of notes and phrases that the author had written or collected over the years. One of these includes the following quote: "The superiority of the French language lies in its ability to put abstract nouns expressing sensations in the plural form—tiredness*es*, emptiness*es*, blackness*es* (les fatigues, les vides, les noirs)."[2]

1. Writer and author of the thesis *The Evolution of the Poet Victor Hugo.*
2. Hugo von Hofmannsthal, "Le livre des amis" (Book of Friends) in *Œuvres en prose*, trans. Jean-Yves Masson (Paris: Le Livre de poche, collection La Photothèque, 2010), 884.

Annie Le Brun's exhibition at the Maison de Victor Hugo proves this statement to be true. Victor Hugo's texts and drawings are presented in an unprecedented way, by means of a dialogue whose "generative power"[3] is the color black. The effect created by this choice is significant not only on the level of experience but also of methodology: abstraction and sensation (terms that apply to the texts and the drawings, as well as to the visitors seeing the exhibition) coexist intelligently, as if the usual criteria for art history were no longer applicable.

Indeed, what makes this exhibition unique is the fact that Annie Le Brun is not only a writer, but also a poet and philosopher. She joined the Surrealist movement in the early 1960s, shortly before André Breton died, leaving him just enough time to ask her to write a piece on her specialty, the *Roman Noir*, for a colloquium in Cerisy. Faithful to the Surrealist comet tail, Annie Le Brun then became interested in Sade, Jarry and Roussel. With her *Rainbows of Black*, she literally puts her signature on the exhibit, allowing the viewer to gradually measure her degree of intimacy with the questions raised. Her presentation is the result of a very personal and original point of view, one wholly independent of academic forums, universities and their intricacies, and contemporary curatorial notions. It is precisely the strength of this stance, which is both documented and *experienced*, that differentiates this exhibition from other current offerings. The choice of black, the underground upside-down and inside-out of the Hugolian universe, also encourages marginal critical positions and provides inspiration to those interested in the common front of literature and visual production.

The drawings, objects, fragments of text, and quotes in the exhibition constitute a sort of tabular alphabet that excludes any hierarchy among the forms presented. Once academic classification has been put aside, Victor Hugo's work—and the power of the equation between lyricism and darkness that he so steadfastly upheld—becomes crystal clear to anyone willing to look at it. To fully grasp the scope of his unrestrained style of literature and of his wash drawings, which have neither contours nor limits, it is necessary to create a new methodology, and Annie Le Brun does so with evident pleasure. Plunged in darkness, the works in the exhibition are not labeled, letting texts and drawings float freely. This creates a new concept of the dark room: darkness becomes a critical tool, one that accepts and encourages contradictions rather than glossing over them. Organized in a sequence of staged "chapters," the viewer experiences the exhibition like a sound and light show where, paradoxically, black and darkness replace light as the point of visual reference. Whatever the visitor discovers emerges from abyss and disaster, and that affects the written as well as the graphic work. And the power of this exhibition lies in what results from altering these elements.

The visitor will not be surprised by the fact that it was the French plural that von Hofmannsthal commented on: viewers are confronted with an array of blacks, all of which, however, fit together chronologically. The Gothic black

3. The expression is Annie Le Brun's.

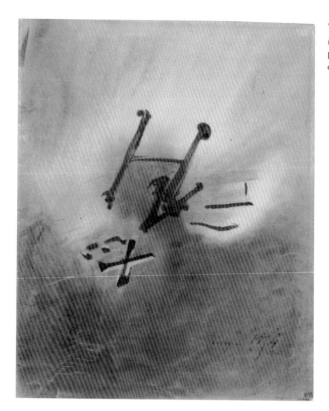

Victor Hugo, *Exil (ou initiales)*, 1854, pen and brown ink wash on paper

of *Notre Dame de Paris* (1831), and the exotic black of *Bug-Jargal* (1826), logically lead to the death penalty of *Le Dernier Jour d'un condamné* (1829). Then there's the theatrical black of passion: the passion of performance, of romantic drama that brings together staging, sets, props and costumes, creating a parallel world and distorting perspective. This is the chapter that introduces the figure of Juliette Drouet, featuring excerpts of the passionate and humorous correspondence between the actress and Hugo, as well as their combined drawings. Then there is the black of journeys, which reveals silhouettes of dilapidated chateaux and disturbing landscapes with blurred contours. This dreaminess drifts into fantasy and finally takes on a distinct form in the following chapter, "The black of freedom." This section traces Victor Hugo's political trajectory, especially during his exile, which he quickly transformed from a limitation on freedom of movement into a force that unleashed and increased his desire to write. The next room of the exhibition is devoted to Hauteville House, the residence in Guernsey that Hugo furnished and constantly renovated. This room very cleverly combines the "mental theater" of the house, plunged in darkness, and the ghost of Shakespeare to whom Hugo dedicated a text in 1864, featuring a bard that is clearly Hugo's double. The exhibition concludes in two final rooms: "Black as the Infinite" and "Black that Dazzles," which indicate the two sides of the creative process: elusiveness and darkness, and light, illumination and emergence.

These different examples of black elude any overly rigid formalism. Over the course of the exhibition, the color black becomes an aesthetic configuration that allows the visitor to ponder political, social and historical questions. And this convincing and effective "weaving together" is undoubtedly what reveals Victor Hugo's "poetic enormity," to quote Annie Le Brun. It demonstrates Hugo's incredible ability to comment on the period in which he lived, experiencing its turmoil and playing an active role in its outcome. This Hugolian "project," manifested by the diversity of the artistic forms he used—grandiloquent texts, miniature drawings, sketches of landscapes or scale models for a doll's house—is surprisingly domesticated in this exhibition. In no way dwarfed by Hugo's enormity, here we have a new type of space, one more intimate and less oceanic, that allows us to see the author's work in a new light. The fervor of his texts and drawings are somehow rendered measurable, because the color black is effectively used as the unit to measure moderation and excess in his work. After all, if you need a scale by which to understand Hugo, then your yardstick has to be the quality of darkness. "I will remain a monster, a werewolf," wrote Baudelaire to Hugo in a letter of astounding allegiance. It is as if Hugo subjected all those around him to the enormous test he himself chose to undertake, a test whose impossible protocol he announced in *Les Travailleurs de la mer* (Toilers of the Sea): "The darkness of night is vertiginous. Those who plunge into it become submerged in it and struggle to survive. No fatigue is comparable to this study of the shadows. Iris the study of an obliteration."[4]          *Translated from French by Jane Brodie and Karen Simon*

4. Victor Hugo, *Toilers of the Sea* (New York: Modern Library, 2002), 296.

# Peripheral Passages.
# On John Knight's *Curb Appeal*

*André Rottmann*

Whitney Biennial 2012
Whitney Museum of American Art, New York
March 1 – May 27, 2012

John Knight's *Curb Appeal, a work in situ* (1966/2012), primarily consists of an enhancement of the scupper adorning the entrance bridge across the lower sculpture garden of the Whitney Museum of American Art in New York; with an architectural bronze hood and the addition of a rain chain. Even though the work's title, derived from the parlance of real estate marketing, patently directs viewers' attention to the value-adding alteration of a building's exterior, Knight's contribution to the Whitney Biennial 2012 so far remained conspicuously marginalized, if not entirely omitted, in the reception of the venerable group exhibition's latest edition, jointly curated by Elisabeth Sussman and Jay Sanders. Hardly any critic, it would seem, has been able to fathom the ramifications of this decidedly unobtrusive work, succinctly characterized by the Los Angeles-based artist as a "garden element." By the same token, we can only speculate to what degree it has been recognized in the full range of its facets even by museum visitors attuned to artistic methodologies of site-specificity and concomitant strategies of withdrawal or displacement. Consulting the biennial's catalogue in search of elucidation, however, only those readers who purchased a copy directly at the museum store would find a slightly oversized postcard as an insert. The double-page spread devoted to each participating artist otherwise remained completely empty in the case of Knight. It was elided and thus provided no interpretative orientation; the mandatory biographical information was migrated to the back of the postcard. The front shows a 1966 color photograph of the Whitney Museum's entrance bridge and sculpture garden by Ezra Stoller, taken at night from East 75$^{th}$ Street shortly after the museum's inauguration. This comparatively scarce item, offering a historical view of the site of Knight's current intervention, forms an integral part of *Curb Appeal* that deserves an equivalent discussion alongside the sculptural component—if this category still applies—of this work.

The irrefutable elusiveness and intricacies innate to Knight's latest project evidently complicated its general comprehension. Yet this lack of immediate accessibility is neither due to excessive demands on the part of the artist nor to spectatorial negligence. Rather, we could argue that the blockades generated by *Curb Appeal*—despite its utterly transparent economy of means—result from Knight's far-reaching recognition that the site of artistic articulation itself has changed dramatically. His anti-aesthetic tactics are less self-effacing than they are conceived as critical responses to the radically altered conditions of artistic production and reception, put under permanent duress by the forces of corporate culture, investment and financial speculation that in myriad ways permeate the cultural sphere to an heretofore unimaginable degree. Therefore, Knight's method presents an attempt to register and integrate the shifting grounds of contemporary art practice within the very structure of each commissioned work (Knight ceased to produce work independent of invitations, which he describes as "moments of opportunity," in 1981). In this regard, both the modest addition to the façade of Marcel Breuer's famous museum building on Madison Avenue and the complementary postcard constitute examples of Knight's astute engagement with architecture and his longstanding reflection on the passages that determine and shape supposedly self-contained artworks; i.e. their incessant transition between various contexts in today's continuous networks of control and media apparati. Dislocated fragments or degradations of a given project, Knight's clairvoyant calculation, necessarily obtrude beyond the initial site of its inception.[1] One of the pre-eminent insights provided by his variegated

1. For an related discussion of the impact (the model of) communication networks exert(s) on the production and reception of contemporary art, see David Joselit: "Painting Beside Itself", *October*, Vol. 130, (Fall 2009), 125-134.

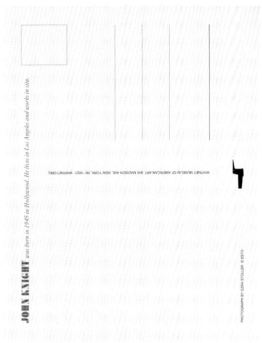

John Knight,
Postcard insert, catalog
of the Whitney Biennial
2012, eds Elisabeth
Sussman, Jay Sanders
(New York: Whitney
Museum of American
Art, 2012), 166

artistic procedures is that each instance of operating *in situ* always already gravitates towards a dispersal or disintegration *ex situ*. Consequently, the conception of a work cannot but take into consideration the inevitable effects of its imminent peregrination. The trajectory of this crucial concern within Knight's practice, evolving since the late 1960s, then seems equally worth exploring, albeit in an admittedly schematic fashion, on the occasion of the most recent of many exacting projects designated to both specifically address and ultimately exceed a concrete site.

As so often in Knight's œuvre, *Curb Appeal* was consciously placed at the periphery of a large-scale group show. The embellishment of the scupper—the morphology and materiality of which are to an extent discerned from Breuer's design which is as pervasive as to include door knobs, armatures and revetments of all kinds throughout the museum building—as well as the installation of a bronze rain chain, employed as an ornamental attribute and actual downspout in elaborated gardens, amalgamate the registers of sculpture, decoration and utility. The sequence of metal links from now on protruding out of the north elevation of the entrance bridge falls into a rectangular concrete catch basin, filled with polished river rocks, in the court below; accordingly the biennial's directories in the elevators and at the respective stair landings informed visitors about the presence of Knight's work both on the lower ground level and the first floor, thus in fact indicating the distance from the scupper that allows rain water to drain off the roof to the basin on the exterior. In other words, *Curb Appeal* augmented the prominence of an already existing part of the building and in the process heightened its practicality—the two dates of the work further stress this approach of modulating rather than reinventing a site. By reconfiguring an oftentimes, if not habitually, overlooked detail of the museum container, Knight subtly emphasizes what he considers to be the latent "sentimental moment" (as quoted in the wall label) of Breuer's resolutely modernist building—its decorative unconscious, as it were, exceeding the tectonics, spatial characteristics, the formalities and material properties of the architecture. In the particular case of Breuer's building, Knight's insistence on the hidden ornamental qualities of a design generally regarded to be utterly functionalist, perhaps even purposely unappealing, gains particular significance not only in terms of a revisionist stance towards the tenets of modernism, but also due to the fact that the Whitney Museum only recently decided to lease its ancestral home to no other than the Metropolitan Museum of Art as from the moment (presumably in 2015) it will move into a much larger building in Chelsea. The architectural site of the Whitney Biennial, as Knight's ironic gesture of refurbishing makes palpable in all its hybridity, manifests as much a real estate venture as it is a space of aesthetic experience.

Instead of pursuing, as so many of his peers from the generation of postminimalism, a model of situational aesthetics (i. e. the phenomenological experience of a given gallery space said to expose the conventions of display and institutional regulations), Knight's practice from its inception has identified and focused on the social and economic dimensions of architecture as a site of control and regimentation, by far surpassing the confines of the so-called aesthetic. This is one of the reasons why the artist, even though an immensely knowledgeable amateur scholar of modern and postwar architecture, throughout his entire career never constructed a built environment or created a veritable spatial intervention. In lieu of providing compensatory simulations of collective experience in specifically designed gallery spaces, Knight's distinct works have repeatedly resorted to the margins or supplements of architecture—such as tourist posters, gallery mailers, institutional floor plans and advertisements of all sorts—thereby enacting a radical displacement from actual space to the multiple sites of its mediation and representation. In this regard, Knight's *Quiet Quality* (1974) seems particularly noteworthy as a precursor to his project for the Whitney Biennial. First shown only in 1992 at the by now defunct Richard Kuhlenschmidt Gallery in Los Angeles, the work consists of a steel grey electric blanket, folded and placed directly on a concrete floor. Set on "warm," even though it obviously would be futile to believe it could indeed heat the floor underneath, the soft object, at first reminiscent both of Minimalism's primary structures and the poeticity of "arte povera," was complemented by an ad from the *LA Times*, promoting the "quiet quality" of living in the "gracious mansions" surrounded by "rolling lawns" in a gated community in southern California. This provocative montage of contradictory elements, based on the stark contrast between the austere asceticism of the blanket and the rhetorical promises of real estate marketing, is tantamount to an understanding of architecture as a social site, eventually marked by domination and inequality.[2] Hence it appears as a commodity intricately related to questions of propriety and taste as arbiters of class affiliation, at a time when exercises in experiential environments still ran rampant in the art produced on the West Coast of the United States, tenaciously inclined towards "Light and Space."

As from the early 1970s Knight did not only collect advertisements such as the one used in *Quiet Quality* to artistically confront and address the expanded field of contemporary architecture, but likewise employed mailers either to announce projects or even to substitute conventional artistic media altogether in order to disjoint the alleged integrity of the "white cube." In the case of *Curb Appeal*, this dialectic between an attachment to an architectural site and its impending dislocation was likewise articulated through an additional element on the back of the postcard: Ever since 1981, when he submitted an ultimately unrealized proposal concerning a potential modification of the signage for the Ahmanson Gallery at the Los Angeles County Museum of Art, logotypes have gained prominence in Knight's practice. Tentatively, it could even be argued that the logotype, or rather its conflation with the artwork and the social sites of artistic production and dissemination, stands at the core of this rigorously heterogeneous œuvre as it surfaces in projects ranging from that period to the recent *Autotypes* (2011).[3]

At the bottom of the postcard inserted into the Whitney Biennial catalogue, Knight placed a logotype he created from the side profile of the museum's entrance bridge. In this graphic rendition of a detail from Breuer's design, or more precisely Stoller's historical image, the scupper transmutes into the "eye" of what appears to be the silhouette of a duck, famously declared by Robert Venturi and Denise Scott Brown, whose writings have been an important source of inspiration for Knight's practice, as an epitome of postmodern architecture's intimate relation to consumer culture. Not only does Knight thereby discern yet another moment of discontent within the ostensibly pristine architecture of the Bauhaus legacy in the United States. Moreover, he provides the Whitney Museum with a new logotype just at a time the institution has decided to expand substantially and leave the building that has been associated with it for the longest time of its existence. Certainly, the apogee of this endeavor lies in Knight's successful attempt to plant it onto the title page of the catalogue, so that his fictitious design seems to veritably replace the Whitney's original logo. In this sense, *Curb Appeal* comments on the collapse between the realms of art, finance speculation and corporate culture, but it also harbors a mnemonic dimension that affects the future preservation of the work itself. Through the constellation between the scupper and the rain chain on the one hand and the postcard and *faux* logotype on the

2. My reading of this work is indebted to Benjamin H. D. Buchloh's unpublished lecture "Why Knight Now? An Aesthetic of the Supplement," delivered at the conference "Discussions on the Work of John Knight with Sabine Breitwieser, Benjamin H. D. Buchloh, Anne Rorimer, and André Rottmann," organized by Alex Kitnick, Vera List Center for Art and Politics, The New School, Sheila C. Johnson Design Center, Parsons, The New School for Design, New York, April 9, 2011.
3. See my "Displacing the Site: John Knight and the Museum as Modulation," in *John Knight. Autotypes, a work in situ*, ed. Alex Kitnick (New York: Greene Naftali, 2011), 8-25.

other, Knight figuratively and literally chained his project to an architectural and institutional site that finds itself in the middle of a transformation that may not retain all recent enhancements and additions. The artist nevertheless opted to again engage with what he has concisely defined as the "mercurial nature of the artwork,"[4] its inevitably insecure status due to the constantly altering conditions of what constitutes a site of artistic intervention. The passages of mercury are even more complex than the coils of a chain.

4. John Knight in conversation with the author, Los Angeles, December 3, 2011.

# Passages périphériques.
# À propos de *Curb Appeal* de John Knight

*André Rottmann*

Whitney Biennal 2012
Whitney Museum of American Art, New York
1er mars – 27 mai 2012

*Curb Appeal, a work in situ* (1966/2012), une œuvre de John Knight, consiste essentiellement en une amélioration du dalot qui surplombe le pont d'entrée du jardin des sculptures en contrebas, au Whitney Museum of American Art de New York, grâce à une imposante hotte et à une chaîne de pluie en bronze. Même si le nom de l'œuvre, tout droit venu du jargon du marketing immobilier, dirige manifestement l'attention des visiteurs vers la transformation – porteuse de valeur ajoutée – de l'extérieur d'un bâtiment, la contribution de Knight à la Whitney Biennal a été remarquablement marginalisée, voire totalement oubliée, lors de l'inauguration de la dernière édition de l'exposition du vénérable groupe organisée conjointement par Elisabeth Sussman et Jay Sanders. De la même façon, nous ne pouvons que spéculer sur le degré de reconnaissance de l'ensemble de ses facettes, même par les visiteurs du musée, familiers des méthodologies artistiques propres à la spécificité du site et des stratégies concomitantes de retrait ou de déplacement. Toutefois, seuls les lecteurs ayant acheté et consulté l'exemplaire du catalogue de la biennale dans la boutique du musée, en vue de mieux comprendre l'œuvre, y auront trouvé un encart un peu plus grand qu'une carte postale. Hormis Knight, chaque artiste participant à la biennale s'est vu consacrer une double page ; son œuvre ayant été laissée de côté, aucune orientation interprétative n'a été apportée, et l'inévitable biographie s'est trouvée reléguée au dos de la carte. Une photographie couleur du pont d'entrée du jardin des sculptures du Whitney Museum occupe le côté face de la carte ; elle a été prise par Ezra

Stoller un soir de 1966, depuis East 75th Street, peu de temps après l'inauguration du musée. Cette carte relativement rare offre une vue historique de l'endroit où Knight est récemment intervenu, et fait partie intégrante de *Curb Appeal*; c'est pourquoi elle mérite de faire l'objet d'une analyse, au même titre que la composante sculpturale de cette œuvre – si tant est que cette catégorie s'applique encore.

L'irréfutable fugacité et la subtilité intrinsèques au tout dernier projet de Knight rendent évidemment sa compréhension d'ensemble plus compliquée. Pourtant, ce manque d'accessibilité immédiate n'est pas dû aux exigences déraisonnables qu'aurait pu formuler l'artiste, et encore moins à l'inattention des visiteurs du musée. Au contraire, nous pourrions faire valoir que les blocages engendrés par *Curb Appeal* – en dépit d'une économie de moyens résolument transparente – sont la conséquence du fait que Knight sait pertinemment que le lieu au sein duquel son œuvre s'articule a connu une transformation radicale. Ses méthodes anti-esthétiques sont d'autant moins insignifiantes, qu'elles ont été conçues comme une réponse critique au changement radical des conditions de production et de réception des œuvres d'art, dû à la contrainte permanente exercée par les forces de la culture d'entreprise, de l'investissement et de la spéculation financière, qui ont réussi à s'infiltrer dans les sphères culturelles d'une multitude de façons, et à un degré jusqu'alors inimaginable. Par conséquent, la méthode de Knight constitue une tentative d'enregistrer et d'intégrer les bases changeantes de la pratique de l'art contemporain au sein de la structure même de chaque œuvre réalisée sur commande (en 1981, Knight a décidé de ne travailler que sur invitation, qualifiant cela d'« occasions à saisir »). À cet égard, le modeste enrichissement apporté à la façade du bâtiment du célèbre musée dessiné par Marcel Breuer, sur Madison Avenue et la carte postale complémentaire représentent des exemples de l'astucieux engagement de Knight envers l'architecture, et de sa réflexion menée de longue date sur les passages qui déterminent et façonnent les œuvres d'art soi-disant autonomes, c'est-à-dire leur incessante transition entre les divers contextes inhérents aux réseaux continus de contrôle et de dispositifs médiatiques. Des fragments disloqués ou la dégradation d'un projet donné – le calcul perspicace de Knight en l'occurrence – transparaissent nécessairement au-delà du lieu de sa conception[1]. Une de ses idées prééminentes provenant de procédés artistiques variés est que chaque instance d'exploitation *in situ* gravite toujours déjà vers sa dispersion ou sa désintégration *ex situ*.

Par conséquent, la conception d'une œuvre ne peut pas ne pas prendre en considération les effets inévitables de sa pérégrination imminente. L'évolution de cette préoccupation essentielle dans la pratique de Knight, depuis les années 1960, semble donc tout aussi intéressante à étudier, quoique d'une manière certes schématique, si l'on se base sur le plus récent de ses nombreux et exigeants projets spécifiquement développés en vue d'occuper un site concret, pour finalement mieux dépasser ses limites.

1. Pour plus de détails sur l'impact (le modèle) exercé par les réseaux de communication sur la production et la réception de l'art contemporain, voir David Joselit, « Painting Beside Itself », in *October*, vol. 130, automne 2009, p. 125-134.

John Knight,
*Curb Appeal, a Work
in situ* (1966/2012),
éléments de jardin

Comme pour beaucoup d'œuvres de Knight, *Curb Appeal* a délibérément été placée en périphérie d'une importante exposition collective. L'embellissement du dalot – sa morphologie et sa matérialité se distinguant dans une certaine mesure du design de Breuer, omniprésent au point d'inclure des poignées de porte, des armatures et des revêtements de toutes sortes dans tout le musée – et l'installation d'une chaîne de pluie en bronze, un attribut ornemental doublé d'une descente de gouttière s'écoulant dans un jardin élaboré, combinent les registres de la sculpture, de la décoration et de l'utile. La série de liens métalliques qui dépasse désormais de la façade nord du pont d'entrée tombe dans un puisard rectangulaire en béton rempli de roches de rivière polies, dans la cour inférieure; ainsi, les plans de la biennale, que l'on trouve dans les ascenseurs et sur chaque palier d'escalier, informaient les visiteurs de la présence de l'œuvre de Knight au rez-de-chaussée et au premier étage, indiquant en réalité la distance entre le dalot permettant à l'eau de pluie de s'écouler du toit et le puisard à l'extérieur. En d'autres termes, *Curb Appeal* a accru la visibilité d'une partie déjà existante du bâtiment, et ce faisant a renforcé son côté pratique – les deux dates indiquées à côté de l'œuvre (1966/2012) mettent clairement l'accent sur cette approche consistant à moduler plutôt que de réinventer un site. En reconfigurant un détail souvent – si ce n'est ordinairement – négligé du bâtiment abritant le musée, Knight a subtilement mis en valeur ce qu'il considère être «l'instant sentimental» latent (citation inscrite sur le cartel) de l'édifice résolument moderniste conçu par Breuer – son inconscient esthétique, dépassant pour ainsi dire la tectonique, les caractéristiques spatiales,

les formalités ainsi que les propriétés matérielles de l'architecture. Dans le cas particulier de la construction de Breuer, l'insistance de Knight sur les qualités ornementales cachées d'une création généralement jugée être absolument fonctionnelle – et peut-être même volontairement peu attrayante – revêt une signification particulière, non seulement en termes de posture révisionniste à l'égard des principes du modernisme, mais aussi en raison du fait que l'administration du Whitney Museum n'a décidé que tout récemment de louer sa demeure ancestrale à nul autre qu'au Metropolitan Museum of Art, lorsque (probablement en 2015) l'intégralité de ses collections aura été installée dans un édifice bien plus grand, à Chelsea. L'ensemble architectural qui a abrité la Whitney Biennal, dont la nature hybride est devenue palpable grâce à l'ironie de la rénovation mise en œuvre par Knight, est manifestement autant un bien immobilier qu'un espace dédié à l'expérience esthétique.

Au lieu de poursuivre, à l'instar de bon nombre de ses pairs de la génération postminimaliste, un modèle d'esthétique situationnelle, c'est-à-dire l'expérience phénoménologique d'un espace de galerie donnée, supposée exposer les conventions d'accrochage et les régulations institutionnelles, la pratique adoptée par Knight, depuis le commencement, identifie et souligne les dimensions sociales et économiques de l'architecture en tant que lieu de contrôle et de réglementation stricte, dépassant de loin les limites d'une soi-disant esthétique. C'est l'une des raisons pour lesquelles l'artiste, bien qu'étant un amateur érudit, fort d'une grande culture dans le domaine de l'architecture moderne et d'après-guerre, n'a jamais construit d'environnement ou créé de véritable intervention dans l'espace de toute sa carrière. Plutôt que de fournir des simulations compensatoires de l'expérience collective vécue dans des lieux d'exposition conçus à cette fin, pour chacune de ses œuvres, Knight a maintes fois eu recours aux marges ou aux compléments architecturaux – que ce soient des affiches touristiques, les mailings d'une galerie, des plans institutionnels et des publicités de toutes sortes –, promulguant ainsi un déplacement radical de l'espace réel vers les multiples lieux de sa médiation et de sa représentation. À cet égard, l'œuvre *Quiet Quality*, créée en 1974 par Knight, semble être remarquablement précurseur de son projet pour la Whitney Biennal. Exposé en 1992 – sur le tard – dans la galerie du défunt Richard Kuhlenschmidt, à Los Angeles, l'ouvrage consiste en une couverture électrique couleur gris acier, pliée et posée à même le sol en béton. Réglé sur « chaud » – même s'il est évident qu'il serait vain de croire qu'il allait réellement chauffer l'étage d'en dessous –, l'objet mou, qui évoque en premier lieu à la fois les structures primaires du minimalisme et la poétique de l'arte povera, fut assorti d'une publicité publiée dans le *Los Angeles Times* ; celle-ci mettait en avant la « qualité tranquille » de la vie dans les « charmantes demeures » entourées de « pelouses verdoyantes » d'une communauté sécurisée dans le sud de la Californie. Ce montage provocateur d'éléments contradictoires est basé sur le saisissant contraste qui règne entre l'austère ascétisme de la couverture et les promesses rhétoriques du marketing de l'immobilier, et équivaut à une interprétation de l'architecture en tant que site social,

193

Page suivante :
John Knight
*Curb Appeal,
a Work in situ*
(1966/2012),
éléments de jardin

éventuellement marquée par la domination et l'inégalité[2]. Par conséquent, celui-ci joue le rôle d'une marchandise étroitement liée aux questions de propriété et de goût, arbitres de l'affiliation à une classe sociale, à une époque où les interventions menées dans des environnements expérientiels se répandaient encore à un rythme effréné dans l'art de la côte ouest des États-Unis, avec une tenace disposition à « la lumière et à l'espace[3] ».

À partir du début des années 1970, non seulement Knight a commencé à collecter des annonces comme celle utilisée dans *Quiet Quality*, en vue de confronter et d'aborder artistiquement le champ étendu de l'architecture contemporaine, mais il a également utilisé des mailings, que ce soit pour faire connaître ses projets, ou pour remplacer les médias artistiques traditionnels afin de mieux déconstruire la soi-disant intégrité du « white cube ». Dans le cas de *Curb Appeal*, cette dialectique entre l'attachement à un site architectural et à sa dislocation imminente a également été articulée par un élément supplémentaire situé à l'arrière de la carte postale. Depuis 1981, année durant laquelle Knight présenta un projet – finalement jamais concrétisé – portant sur une éventuelle modification de la signalétique indiquant la Ahmanson Gallery, dans le Los Angeles County Museum of Art, les logotypes ont revêtu une importance particulière dans la pratique de l'artiste. Il serait tentant de faire valoir que le logotype, ou plutôt le logotype combiné à l'œuvre d'art et aux sites sociaux de production artistique et de dissémination, se situe au cœur de cette œuvre rigoureusement hétérogène, puisqu'elle transparait dans des projets allant de cette époque à son récent travail *Autotypes*[4] (2011).

Au bas de la carte postale insérée dans le catalogue de la Whitney Biennal, Knight a donc apposé un logo qu'il a créé à partir de la perspective latérale du pont d'entrée du musée. Dans cette interprétation graphique d'un détail tiré de la conception de Breuer, ou plus exactement de l'image historique de Stoller, le dalot se transforme en un « œil » de ce qui semble être la silhouette d'un canard, selon la fameuse déclaration de Robert Venturi et Denise Scott Brown, dont les écrits ont été une importante source d'inspiration pour Knight, un archétype de la relation intime qui lie l'architecture postmoderne à la culture de consommation. Knight discerne ainsi un autre moment de malaise dans l'architecture ostensiblement immaculée héritière du Bauhaus aux États-Unis. En outre, il offre un nouveau logo au Whitney Museum, au moment où l'institution décide de se développer de manière substantielle et de quitter le bâtiment auquel elle fut associée la majeure partie de son existence. Bien sûr, l'apogée de cette entreprise réside dans la tentative réussie de Knight de placer le logo

2. Je dois ma lecture de cette œuvre à la conférence de Benjamin H. D. Buchloh, non publiée à ce jour, « Why Knight Now? An Aesthetic of the Supplement » lors de la soirée débat : « Discussions on the Work of John Knight with Sabine Breitwieser, Benjamin H. D. Buchloh, Anne Rorimer, et André Rottmann », organisée par Alex Kitnick, au Vera List Center for Art and Politics, The New School, Sheila C. Johnson Design Center, Parsons, The New School for Design, New York, le 9 avril 2011.
3. Termes utilisés pour décrire le travail d'un groupe d'artistes entre 1960 et 1970, tous basés autour de Los Angeles, et qui prenaient la lumière comme matériau premier de leurs œuvres (également associés aux termes *Ambiant art* ou *Environmental art*).
4. Voir mon article « Displacing the Site: John Knight and the Museum as Modulation », in Alex Kitnick (éd.), *John Knight. Autotypes, a Work in situ*, New York, Greene Naftali, 2011, p. 8-25.

sur la page titre du catalogue, de manière à ce que sa conception fictive donne l'impression de véritablement remplacer le logo original du Whitney Museum. En ce sens, *Curb Appeal* critique l'effondrement des domaines de l'art, de la spéculation financière et de la culture d'entreprise, mais elle recèle également une dimension mnémonique qui influe sur la préservation future de l'œuvre en elle-même. D'une part grâce à la configuration du dalot associé à la chaîne de pluie, et d'autre part au faux logo de la carte postale, Knight a enchaîné son projet, au sens propre comme au sens figuré, à un site architectural et institutionnel en pleine transformation – les améliorations et apports les plus récents sont donc susceptibles d'être oubliés. L'artiste a néanmoins choisi de s'engager à nouveau avec ce qu'il a brièvement défini comme la « nature mercurielle de l'œuvre d'art[5] » – les passages du mercure sont plus complexes que les anneaux d'une chaîne –, son statut inévitablement précaire en raison des conditions qui modifient constamment ce qui constitue un site d'intervention artistique.           *Translated from English by Elodie Chatelais*

5.  John Knight, au cours d'une discussion avec l'auteur de cet article, le 3 décembre 2011, à Los Angeles.

# Matisse reboot

*Clément Auriel*

Exposition : Matisse, *Paires et séries*
Centre Pompidou, Paris
7 mars – 18 juin 2012

Aujourd'hui, il semblerait que toutes les expositions se présentent comme un bonus DVD ; et ce depuis (les bandes-annonces de) 1990. *Paires et séries* rappelle un précédent plus lointain. En décembre 1945, à l'occasion d'une exposition à la galerie Maeght, Henri Matisse entreprend de dévoiler ce qui se trouve sous la surface de ses tableaux. Comment prendre cela ? Quel bien y trouve-t-il ? Doit-on y deviner une réponse à ses détracteurs qui le jugeaient par trop désinvolte ? Un exercice théorique, une réflexion sur les machines de reproduction – la photographie étant ce par quoi passent ses confidences ?

195

Des tirages noir et blanc montrent différentes étapes qui ont précédé l'appa-rence finale du *Rêve*, de *La Blouse roumaine*, de *Nature morte au magnolia*... présentés eux, au centre de tout ce qu'ils furent un temps, de tout ce qu'ils ne sont nécessairement plus. Bien qu'encadrées de semblable façon, mais d'un for-mat plus petit, les épreuves photographiques ne sauraient se confondre avec les peintures. Surtout, elles conservent la caractéristique de ce que seule peut la photographie : un voile gris mécanique abattu sur le monde. Des complications techniques expliquent-elles cela, mais la couleur manquant, c'est faire aveu de peu et ne rien révéler de ce qui invite le plus souvent Matisse à reprendre le travail. Sans doute attend-il autre chose de la photographie. S'immisçant, se tenant entre les images, elle apporte la preuve du lent surgissement qui conduit au tableau. Lui ne saurait être un état transitoire, il est la somme de ces états transitoires. Chacun, semble-t-il, assez satisfaisant pour Matisse qui aura pris la peine d'en conserver le souvenir. Mais les secrets d'un peintre, ainsi révélés, ne légitiment rien. Est-ce une leçon adressée aux jeunes peintres ? C'est une leçon pleine de pièges ! Et de ces pièges, quels usages ? Qu'auront retenu les jeunes peintres d'alors ? Que retiendront les jeunes peintres de 2013, c'est-à-dire ceux que les hologrammes contrits indiffèrent peut-être, ceux qui peuvent envisager production et diffusion en simultané ?

La série, la suite, est un système mis en place par Matisse par ailleurs, mais *Le Rêve*, *La Blouse roumaine*... interrompus, déployés, la suite est inscrite dans l'épaisseur même du tableau. Ici, la photographie a valeur de démonstration, mémorise. Les couches anciennes existent, elles sont invisibles à l'œil nu, mais non plus à l'esprit. Présent et passé s'ajustent sur les murs de la galerie Maeght, les différés du tableau à venir apparaissent sur un même plan. C'est un des nœuds de l'exposi-tion du Centre qui montre dans les autres salles cette saute dans le tableau, mais par l'entremise d'un autre tableau. Ce sont chacune des paires, et autant de livres ouverts. Ce qui les réunit varie. Le dire autrement, ce pourrait être dire : ce tableau-ci est mon œil droit, celui-là mon œil gauche et un troisième me pousse au front. Mais il faut songer encore que chaque tableau résout une situation qu'un monde minuscule – disposé sur une table, sur une commode, dans le coin d'une pièce – a posé. Que seul et pareillement dense à une tasse, un coquil-lage, une théière, un pot à tabac, un fauteuil rocaille, un tissu... est ce à quoi il est destiné. Dans l'atelier pourtant, un tableau est l'ombre d'un autre, sa doublure, le commentaire et/ou l'anecdote. La paire est ce terreau étroit, mais bienveillant, opératoire et gracile ; par

Henri Matisse,
*Grande falaise,
les poissons*, 1920

elle, c'est contourner la fascination des premières occurrences. Ainsi, que l'on voie le travail se faire, que se devinent les problèmes que les tableaux posent, que, de l'un à l'autre, on mesure ce qui les sépare... est une chose, mais il y a cette sorte de soulagement de voir venir deux fois de semblables images ; c'est-à-dire qu'elles ne sauraient apparaître seules, omnipotentes ; oui, soulagement de voir ainsi venir la beauté en mineur, puisque rien n'a su la fixer tout à fait.

Autre chose, il arrive que la césure qui sépare deux tableaux parfois bascule à l'horizontale et qu'une vigoureuse saillie tranche un même tableau. Il y a au centre de l'exposition, cette enfilade de trois très relatives couronnes de poisson sous une mer immense, marmoréenne, déserte, trois tableaux farouchement coupés en deux, réunissant deux régimes d'image. *La Desserte* avant lui, d'autres, mais de si franche façon, est nouveau. Paysage sur le haut, nature morte dans le bas, ce copier-coller étonne. Couleurs doucereuses, men-tholées, crèmes, rendues aux écumes, sèches et pâles. Les poissons : barres de fins cadavres, Chardin plus vif, sans précaution. Paysage lui-même chan-geant, caoutchouteux, tenu dans une coquille d'huitre. Les images s'échangent, elles n'ont d'importance que parce qu'elles s'échangent. Quand il y a inac-coutumance, la seconde de la paire prend le relais. C'est autre chose ici où il faut faire commerce dans l'espace même du tableau, commerce du genre. En 1905, *Sieste* et commerce des rêves et des couleurs, plus tard, *Intérieur rouge de Venise*, baigné dans la lumière d'un laboratoire photographique, vidé de moitié, barré d'X, œufs peints et bouquets tremblants, collés au fond. Le bonus est dans le fruit.

Henri Matisse,
*Grande falaise,
le congre*, 1920
*Grande falaise,
deux raies*, 1920

# Matisse Rebooted

*Clément Auriel*

"Matisse, Paires et Séries"
Centre Pompidou, Paris
March 7 – June 18, 2012

Today, it seems that all exhibitions are presented like a bonus DVD; since (the trailers of) 1990. *Paires et Séries* echoes a precedent from even further back: an exhibition at Galerie Maeght in December 1945, when Henri Matisse decided to unveil what was hidden beneath the surfaces of his paintings. How should this be interpreted? What good did it do? Was it a response to critics who considered him too flippant? Was it a theoretical exercise, reflecting on the mechanisms of reproduction, since he used photography to share these secrets?

Black and white photographs show different stages that preceded the final rendition of *Le Rêve* (The Dream), *La Blouse roumaine* (The Romanian Blouse), *Nature morte au magnolia* (Still Life with a Magnolia) …, presented as the center of all that they were once, of all they are necessarily no longer. Although, framed in a similar way but smaller in size, these photographic prints were not to be confused with the pictures; they had the specific characteristics

Installation view of Henri Matisse's exhibition at Galerie Maeght, Paris, December 1945, with *Nature morte au magnolia* surrounded by five photographs of the work at different stages

of what only the photograph can offer: a mechanic gray veil thrown over the world. This effect may be explained by technical complications, but the color missing, it confesses to very little and reveals merely anything of what most often prompted Matisse to return to work. Doubtless he expected something else from the photographs. Penetrating, moving between the images, they evidence the slow emergence that leads to the painting. This is not a transitional state, but the sum of its transitional states. Each, it seems, satisfying enough for Matisse who bothers to remember them. But the secrets of a painter, revealed in this way, do not legitimize anything. Is this a lesson for young painters? If so, it was full of pitfalls! And what is the use of these pitfalls? What would young painters have learned? What will young painters today in 2013—who may be rendered indifferent by contrite holograms, who can envisage production and distribution simultaneously—learn?

The series, the sequel, is a device used by Matisse elsewhere, but *Le Rêve*, *La Blouse roumaine...* interrupted, deployed, the sequel and inscribed it in the depth of the painting itself. Here, the purpose of the photograph is to demonstrate, memorize. Old layers exist and, though invisible to the naked eye, they emerge in the mind. The walls of Galerie Maeght readjusted the present and the past, the deferred versions of the coming picture, appear on the same plane. This is a central concern of the Centre Pompidou exhibition that shows in the other rooms this leap via the intervention of another picture. Each painting is one of a pair, and also so many open books. What unites them varies. In other words: this picture is my right eye, that one my left eye, and a third grows on my forehead. But significantly each painting also resolves a situation that a minuscule world, arranged on a table, on a chest of drawers, in the corner of a room, has laid out. That alone—and as dense as a cup, a shell, a teapot, a tobacco jar, a rocaille chair, a piece of textile—is what the pictures are destined for. But in the studio—and this is what the exhibition teaches us—a painting is the shadow of another, its double, the commentary and/or the anecdote. Though a narrow field, the pair is benevolent, operative and fragile; through it the fascination of first occurrences is bypassed. In this way, whether we see the work being made, whether we guess at the problems it has posed, whether we measure what separates it from the next... is one thing, but what matters is this sense of relief at seeing similar images twice, in other words, images that are not able to appear alone, omnipotent; yes, relief at seeing beauty emerge in a minor mode, since nothing can hold it completely still.

Another thing: sometimes the caesura between two paintings switches to the horizontal and a forceful protrusion slices the same painting. At the center of the exhibition, there is a succession of three very closely linked rings of fish and an immense, marble-like, deserted ocean. Three paintings, severely cut in half, uniting two different image regimes—like *La Desserte* and others before it—but so boldly, it is new. A landscape at the top, a still life at the bottom. This copy-paste astonishes. Sickly, mentholated, cream colors, depicting dry, pale scum. The fish: bands of thin corpses, a vivid Chardin, carelessly. The landscape itself changing, elastic, held in an oyster shell. The images engage in exchange, which is the thing that makes them important. When unfamiliarity sets in, the second of the pair takes over. Here, though, it is necessary to trade in the space of the painting, trade of the genre. In 1905 came *La Sieste* (The Siesta) and a trade of dreams and colors. Later came *Intérieur rouge de Venise* (Interior in Venetian Red), bathed in the light of a photographic lab, one side empty, a few crosses, painted eggs and shimmering bouquets, stuck on the background. The bonus is in the fruit.

*Translated from French by Jane Brodie and Karen Simon*

Henri Matisse,
*Intérieur rouge
de Venise*,
Winter-Spring,
1946

200

## Limited Edition #9

Wade Guyton, *Untitled* (MAY, Saturday, October 6, 2012 Last Update), 2012

L'édition consiste en une impression en quatre pages de la Une du site du *New York Times* sur le papier à en tête de *May*. Comme l'édition a été imprimée au cours d'une seule journée, l'horodatage va changer, ainsi qu'éventuellement les principaux titres, mis à jour. Chaque édition est signée et numérotée.

Impression jet d'encre Epson DURABrite et impression typographique sur papier.
4 pages, 21 × 29.7 cm chacune.
Édition de 50+10 E.A.
500 euros + frais d'envois.

The edition is a four-page print out of the front page of *The New York Times* website on *May* letterhead. As each edition was printed on a particular day, the time stamp is different and captures the headlines at the moment of production. Each edition is signed and numbered.

Epson DURABrite inkjet print and letterpress on paper.
4 pages, 21 x 29.7 cm each.
Edition of 50 × 10 A.P.
500 euros + shipping.

# Éditions limitées / Limited editions

Pour soutenir son développement, *May* propose à des artistes de produire une édition limitée, lancée au moment de chacune des nouvelles parutions de la revue. Vous trouverez plus d'informations concernant les éditions limitées sur notre site : www.mayrevue.com

In order to support its development, *May* works with artists on the production of limited edition multiples released alongside each issue of the magazine. You will find more information regarding the limited editions on our website: www.mayrevue.com

## Previous limited editions

Limited Edition #8 :
Nick Mauss
& Ken Okiishi,
*ADVERTS4MAY9.pdf*,
2012

90 × 90 cm, soie en twill 14 mm, bords roulottés main, fabriqué à Lyon.
Édition de 40 + 5 E.A.
300 euros + frais d'envoi.

Silk twill 14mm, with hand-rolled edges, made in Lyon.
35.4 x 35.4 in.
Edition of 40 + 5 A.P.
300 euros + shipping.

Limited Edition #7 :
Josef Strau,
*The Veil Inside*, 2012

Objet de joaillerie voile de visage, tissu, métal et divers matériaux,
plus un « texte poster ».
Édition de 50 + 5 E.A.
250 euros + frais d'envois.

Headdress jewelry object, fabric, metal and various materials,
plus a text poster.
Edition of 50 + 5 A.P.
250 euros + shipping.

Limited Edition #6 :
UNITED BROTHERS
(Ei Arakawa & Tomoo Arakawa), *A Bulb Called Paint Brush*, 2011

Tube néon de bronzage Philips CLEO Performance numéroté, 160 Watts, 175 cm × ø 3.8cm Certificat signé et numéroté par UNITED BROTHERS Poster UNITED BROTHERS (fichier numerique)
Édition de 58 + 10 E.A.
250 euros + frais d'envois.

Numbered Philips CLEO Performance tanning bulbs, 160 Watts,
68.8 × ø 1.4 in.
Numbered and signed. Certificate by UNITED BROTHERS.
UNITED BROTHERS poster (digital file).
Edition of 58 + 10 A.P.
250 euros + shipping.

Limited Edition #5 :
Mike Bouchet,
*The Black Canary (stash box)*, 2011

Boîte noire en bois, voyant LED rouge, prise électrique noire (220V),
6 × 36 × 21,4 cm.
Voltage : 220 V.
Volume intérieur :
35 × 15 × 5 cm
Édition de 50 + 10 E.A.
250 euros + frais d'envois.

Black wood box, red LED light, black electrical cable plug (220V),
2.3 × 14 × 8.4 in.
Electrical req.: 220 V
Interior volume:
13.7 × 5.9 × 1.9 in.
Edition of 50 + 10 A.P.
250 euros + shipping.

Limited Edition #4:
Clément Rodzielski,
*Portrait allemand
dans l'atelier*, 2010

Impression jet d'encre
numérique couleur
sur papier autocollant
avec partie détachable,
60 × 80 cm environ.
Édition de 50 + 10 E. A.
250 euros + frais d'envois.

Colored inkjet print
on self-adhesive paper,
with removable part,
approx. 23.6 × 31.4 in.
Edition of 50 + 10 A.P.
250 euros + shipping.

Limited Edition #3:
Lili Reynaud-Dewar,
*La Grande Oreille*, 2010

Sac plastique « La Grande
Oreille » d'origine
45,5 × 38 cm.
contenant un disque
33 tours et un certificat
d'authenticité.
Édition de 50 + 10 E.A.
250 euros + frais d'envois.

Vintage "La Grande
Oreille" plastic bag
17.9 × 14.9 in.
Containing one 33 rpm
vinyl record and
a certificate of authenticity.
Edition of 50 + 10 A.P.
250 euros + shipping.

Limited Edition #2:
Heimo Zobernig,
*Untitled*, 2009

Jeu de deux sérigraphies
sur papier bristol, 320 g.
59,4 × 42 cm chacune.
Édition de 50 + 10 E.A.
250 euros + frais d'envois.

Set of two screenprints
on bristol paper, 320 gr.
Each 23.4 × 16.5 in.
Edition of 50 + 10 A.P.
250 euros + shipping.

Limited Edition #1:
Oscar Tuazon, *Rayo,
VONU, The Search
for Personal Freedom*,
ed. Jon Fisher, Port
Townsend: Loompanics
Unlimited, 1983. 116 pps,
illustrated, 2009.

Édition avec reliure
en cuir et insert d'une
photographie unique sur
chaque couverture,
14 × 21.5 cm.
Édition de 50 + 10 E.A.
250 euros + frais d'envois.

Reprinted and bound in
green sheepskin soft cover,
each with a unique
circular inlaid C-print,
5.5 × 8.4 in.
Edition of 50 + 10 A.P.
250 euros + shipping.

Limited Edition #0:
Claire Fontaine,
*Untitled (XXXX)*,
2008

Bouleau, vernis et métal
galvanisé, quatre éléments,
10 × 24 cm chacun.

ÉPUISÉ

Birch, clear lacquer
and galvanised steel,
four elements,
each 3,9 × 9,4 in.

SOLD OUT

## FORMATS ET TARIFS PUBLICITAIRES

| | |
|---|---|
| ¼ page (12 × 8,75 cm): | 250 € |
| ¼ page + lien sur mayrevue.com: | 350 € |
| ½ page (12 × 17,5 cm): | 500 € |
| ½ page + lien sur mayrevue.com: | 600 € |
| Pleine page (24 × 17,5 cm): | 1000 € |
| Pleine page + lien sur mayrevue.com: | 1200 € |
| Quatrième de couverture (24 × 17,5 cm couleur): | |
| merci de nous contacter. | |

## ADVERTISING RATES

| | |
|---|---|
| ¼ page (4.7 × 3.4 in): | 250 € |
| ¼ page + web: | 350 € |
| ½ page (4.7 × 6.9 in): | 500 € |
| ½ page + web: | 600 € |
| Full page (9.4 × 6.9 in): | 1000 € |
| Full page + web: | 1200 € |
| Back cover (9.4 × 6.9 in color): | please contact us. |

## ABONNEMENT PUBLICITAIRE

De manière à sécuriser une partie du financement annuel de la revue et pour permettre aux lecteurs de *May* de suivre la programmation de nos partenaires annonceurs, nous proposons des offres d'abonnement publicitaire pour quatre numéros consécutifs, à des tarifs préférentiels:

4 quarts de page par an + lien en ligne pendant 12 mois: (au lieu de 1000 € + 400 € web) 750 €
4 demi pages par an + lien en ligne pendant 12 mois: (au lieu de 2000 € + 400 € web) 1500 €
4 pleines pages par an + lien en ligne pendant 12 mois: (au lieu de 4000 € + 800 € web) 3000 €

## YEARLY ADVERTISING DISCOUNT

In order to secure part of the yearly funding of the magazine, and to allow *May* readers to follow our advertising partners' program over the span of a year, we are offering a yearly advertising subscription with special rates:

4 quarter page ads/year + 4 free web ads (instead of 1000 € + 400 € web) 750€
4 half page ads/year 4 + free web ads (instead of 2000 € + 400 € web) 1500€
4 full page ads/year + 4 free web ads (instead of 4000 € + 800 € web) 3000€

## DISTRIBUTION

France: Les presses du réel, www.lespressesdureel.com
Europe: *May*
U.S.: Ooga Booga
Nos points de vente: www.mayrevue.com

## DISTRIBUTION

France: Les presses du réel, www.lespressesdureel.com
Europe: *May*
U.S.: Ooga Booga
Bookshop listing: www.mayrevue.com

## MAY

11, rue Léon Jouhaux
N°341
F-75010 Paris
+33 1 71 27 55 09
post@mayrevue.com
www.mayrevue.com

Association MAY Éditions
11, rue Léon Jouhaux
F-75010 Paris

ISSN 2103-7051
ISBN 978-2-9535590-9-5

DISTRIBUTION
FRANCE:
Les presses du réel
www.lespressesdureel.com
EUROPE:
*May*
distribution@mayrevue.com
U.S.:
Ooga Booga
info@oogaboogastore.com

SPECIAL ORDERS
order@mayrevue.com

Copyright © 2013
for all contributions,
MAY Éditions
and the authors

EDITORIAL BOARD
Thomas Boutoux
Caroline Busta
Fulvia Carnevale
Jay Chung
Gallien Dejean
Hélène Fauquet
Clément Rodzielski
Eva Svennung
Benjamin Thorel

PUBLISHERS
Catherine Chevalier
Eva Svennung

EDITOR
Catherine Chevalier

EDITORIAL MANAGER
Laura Preston

ADMINISTRATIVE AND
COMMERCIAL ASSISTANT
Caroll Maréchal

LAYOUT, WEBSITE
Damien Fauret

PROOFREADING
Charlotte Othman
Laura Preston

TRANSLATION
FRENCH TO ENGLISH
Jane Brodie and Karen
Simon for e-verba
Translations
ENGLISH TO FRENCH
Michèle Veubret
Élodie Chatelais
GERMAN TO FRENCH
Gérard Briche
GERMAN TO ENGLISH
Charlotte Eckler

PRINTED IN BELGIUM
BY CASSOCHROME
Oude Kassei 28-30,
B-8791 Waregem

THANKS
L'équipe de La Douane /
Chantal Crousel
Sabisha Friedberg
Isabelle Graw
Wade Guyton
Anaël Lejeune
Sarah Mc Naughton
Philippe Manzone
Gloria Pedemonte
Marta Ponsa
Elsa de Rémur
Laurence Soens
Niklas Svennung
Michèle Veubret
the authors
the artists
the supporters
and the advertisers

COURTESIES, COPYRIGHTS,
PHOTO CREDITS
© Le Nouvel Observateur
(16, 49)
© Magnum. Photo:
Martine Franck (21)
© MIT, Cambridge (23)
© Les Inrockuptibles (24)
© Les Inrockuptibles/
L'Express/Editing Server.
Photo: Jacques Haillot
(29, 34)

© Sipa Press. Photo:
Xavier Martin (37)
© Maurice Henry/Quinzaine
Littéraire, 1967 (38)
© Semiotext(e) (43)
© Photo: Gérard Aimé (44)
© Archives Fernand Deligny/
Les éditions L'Arachnéen (66)
© Andrea Rosen Gallery,
New York (71)
© Craigie Horsfield/
Idea Books (72)
© Collection of the Walker
Art Center, Minneapolis (75)
© The Andy Warhol
Foundation for the Visual
Arts, New York (76)
© J. Baltrušaitis (77)
© The Josef and Anni
Albers Foundation/Artists
Rights Society (ARS),
New York (79, 111)
© Succession H. Matisse (80)
© Peter A. Juley (81)
© Associação Cultural
O Mundo de Lygia Clark,
CNPJ, Estado do Rio
de Janeiro (82)
© Marc Pataut (85)
© The Seattle Public
Library (88)
© Robert Walser – Archiv
de la Carl-Seelig-Stiftung,
Zurich (91)
© Jerry L. Thomson (92)
© Martin P. Bühler (95)
© Walker Evans Archive,
The Metropolitan Museum
of Art, New York (96, 109)
© Musée d'art contemporain
de Lyon/Réunion des musées
nationaux, Paris, 2001 (99)
© NAI Collection,
Rotterdam (100)
© Suzanne Lafont (107)
© Photo: Friedrich
Rosenstiel (108)
© Dickran Kouymjian
archives, Paris (112)
© Walker Art
Center (113)
© Rémy Zaugg (115)
© Collection du Centre
Pompidou, Paris (116)
© Angelo Fiorini (117)
© Jeff Wall/Marian
Goodman Gallery Paris-
New York (120)
© Cantz Verlag/Documenta
and Museum Fridericanum
Veranstaltungs, Kassel (122)

© VBK, Wien (123)
© Österreichisches Fotoarchiv
im Museum moderner
Kunst, Wien (126)
© Kunsthaus Zürich/Galerie
Art Focus, Zürich (130)
© Helen Levitt (131)
© Ingrid Luche (141, 142,
143, 144, 145, 146, 147, 148)
© Musée Paul Dupuy,
Toulouse (152, 155)
© Musée Paul Dupuy,
Toulouse. Photo: Patrice
Lefort (159)
© Collection Ancely (160)
© Shannon Ebner (165)
© The Museum of Modern
Art, New York. Photo:
Thomas Grischkowsky
(166, 169, 176)
© Estate of Marcel
Duchamp/Artists Right
Society (ARS), New York/
ADAGP, Paris (170)
© Estate of Robert
Smithson/Licensed by
VAGA, New York (173)
© Ei Arakawa et Nikolas
Gambaroff/Pro Choice,
Vienna. Photo: Will
Benedict (175)
© Maisons de Victor Hugo/
Roger-Viollet (181, 184)
© John Knight/Whitney
Museum of American Art,
New York/Greene Naftali,
New York (187, 192, 195)
© Succession H. Matisse/
Artists Rights Society
(ARS), New York/The
Baltimore Museum of Art,
Baltimore (196)
© Succession H. Matisse/
Artists Rights Society
(ARS), New York/
Columbus Museum of Art,
Columbus (197)
© Succession H. Matisse/
Artists Rights Society
(ARS), New York/Norton
Museum of Art, West Palm
Beach (197)
© Centre Pompidou,
Bibliothèque Kandinsky.
Photo: Marc Vaux (198)
© Succession H. Matisse/
Artists Rights Society
(ARS), New York (200)

Avec le soutien du
CNL
Centre national du livre

# **MAY** Abonnements / Subscriptions

ABONNEMENT SIMPLE / REGULAR
SUBSCRIPTION:

☐ France : 4 numéros/issues :      44 €
(36 € + 8 € frais d'envois/shipping )

☐ Europe : 4 numéros/issues :     52 €
(36 € + 16 € frais d'envois/shipping )

☐ International : 4 numéros/issues :  54 €
(36 € + 18 € frais d'envois/shipping )

ÉDITION LIMITÉE / LIMITED EDITION:
250 € (+ frais d'envois/+ shipping)

☐ Éd. #1 : Oscar Tuazon
☐ Éd. #2 : Heimo Zobernig
☐ Éd. #3 : Lili Reynaud-Dewar
☐ Éd. #4 : Clément Rodzielski
☐ Éd. #5 : Mike Bouchet
☐ Éd. #6 : Ei Arakawa
☐ Éd. #7 : Josef Strau
☐ Éd. #8 : Nick Mauss and Ken Okiishi (300 €)
☐ Éd. #9 : Wade Guyton (500 €)

SOUSCRIPTION SPÉCIALE / SPECIAL SUBSCRIPTION:
Soutenez *May* par une souscription spéciale
et recevez quatre éditions limitées ainsi
que quatre numéros de la revue en cadeau.
Support *May* by subscribing to our special
subscription and receive four limited editions
and four issues of the magazine as a gift.
4 NUMÉROS/ISSUES
+ 4 ÉDITIONS LIMITÉES/LIMITED EDITIONS :

☐ 750 € (+ frais d'envois/+ shipping)

RÈGLEMENT / PAYMENT*:

• Paypal : post@mayrevue.com
• Chèque (en euros) à l'ordre de : MAY Éditions
Check (in euros) made out to: MAY Éditions
• Virement bancaire (en euros, frais bancaires
à votre charge) / Bank wire transfer (in Euros,
bank charges to your account)

– Titulaire / Account holder : MAY Éditions
RIB : 18206 00253 60258970522 70
– Banque / Bank : Crédit Agricole
BAN : FR76 1820 6002 5360 2589 7052 270
– Agence / Agency : Paris Bretagne
BIC : AGRIFRPP882

* L'abonnement prend effet à la réception
de la totalité du règlement/The subscription
starts upon receipt of the full amount due.

MAY Éditions
association loi 1901 / non-profit organisation
11 rue Léon Jouhaux
N° 341
F-75010 Paris
+ 33 1 71 27 55 09
post@mayrevue.com
www.mayrevue.com

---

Pour vous abonner, vous pouvez remplir ce bulletin et l'envoyer à l'adresse indiquée ci-dessus où
aller directement sur notre site (www.mayrevue.com).
To subscribe, you can either fill out this form and send it to the above mentioned address or go
directly on our website (www.mayrevue.com).

Merci de nous communiquer votre choix et vos coordonnées par email à : order@mayrevue.com,
ou en nous renvoyant ce bulletin à l'adresse ci-dessus :
Please send your selection and contact information to: order@mayrevue.com, or return this form:

Nom/Name :

Adresse/Address :

Code postal, ville/Postal code, city :

Pays/Country :

E-Mail :